Couvertures supérieure et inférieure manquantes

LE
ROMAN EXPÉRIMENTAL

1801-80. — CORBEIL, TYP. ET STÉR. CRÉTÉ.

ÉMILE ZOLA

LE ROMAN EXPÉRIMENTAL

LE ROMAN EXPÉRIMENTAL
LETTRE A LA JEUNESSE — LE NATURALISME AU THÉATRE
L'ARGENT DANS LA LITTÉRATURE
DU ROMAN — DE LA CRITIQUE
LA RÉPUBLIQUE ET LA LITTÉRATURE

CINQUIÈME ÉDITION

PARIS

G. CHARPENTIER, ÉDITEUR

13, RUE DE GRENELLE-SAINT-GERMAIN, 13

1881

LE ROMAN EXPÉRIMENTAL

Cinq de ces études ont d'abord paru, traduites en russe, dans le *Messager de l'Europe*, une revue de Saint-Pétersbourg. Les deux autres : *Du roman* et *De la critique*, ne sont que des recueils et des classements d'articles, publiés dans le *Bien public* et dans le *Voltaire*.

Qu'il me soit permis de témoigner publiquement toute ma gratitude à la grande nation qui a bien voulu m'accueillir et m'adopter, au moment où pas un journal, à Paris, ne m'acceptait et ne tolérait ma bataille littéraire. La Russie, dans une de mes terribles heures de gêne et de découragement, m'a rendu toute ma foi, toute ma force, en me donnant une tribune et un public, le plus lettré, le plus passionné des publics. C'est ainsi qu'elle m'a fait, en critique, ce que je suis maintenant. Je ne puis en parler sans émotion et je lui en garderai une éternelle reconnaissance.

Ce sont donc ici des articles de combat, des manifestes, si l'on veut, écrits dans la fougue même de l'idée, sans aucun raffinement de rhétorique. Ils devaient passer par une traduction, ce qui m'enlevait toute préoccupation de la forme. Ma première idée était de les récrire, avant de les publier en France. Mais, en les relisant, j'ai compris que je devais les laisser avec leurs négligences, avec le jet de leur style de géomètre, sous peine de les défigurer. Les voilà donc, tels qu'ils me sont revenus, encombrés de répétitions, lâchés souvent, ayant trop de simplicité dans l'allure et trop de sécheresse dans le raisonnement. Des doutes me prennent, peut-être trouvera-t-on là mes meilleures pages ; car je suis plein de honte, lorsque je pense à l'énorme tas de rhétorique romantique, que j'ai déjà derrière moi.

ÉMILE ZOLA

Médan, septembre 1880.

LE
ROMAN EXPÉRIMENTAL

Dans mes études littéraires, j'ai souvent parlé de la méthode expérimentale appliquée au roman et au drame. Le retour à la nature, l'évolution naturaliste qui emporte le siècle, pousse peu à peu toutes les manifestations de l'intelligence humaine dans une même voie scientifique. Seulement, l'idée d'une littérature déterminée par la science, a pu surprendre, faute d'être précisée et comprise. Il me paraît donc utile de dire nettement ce qu'il faut entendre, selon moi, par le roman expérimental.

Je n'aurai à faire ici qu'un travail d'adaptation, car la méthode expérimentale a été établie avec une force et une clarté merveilleuses par Claude Bernard, dans son *Introduction à l'étude de la médecine expérimentale*. Ce livre, d'un savant dont l'autorité est décisive, va me servir de base solide. Je trouverai là toute la question traitée, et je me bornerai, comme arguments irréfutables, à donner les citations qui me seront nécessaires. Ce ne sera donc qu'une compilation de textes ; car je compte, sur tous les points, me retrancher derrière Claude Bernard. Le plus souvent, il me suffira de remplacer le mot « médecin » par le mot « romancier », pour rendre ma pensée claire et lui apporter la rigueur d'une vérité scientifique.

Ce qui a déterminé mon choix et l'a arrêté sur l'*Introduction*, c'est que précisément la médecine, aux yeux d'un grand nombre, est encore un art, comme le roman. Claude Bernard a, toute sa vie, cherché et combattu pour faire entrer la médecine dans une voie scientifique. Nous assistons là aux balbutiements d'une science se dégageant peu à peu de l'empirisme pour se fixer dans la vérité, grâce à la méthode expérimentale. Claude Bernard démontre que cette méthode appliquée dans l'étude des corps bruts, dans la chimie et dans la physique, doit l'être également dans l'étude des corps vivants, en physiologie et en médecine. Je vais tâcher de prouver à mon tour que, si la méthode expérimentale conduit à la connaissance de la vie physique, elle doit conduire aussi à la connaissance de la vie passionnelle et intellectuelle. Ce n'est là qu'une question de degrés dans la même voie, de la chimie à la physiologie, puis de la physiologie à l'anthropologie et à la sociologie. Le roman expérimental est au bout.

Pour plus de clarté, je crois devoir résumer brièvement ici l'*Introduction*. On saisira mieux les applications que je ferai des textes, en connaissant le plan de l'ouvrage et les matières dont il traite.

Claude Bernard, après avoir déclaré que la médecine entre désormais dans la voie scientifique en s'appuyant sur la physiologie, et grâce à la méthode expérimentale, établit d'abord les différences qui existent entre les sciences d'observation et les sciences d'expérimentation. Il en arrive à conclure que l'expérience n'est au fond qu'une observation provoquée. Tout le raisonnement expérimental est basé sur le doute, car l'expérimentateur doit n'avoir aucune idée préconçue devant la nature et garder toujours sa liberté d'esprit. Il accepte simplement les phénomènes qui se produisent, lorsqu'ils sont prouvés.

Ensuite, dans la deuxième partie, il aborde son véritable sujet, en démontrant que la spontanéité des corps vivants ne s'oppose pas à l'emploi de l'expérimentation. La différence vient uniquement de ce que un corps brut se trouve dans le milieu extérieur et commun, tandis que les éléments des organismes supérieurs baignent dans un milieu intérieur et perfectionné, mais doué de propriétés physico-chimiques constantes, comme le milieu extérieur. Dès lors, il y a un déterminisme absolu dans les conditions d'existence des phénomènes naturels, aussi bien pour les corps vivants que pour les corps bruts. Il appelle « déterminisme » la cause qui détermine l'apparition des phénomènes. Cette cause prochaine, comme il la nomme, n'est rien autre chose que la condition physique et matérielle de l'existence ou de la manifestation des phénomènes. Le but de la méthode expérimentale, le terme de toute recherche scientifique, est donc identique pour les corps vivants et pour les corps bruts : il consiste à trouver les relations qui rattachent un phénomène quelconque à sa cause prochaine, ou autrement dit, à déterminer les conditions nécessaires à la manifestation de ce phénomène. La science expérimentale ne doit pas s'inquiéter du *pourquoi* des choses ; elle explique le *comment*, pas davantage.

Après avoir exposé les considérations expérimentales communes aux êtres vivants et aux corps bruts, Claude Bernard passe aux considérations expérimentales spéciales aux êtres vivants. La grande et unique différence est qu'il y a, dans l'organisme des êtres vivants, à considérer un ensemble harmonique des phénomènes. Il traite ensuite de la pratique expérimentale sur les êtres vivants, de la vivisection, des conditions anatomiques préparatoires, du choix des animaux, de l'emploi du calcul dans l'étude des phénomènes, enfin du laboratoire du physiologiste.

Puis, dans la dernière partie de l'*Introduction*, Claude Bernard donne des exemples d'investigation expérimentale physiologique, pour appuyer les idées qu'il a formulées. Il fournit ensuite des exemples de critique expérimentale physiologique. Et il termine en indiquant les obstacles philosophiques que rencontre la médecine expérimentale. Au premier rang, il met la fausse application de la physiologie à la médecine, l'ignorance scientifique, ainsi que certaines illusions de l'esprit médical. D'ailleurs, il conclut en disant que la médecine empirique et la médecine expérimentale, n'étant point incompatibles, doivent être, au contraire, inséparables l'une de l'autre. Le dernier mot du livre est que la médecine expérimentale ne répond à aucune doctrine médicale ni à aucun système philosophique.

Telle est, en très gros, la carcasse de l'*Introduction*, dépouillée de sa chair. J'espère que ce rapide exposé suffira pour combler les trous que ma façon de procéder va fatalement produire ; car, naturellement, je ne prendrai à l'œuvre que les citations nécessaires pour définir et commenter le roman expérimental. Je le répète, ce n'est ici qu'un terrain sur lequel je m'appuie, et le terrain le plus riche en arguments et en preuves de toutes sortes. La médecine expérimentale qui bégaye peut seule nous donner une idée exacte de la littérature expérimentale qui, dans l'œuf encore, n'en est pas même au bégayement.

I

Avant tout, la première question qui se pose est celle-ci : en littérature, où jusqu'ici l'observation paraît avoir été seule employée, l'expérience est-elle possible ?

Claude Bernard discute longuement sur l'observation et sur l'expérience. Il existe d'abord une ligne de démarcation bien nette. La voici : « On donne le nom d'*observateur* à celui qui applique les procédés d'investigations simples ou complexes à l'étude des phénomènes qu'il ne fait pas varier et qu'il recueille par conséquent tels que la nature les lui offre ; on donne le nom d'*expérimentateur* à celui qui emploie les procédés d'investigations simples ou complexes pour faire varier ou modifier, dans un but quelconque, les phénomènes naturels et les faire apparaître dans des circonstances ou dans des conditions dans lesquelles la nature ne les présentait pas. » Par exemple, l'astronomie est une science d'observation, parce qu'on ne conçoit pas un astronome agissant sur les astres ; tandis que la chimie est une science d'expérimentation car le chimiste agit sur la nature et la modifie. Telle est, selon Claude Bernard, la seule distinction vraiment importante qui sépare l'observateur de l'expérimentateur.

Je ne puis le suivre dans sa discussion des différentes définitions données jusqu'à ce jour. Comme je l'ai dit, il finit par conclure que l'expérience n'est au fond qu'une observation provoquée. Je cite : « Dans la méthode expérimentale, la recherche des faits, c'est-à-dire l'investigation, s'accompagne toujours d'un raisonnement, de sorte que, le plus ordinairement, l'expérimentateur fait une expérience pour contrôler où vérifier la valeur d'une idée expérimentale. Alors, on peut dire que, dans ce cas, l'expérience est une observation provoquée dans un but de contrôle. »

Du reste, pour arriver à déterminer ce qu'il peut y avoir d'observation et d'expérimentation dans le roman naturaliste, je n'ai besoin que des passages suivants :

« L'observateur constate purement et simplement les phénomènes qu'il a sous les yeux... Il doit être le photographe des phénomènes ; son observation doit représenter exactement la nature... Il écoute la nature, et il écrit sous sa dictée. Mais une fois le fait constaté et le phénomène bien observé, l'idée arrive, le raisonnement intervient, et l'expérimentateur apparaît pour interpréter le phénomène. L'expérimentateur est celui qui, en vertu d'une interprétation plus ou moins probable, mais anticipée, des phénomènes observés, institue l'expérience de manière que, dans l'ordre logique des prévisions, elle fournisse un résultat qui serve de contrôle à l'hypothèse ou à l'idée préconçue... Dès le moment où le résultat de l'expérience se manifeste, l'expérimentateur se trouve en face d'une véritable observation qu'il a provoquée, et qu'il faut constater, comme toute observation, sans idée préconçue. L'expérimentateur doit alors disparaître ou plutôt se transformer instantanément en observateur; et ce n'est qu'après qu'il aura constaté les résultats de l'expérience absolument comme ceux d'une observation ordinaire, que son esprit reviendra pour raisonner, comparer et juger si l'hypothèse expérimentale est vérifiée ou infirmée par ces mêmes résultats. »

Tout le mécanisme est là. Il est un peu compliqué, et Claude Bernard est amené à dire : « Quand tout cela se passe à la fois dans la tête d'un savant qui se livre à l'investigation dans une science aussi confuse que l'est encore la médecine, alors il y a un enchevêtrement tel, entre ce qui résulte de l'observation et ce qui appartient à l'expérience, qu'il serait impossible et d'ailleurs inutile de vouloir analyser dans leur mélange inextricable chacun de ces termes. » En somme, on peut dire que l'observation « montre » et que l'expérience « instruit ».

Eh bien ! en revenant au roman, nous voyons également que le romancier est fait d'un observateur et d'un expérimentateur. L'observateur chez lui donne les faits tels qu'il les a observés, pose le point de départ, établit le terrain solide sur lequel vont marcher les personnages et se développer les phénomènes. Puis, l'expérimentateur paraît et institue l'expérience, je veux dire fait mouvoir les personnages dans une histoire particulière, pour y montrer que la succession des faits y sera telle que l'exige le déterminisme des phénomènes mis à l'étude. C'est presque toujours ici une expérience « pour voir », comme l'ap pelle Claude Bernard. Le romancier part à la recherche d'une vérité. Je prendrai comme exemple la figure du baron Hulot, dans la *Cousine Bette*, de Balzac. Le fait général observé par Balzac est le ravage que le tempérament amoureux d'un homme amène chez lui, dans sa famille et dans la société. Dès qu'il a eu choisi son sujet, il est parti des faits observés, puis il a institué son expérience en soumettant Hulot à une série d'épreuves, en le faisant passer par certains milieux, pour montrer le fonctionnement du mécanisme de sa passion. Il est donc évident qu'il n'y a pas seulement là observation, mais qu'il y a aussi expérimentation, puisque Balzac ne s'en tient pas strictement en photographe aux faits recueillis par lui, puisqu'il intervient d'une façon directe pour placer son personnage dans des conditions dont il reste le maître. Le problème est de savoir ce que telle passion, agissant dans tel milieu et dans telles circonstances, produira au point de vue de l'individu et de la société; et un roman expérimental, la *Cousine Bette* par exemple, est simplement le procès-verbal de l'expérience, que le romancier répète sous les yeux du public. En somme, toute l'opération consiste à prendre les faits dans la nature, puis à étudier le mécanisme des faits, en agissant sur eux par les modifications des circonstances et des milieux, sans jamais s'écarter des lois de la nature. Au bout, il y a la connaissance de l'homme, la connaissance scientifique, dans son action individuelle et sociale.

Sans doute, nous sommes loin ici des certitudes de la chimie et même de la physiologie. Nous ne connaissons point encore les réactifs qui décomposent les passions et qui permettent de les analyser.

Souvent, dans cette étude, je rappellerai ainsi que le roman expérimental est plus jeune que la médecine expérimentale, laquelle pourtant est à peine née. Mais je n'entends pas constater les résultats acquis, je désire simplement exposer clairement une méthode. Si le romancier expérimental marche encore à tâtons dans la plus obscure et la plus complexe des sciences, cela n'empêche pas cette science d'exister. Il est indéniable que le roman naturaliste, tel que nous le comprenons à cette heure, est une expérience véritable que le romancier fait sur l'homme, en s'aidant de l'observation.

D'ailleurs, cette opinion n'est pas seulement la mienne, elle est également celle de Claude Bernard. Il dit quelque part : « Dans la pratique de la vie, les hommes ne font que faire des expériences les uns sur les autres. » Et, ce qui est plus concluant, voici toute la théorie du roman expérimental. « Quand nous raisonnons sur nos propres actes, nous avons un guide certain, parce que nous avons conscience de ce que nous pensons et de ce que nous sentons. Mais si nous voulons juger les actes d'un autre homme et savoir les mobiles qui le font agir, c'est tout différent. Sans doute, nous avons devant les yeux les mouvements de cet homme et ses manifestations qui sont, nous en sommes sûrs, les modes d'expression de sa sensibilité et de sa volonté. De plus, nous admettons encore qu'il y a un rapport nécessaire entre les actes et leur cause ; mais quelle est cette cause ? Nous ne la sentons pas en nous, nous n'en avons pas conscience comme quand il s'agit de nous-mêmes ; nous sommes donc obligés de l'interpréter, de la supposer d'après les mouvements que nous voyons et les paroles que nous entendons. Alors nous devons contrôler les actes de cet homme les uns par les autres ; nous considérons comment il agit dans telle circonstance, et, en un mot, nous recourons à la méthode expérimentale. » Tout ce que j'ai avancé plus haut est résumé dans cette dernière phrase, qui est d'un savant.

Je citerai encore cette image de Claude Bernard, qui m'a beaucoup frappé : « L'expérimentateur est le juge d'instruction de la nature. » Nous autres romanciers, nous sommes les juges d'instruction des hommes et de leurs passions.

Mais voyez quelle première clarté jaillit, lorsqu'on se place à ce point de vue de la méthode expérimentale appliquée dans le roman, avec toute la rigueur scientifique que la matière supporte aujourd'hui. Un reproche bête qu'on nous fait, à nous autres écrivains naturalistes, c'est de vouloir être uniquement des photographes. Nous avons beau déclarer que nous acceptons le tempérament, l'expression personnelle, on n'en continue pas moins à nous répondre par des arguments imbéciles sur l'impossibilité d'être strictement vrai, sur le besoin d'arranger les faits pour constituer une œuvre d'art quelconque. Eh bien ! avec l'application de la méthode expérimentale au roman, toute querelle cesse. L'idée d'expérience entraîne avec elle l'idée de modification. Nous partons bien des faits vrais, qui sont notre base indestructible ; mais, pour montrer le mécanisme des faits, il faut que nous produisions et que nous dirigions les phénomènes ; c'est là notre part d'invention, de génie dans l'œuvre. Ainsi, sans avoir à recourir aux questions de la forme, du style, que j'examinerai plus tard, je constate dès maintenant que nous devons modifier la nature, sans sortir de la nature, lorsque nous employons dans nos romans la méthode expérimentale. Si l'on se reporte à cette définition : « L'observation montre, l'expérience instruit, » nous pouvons dès maintenant réclamer pour nos livres cette haute leçon de l'expérience.

L'écrivain, loin d'être diminué, grandit ici singulièrement. Une expérience, même la plus simple, est toujours basée sur une idée, née elle-même d'une observation. Comme le dit Claude Bernard : « L'idée expérimentale n'est point arbitraire ni purement imaginaire ; elle doit toujours avoir un point d'appui dans la réalité observée, c'est-à-dire dans la nature. » C'est sur cette idée et sur le doute qu'il base toute la méthode. « L'apparition de l'idée expérimentale, dit-il plus loin, est toute spontanée, et sa nature est toute individuelle ; c'est un sentiment particulier, un *quid proprium*, qui constitue l'originalité, l'invention ou le génie de chacun. » Ensuite, il fait du doute le grand levier scientifique. « Le douteur est le vrai savant ; il ne doute que de lui-même et de ses interprétations, mais il croit à la science ; il admet même, dans les sciences expérimentales, un critérium ou un principe absolu, le déterminisme des phénomènes, qui est absolu aussi bien dans les phénomènes des corps vivants que dans ceux des corps bruts. » Ainsi donc, au lieu d'enfermer le romancier dans des liens étroits, la méthode expérimentale le laisse à toute son intelligence de penseur et à tout son génie de créateur. Il lui faudra voir, comprendre, inventer. Un fait observé devra faire jaillir l'idée de l'expérience à instituer, du roman à écrire, pour arriver à la connaissance complète d'une vérité. Puis, lorsqu'il aura discuté et arrêté le plan de cette expérience, il en jugera à chaque minute les résultats avec la liberté d'esprit d'un homme qui accepte les seuls faits conformes au déterminisme des phénomènes. Il est parti du doute pour arriver à la connaissance absolue ; et il ne cesse de douter que lorsque le mécanisme de la passion, démontée et remontée par lui, fonctionne selon les lois fixées par la nature. Il n'y a pas de besogne plus large ni plus libre pour l'esprit humain. Nous verrons plus loin les misères des scholastiques, des systématiques et des théoriciens de l'idéal, à côté du triomphe des expérimentateurs.

Je résume cette première partie en répétant que les romanciers naturalistes observent et expérimentent, et que toute leur besogne naît du doute où ils se placent en face des vérités mal connues, des phénomènes inexpliqués, jusqu'à ce qu'une idée expérimentale éveille brusquement un jour leur génie et les pousse à instituer une expérience, pour analyser les faits et s'en rendre les maîtres.

II

Telle est donc la méthode expérimentale. Mais on a nié longtemps que cette méthode pût être appliquée aux corps vivants. C'est ici le point important de la question, que je vais examiner avec Claude Bernard. Le raisonnement sera ensuite des plus simples : si la méthode expérimentale a pu être portée de la chimie et de la physique dans la physiologie et la médecine, elle peut l'être de la physiologie dans le roman naturaliste.

Cuvier, pour ne citer que ce savant, prétendait que l'expérimentation, applicable aux corps bruts, ne l'était pas aux corps vivants ; la physiologie, selon lui, devait être purement une science d'observation et de déduction anatomique. Les vitalistes admettent encore une force vitale, qui serait, dans les corps vivants, en lutte incessante avec les forces physico-chimiques et qui neutraliserait leur action. Claude Bernard, au contraire, nie toute force mystérieuse et affirme que l'expérimentation est applicable partout. « Je me propose, dit-il, d'établir que la science des phénomènes de la vie ne peut avoir d'autres bases que la science des phénomènes des corps bruts, et qu'il n'y a, sous ce rapport, aucune différence entre les principes des sciences biologiques et ceux des sciences physico-chimiques. En effet, le but que se propose la méthode expérimentale est le même partout ; il consiste à rattacher par l'expérience les phénomènes naturels à leurs conditions d'existence ou à leurs causes prochaines. »

Il me paraît inutile d'entrer dans les explications et les raisonnements compliqués de Claude Bernard. J'ai dit qu'il insistait sur l'existence d'un milieu intérieur chez l'être vivant. « Dans l'expérimentation sur les corps bruts, dit-il, il n'y a à tenir compte que d'un seul milieu, c'est le milieu cosmique extérieur ; tandis que, chez les êtres vivants élevés, il y a au moins deux milieux à considérer : le milieu extérieur ou extra-organique, et le milieu intérieur ou intra-organique. La complexité due à l'existence d'un milieu organique intérieur est la seule raison des grandes difficultés que nous rencontrons dans la détermination expérimentale des phénomènes de la vie et dans l'application des moyens capables de la modifier. » Et il part de là pour établir qu'il y a des lois fixes pour les éléments physiologiques plongés dans le milieu intérieur, comme il y a des lois fixes pour les éléments chimiques qui baignent dans le milieu extérieur. Dès lors, on peut expérimenter sur l'être vivant comme sur le corps brut; il s'agit seulement de se mettre dans les conditions voulues.

J'insiste, parce que, je le répète, le point important de la question est là. Claude Bernard, en parlant des vitalistes, écrit ceci : « Ils considèrent la vie comme une influence mystérieuse et surnaturelle qui agit arbitrairement en s'affranchissant de tout déterminisme, et ils taxent de matérialistes tous ceux qui font des efforts pour ramener les phénomènes vitaux à des conditions organiques et physico-chimiques déterminées. Ce sont là des idées fausses qu'il n'est pas facile d'extirper une fois qu'elles ont pris droit de domicile dans un esprit; les progrès seuls de la science les feront disparaître. » Et il pose cet axiome : « Chez les êtres vivants aussi bien que dans les corps bruts, les conditions d'existence de tout phénomène sont déterminés d'une façon absolue. »

Je me borne pour ne pas trop compliquer le raisonnement. Voilà donc le progrès de la science. Au siècle dernier, une application plus exacte de la méthode expérimentale, crée la chimie et la physique, qui se dégagent de l'irrationnel et du surnaturel. On découvre qu'il y a des lois fixes, grâce à l'analyse; on se rend maître des phénomènes. Puis, un nouveau pas est franchi. Les corps vivants, dans lesquels les vitalistes admettaient encore une influence mystérieuse, sont à leur tour ramenés et réduits au mécanisme général de la matière. La science prouve que les conditions d'existence de tout phénomène sont les mêmes dans les corps vivants que dans les corps bruts; et, dès lors, la physiologie prend peu à peu les certitudes de la chimie et de la physique. Mais va-t-on s'arrêter là? Évidemment non. Quand on aura prouvé que le corps de l'homme est une machine, dont on pourra un jour démonter et remonter les rouages au gré de l'expérimentateur, il faudra bien passer aux actes passionnels et intellectuels de l'homme. Dès lors, nous entrerons dans le domaine qui, jusqu'à présent, appartenait à la philosophie et à la littérature; ce sera la conquête décisive par la science des hypothèses des philosophes et des écrivains. On a la chimie et la physique expérimentales; on aura la physiologie expérimentale; plus tard encore, on aura le roman expérimental. C'est là une progression qui s'impose et dont le dernier terme est facile à prévoir dès aujourd'hui. Tout se tient, il fallait partir du déterminisme des corps bruts, pour arriver au déterminisme des corps vivants; et, puisque des savants, comme Claude Bernard, démontrent maintenant que des lois fixes régissent le corps humain, on peut annoncer, sans crainte de se tromper, l'heure où les lois de la pensée et des passions seront formulées à leur tour. Un même déterminisme doit régir la pierre des chemins et le cerveau de l'homme.

Cette opinion se trouve dans l'*Introduction*. Je ne

saurais trop répéter que je prends tous mes arguments dans Claude Bernard. Après avoir expliqué que des phénomènes tout à fait spéciaux peuvent être le résultat de l'union ou de l'association de plus en plus complexe des éléments organisés, il écrit ceci : « Je suis persuadé que les obstacles qui entourent l'étude expérimentale des phénomènes psychologiques sont en grande partie dus à des difficultés de cet ordre ; car, malgré leur nature merveilleuse et la délicatesse de leurs manifestations, il est impossible, selon moi, de ne pas faire rentrer les phénomènes cérébraux, comme tous les phénomènes des corps vivants, dans les lois d'un déterminisme scientifique. » Cela est clair. Plus tard, sans doute, la science trouvera ce déterminisme de toutes les manifestations cérébrales et sensuelles de l'homme.

Dès ce jour, la science entre donc dans notre domaine, à nous romanciers, qui sommes à cette heure des analystes de l'homme, dans son action individuelle et sociale. Nous continuons, par nos observations et nos expériences, la besogne du physiologiste, qui a continué celle du physicien et du chimiste. Nous faisons en quelque sorte de la psychologie scientifique, pour compléter la physiologie scientifique ; et nous n'avons, pour achever l'évolution, qu'à apporter dans nos études de la nature et de l'homme l'outil décisif de la méthode expérimentale. En un mot, nous devons opérer sur les caractères, sur les passions, sur les faits humains et sociaux, comme le chimiste et le physicien opèrent sur les corps bruts, comme le physiologiste opère sur les corps vivants. Le déterminisme domine tout. C'est l'investigation scientifique, c'est le raisonnement expérimental qui combat une à une les hypothèses des idéalistes, et qui remplace les romans de pure imagination par les romans d'observation et d'expérimentation.

Certes, je n'entends pas ici formuler des lois. Dans l'état actuel de la science de l'homme, la confusion et l'obscurité sont encore trop grandes pour qu'on se risque à la moindre synthèse. Tout ce qu'on peut dire, c'est qu'il y a un déterminisme absolu pour tous les phénomènes humains. Dès lors, l'investigation est un devoir. Nous avons la méthode, nous devons aller en avant, si même une vie entière d'efforts n'aboutissait qu'à la conquête d'une parcelle de vérité. Voyez la physiologie : Claude Bernard a fait de grandes découvertes, et il est mort en avouant qu'il ne savait rien ou presque rien. A chaque page, il confesse les difficultés de sa tâche. « Dans les relations phénoménales, dit-il, telles que la nature nous les offre, il règne toujours une complexité plus ou moins grande. Sous ce rapport, la complexité des phénomènes minéraux est beaucoup moins grande que celle des phénomènes vitaux; c'est pourquoi les sciences qui étudient les corps bruts sont parvenues plus vite à se constituer. Dans les corps vivants, les phénomènes sont d'une complexité énorme, et de plus la mobilité des propriétés vitales les rend beaucoup plus difficiles à saisir et à déterminer. » Que dire alors des difficultés que doit rencontrer le roman expérimental, qui prend à la physiologie ses études sur les organes les plus complexes et les plus délicats, qui traite des manifestations les plus élevées de l'homme, comme individu et comme membre social? Evidemment, l'analyse se complique ici davantage. Donc, si la physiologie se constitue aujourd'hui, il est naturel que le roman expérimental en soit seulement à ses premiers pas. On le prévoit comme une conséquence fatale de l'évolution scientifique du siècle; mais il est impossible de le baser sur des lois certaines. Quand Claude Bernard parle « des vérités restreintes et précaires de la science biologique », on peut bien confesser que les vérités de la science de l'homme, au point de vue du mécanisme intellectuel et passionnel, sont plus précaires et plus restreintes encore. Nous balbutions, nous sommes les derniers venus ; mais cela ne doit être qu'un aiguillon de plus pour nous pousser à des études exactes, du moment que nous avons l'outil, la méthode expérimentale, et que notre but est très net, connaître le déterminisme des phénomènes et nous rendre maîtres de ces phénomènes.

Sans me risquer à formuler des lois, j'estime que la question d'hérédité a une grande influence dans les manifestations intellectuelles et passionnelles de l'homme. Je donne aussi une importance considérable au milieu. Il faudrait aborder les théories de Darwin; mais ceci n'est qu'une étude générale sur la méthode expérimentale appliquée au roman, et je me perdrais, si je voulais entrer dans les détails. Je dirai simplement un mot des milieux. Nous venons de voir l'importance décisive donnée par Claude Bernard à l'étude du milieu intra-organique, dont on doit tenir compte, si l'on veut trouver le déterminisme des phénomènes chez les êtres vivants. Eh bien ! dans l'étude d'une famille, d'un groupe d'êtres vivants, je crois que le milieu social a également une importance capitale. Un jour, la physiologie nous expliquera sans doute le mécanisme de la pensée et des passions; nous saurons comment fonctionne la

machine individuelle de l'homme, comment il pense,
comment il aime, comment il va de la raison à la
passion et à la folie ; mais ces phénomènes, ces faits
du mécanisme des organes agissant sous l'influence
du milieu intérieur, ne se produisent pas au dehors
isolément et dans le vide. L'homme n'est pas seul,
il vit dans une société, dans un milieu social, et dès
lors pour nous, romanciers, ce milieu social modifie
sans cesse les phénomènes. Même notre grande étude
est là, dans le travail réciproque de la société sur
l'individu et de l'individu sur la société. Pour le
physiologiste, le milieu extérieur et le milieu intérieur sont purement chimiques et physiques, ce qui
lui permet d'en trouver les lois aisément. Nous n'en
sommes pas à pouvoir prouver que le milieu social
n'est, lui aussi, que chimique et physique. Il l'est à
coup sûr, ou plutôt il est le produit variable d'un
groupe d'êtres vivants, qui, eux, sont absolument
soumis aux lois physiques et chimiques qui régissent aussi bien les corps vivants que les corps bruts.
Dès lors, nous verrons qu'on peut agir sur le milieu
social, en agissant sur les phénomènes dont on se
sera rendu maître chez l'homme. Et c'est là ce qui
constitue le roman expérimental : posséder le mécanisme des phénomènes chez l'homme, montrer les
rouages des manifestations intellectuelles et sensuelles telles que la physiologie nous les expliquera,
sous les influences de l'hérédité et des circonstances
ambiantes puis montrer l'homme vivant dans le milieu social qu'il a produit lui-même, qu'il modifie tous
les jours, et au sein duquel il éprouve à son tour une
transformation continue. Ainsi donc, nous nous appuyons sur la physiologie, nous prenons l'homme

isolé des mains du physiologiste, pour continuer la solution du problème et résoudre scientifiquement la question de savoir comment se comportent les hommes, dès qu'ils sont en société.

Ces idées générales suffisent pour nous guider aujourd'hui. Plus tard, lorsque la science aura marché, lorsque le roman expérimental aura donné des résultats décisifs, quelque critique précisera ce que je ne fais qu'indiquer aujourd'hui.

D'ailleurs, Claude Bernard confesse combien est difficile l'application de la méthode expérimentale aux êtres vivants. « Le corps vivant, dit-il, surtout chez les animaux élevés, ne tombe jamais en indifférence physico-chimique avec le milieu extérieur, il possède un mouvement incessant, une évolution organique en apparence spontanée et constante, et bien que cette évolution ait besoin des circonstances extérieures pour se manifester, elle en est cependant indépendante dans sa marche et dans sa modalité. » Et il conclut comme je l'ai dit : « En résumé, c'est seulement dans les conditions physico-chimiques du milieu intérieur que nous trouverons le déterminisme des phénomènes extérieurs de la vie. » Mais quelles que soient les complexités qui se présentent, et lors même que des phénomènes spéciaux se produisent, l'application de la méthode expérimentale reste rigoureuse. « Si les phénomènes vitaux ont une complexité et une apparente différence de ceux des corps bruts, ils n'offrent cette différence qu'en vertu des conditions déterminées ou déterminables qui leur sont propres. Donc, si les sciences vitales doivent différer des autres par leurs applications et par leurs lois spéciales, elles ne s'en distinguent pas par la méthode scientifique. »

Il me faut dire encore un mot des limites que Claude Bernard trace à la science. Pour lui, nous ignorerons toujours le *pourquoi* des choses ; nous ne pouvons savoir que le *comment*. C'est ce qu'il exprime en ces termes : « La nature de notre esprit nous porte à chercher l'essence ou le *pourquoi* des choses. En cela, nous visons plus loin que le but qu'il nous est donné d'atteindre ; car l'expérience nous apprend bientôt que nous ne devons pas aller au delà du *comment*, c'est-à-dire au delà de la cause prochaine ou des conditions d'existence des phénomènes. » Plus loin il donne cet exemple : « Si nous ne pouvons savoir *pourquoi* l'opium et ses alcaloïdes font dormir, nous pourrons connaître le mécanisme de ce sommeil et savoir *comment* l'opium ou ses principes font dormir ; car le sommeil n'a lieu que parce que la substance active va se mettre en contact avec certains éléments organiques qu'elle modifie. » Et la conclusion pratique est celle-ci : « La science a précisément le privilège de nous apprendre ce que nous ignorons, en substituant la raison et l'expérience au sentiment, et en nous montrant clairement la limite de notre connaissance actuelle. Mais, par une merveilleuse compensation, à mesure que la science rabaisse ainsi notre orgueil, elle augmente notre puissance. » Toutes ces considérations sont strictement applicables au roman expérimental. Pour ne point s'égarer dans les spéculations philosophiques, pour remplacer les hypothèses idéalistes par la lente conquête de l'inconnu, il doit s'en tenir à la recherche du *pourquoi* des choses. C'est là son rôle exact, et c'est de là qu'il tire, comme nous allons le voir, sa raison d'être et sa morale.

J'en suis donc arrivé à ce point : le roman expérimental est une conséquence de l'évolution scientifique du siècle ; il continue et complète la physiologie, qui elle-même s'appuie sur la chimie et la physique ; il substitue à l'étude de l'homme abstrait, de l'homme métaphysique, l'étude de l'homme naturel, soumis aux lois physico-chimiques et déterminé par les influences du milieu ; il est en un mot la littérature de notre âge scientifique, comme la littérature classique et romantique a correspondu à un âge de scholastique et de théologie. Maintenant, je passe à la grande question d'application et de morale.

III

Le but de la méthode expérimentale, en physiologie et en médecine, est d'étudier les phénomènes pour s'en rendre maître. Claude Bernard, à chaque page de l'*Introduction*, revient sur cette idée. Comme il le déclare : « Toute la philosophie naturelle se résume en cela : connaître la loi des phénomènes. Tout le problème expérimental se réduit à ceci : prévoir et diriger les phénomènes. » Plus loin, il donne un exemple : « Il ne suffira pas au médecin expérimentateur comme au médecin empirique de savoir que le quinquina guérit la fièvre ; mais ce qu'il lui importe surtout, c'est de savoir ce que c'est que la fièvre et de se rendre compte du mécanisme par lequel le quinquina la guérit. Tout cela importe au médecin expérimentateur, parce que, dès qu'il le saura, le fait de guérison de la fièvre par le quinquina ne sera plus un fait empirique et isolé, mais un fait scientifique. Ce fait se rattachera alors à des conditions qui le relieront à d'autres phénomènes, et nous serons conduits ainsi à la connaissance des lois de l'organisme et à la possibilité d'en régler les manifestations. » L'exemple devient frappant dans le cas de la gale. « Aujourd'hui que la cause de la gale est connue et déterminée expérimentalement, tout est devenu scientifique, et l'empirisme a disparu... On guérit toujours et sans exception, quand on se place dans les conditions expérimentales connues pour atteindre ce but. »

Donc tel est le but, telle est la morale, dans la physiologie et dans la médecine expérimentales : se rendre maître de la vie pour la diriger. Admettons que la science ait marché, que la conquête de l'inconnu soit complète : l'âge scientifique que Claude Bernard a vu en rêve sera réalisé. Dès lors, le médecin sera maître des maladies ; il guérira à coup sûr, il agira sur les corps vivants pour le bonheur et pour la vigueur de l'espèce. On entrera dans un siècle où l'homme tout puissant aura asservi la nature et utilisera ses lois pour faire régner sur cette terre la plus grande somme de justice et de liberté possible. Il n'y a pas de but plus noble, plus haut, plus grand. Notre rôle d'être intelligent est là : pénétrer le pourquoi des choses, pour devenir supérieur aux choses et les réduire à l'état de rouages obéissants.

Eh bien ! ce rêve du physiologiste et du médecin expérimentateur est aussi celui du romancier qui applique à l'étude naturelle et sociale de l'homme la méthode expérimentale. Notre but est le leur ; nous voulons, nous aussi, être les maîtres des phénomènes des éléments intellectuels et personnels, pour pouvoir les diriger. Nous sommes, en un mot, des moralistes expérimentateurs, montrant par l'expérience de quelle façon se comporte une passion dans un milieu social. Le jour où nous tiendrons le mécanisme de cette passion, on pourra la traiter et la réduire, ou tout au moins la rendre la plus inoffensive possible. Et voilà où se trouvent l'utilité pratique et la haute morale de nos œuvres naturalistes, qui expérimentent sur l'homme, qui démontent et remontent pièce à pièce la machine humaine, pour la faire fonctionner sous l'influence des milieux. Quand les temps auront marché, quand on possédera les lois, il n'y aura plus qu'à agir sur les individus et sur les milieux, si l'on veut arriver au meilleur état social. C'est ainsi que nous faisons de la sociologie pratique et que notre besogne aide aux sciences politiques et économiques. Je ne sais pas, je le répète, de travail plus noble ni d'une application plus large. Être maître du bien et du mal, régler la vie, régler la société, résoudre à la longue tous les problèmes du socialisme, apporter surtout des bases solides à la justice en résolvant par l'expérience les questions de criminalité, n'est-ce pas là être les ouvriers les plus utiles et les plus moraux du travail humain ?

Que l'on compare un instant la besogne des romanciers idéalistes à la nôtre ; et ici ce mot d'idéalistes indique les écrivains qui sortent de l'observation et de l'expérience pour baser leurs œuvres sur le surnaturel et l'irrationnel, qui admettent en un mot des forces mystérieuses, en dehors du déterminisme des phénomènes. Claude Bernard répondra encore pour moi : « Ce qui distingue le raisonnement expérimental **du** raisonnement scholastique, c'est la fécondité de l'un et la stérilité de l'autre. C'est précisément le scholastique qui croit avoir la certitude absolue qui n'arrive à rien ; cela ce conçoit, puisque par un principe absolu, il se place en dehors de la nature dans laquelle tout est relatif. C'est au contraire l'expérimentateur qui doute toujours et qui ne croit posséder la certitude absolue sur rien, qui arrive à maîtriser les phénomènes qui l'entourent et à étendre sa puissance sur la nature. » Tout à l'heure, je reviendrai sur cette question de l'idéal, qui n'est, en somme, que la question de l'indéterminisme. Claude Bernard dit avec raison : « La conquête intellectuelle de l'homme consiste à faire diminuer et à refouler l'indéterminisme, à mesure qu'à l'aide de la méthode expérimentale il gagne du terrain sur le déterminisme. » Notre vraie besogne est là, à nous romanciers expérimentateurs, aller du connu à l'inconnu, pour nous rendre maître de la nature ; tandis que les romanciers idéalistes restent de parti pris dans l'inconnu, par toutes sortes de préjugés religieux et philosophiques, sous le prétexte stupéfiant que l'inconnu est plus noble et plus beau que le connu. Si notre besogne, parfois cruelle, si nos tableaux terribles avaient besoin d'être excusés, je trouverais encore chez Claude Bernard cet argument décisif. « On n'arrivera jamais à des généralisations vraiment fécondes et lumineuses sur les phénomènes vitaux qu'autant qu'on aura expérimenté soi-même et remué dans l'hôpital, l'amphithéâtre et le laboratoire, le terrain fétide ou palpitant de la vie... S'il fallait donner une comparaison qui exprimât mon sentiment sur la science de la vie, je dirais que c'est un salon superbe, tout resplendissant de lumière, dans lequel on ne peut parvenir qu'en passant par une longue et affreuse cuisine. »

J'insiste sur ce mot que j'ai employé de moralistes expérimentateurs appliqué aux romanciers naturalistes. Une page de l'*Introduction* m'a surtout frappé, celle où l'auteur parle du *circulus* vital. Je cite : « Les organes musculaires et nerveux entretiennent l'activité des organes qui préparent le sang ; mais le sang à son tour nourrit les organes qui le produisent. Il y a là une solidarité organique ou sociale qui entretient une sorte de mouvement perpétuel, jusqu'à ce que le dérangement ou la cessation d'action d'un élément vital nécessaire ait rompu l'équilibre ou amené un trouble ou un arrêt dans le jeu de la machine animale. Le problème du médecin expérimentateur consiste donc à trouver le déterminisme simple d'un dérangement organique, c'est-à-dire à saisir le phénomène initial... Nous verrons comment une dislocation de l'organisme ou un dérangement des plus complexes en apparence peut être ramené à un déterminisme simple initial qui provoque ensuite les déterminismes les plus complexes. » Il n'y a encore ici qu'à changer les mots de médecin expérimentateur, par ceux de romancier expérimentateur, et tout ce passage s'applique exactement à notre littérature naturaliste. Le circulus social est identique au circulus vital : dans la société comme dans le corps humain, il existe une solidarité qui lie les différents membres, les différents organes entre eux, de telle sorte que, si un organe se pourrit, beaucoup d'autres sont atteints, et qu'une maladie très complexe se déclare. Dès lors, dans nos romans, lorsque nous expérimentons sur une plaie grave qui empoisonne la société, nous procédons comme le médecin expérimentateur, nous tâchons de trouver le déterminisme simple initial, pour arriver ensuite au déterminisme complexe dont l'action a suivi. Je reprends l'exemple du baron Hulot, dans la *Cousine Bette*. Voyez le résultat final, le dénoûment du roman : une famille entière détruite, toutes sortes de drames secondaires se produisant, sous l'action du tempérament amoureux de Hulot. C'est là, dans ce tempérament, que se trouve le déterminisme initial. Un membre, Hulot, se gangrène, et aussitôt tout se gâte autour de lui, le circulus social se détraque, la santé de la société se trouve compromise. Aussi, comme Balzac a insisté sur la figure du baron Hulot, comme il l'a analysée avec un soin scrupuleux! L'expérience porte avant tout sur lui, parce qu'il s'agissait de se rendre maître du phénomène de cette passion pour la diriger ; admettez qu'on puisse guérir Hulot, ou du moins le contenir et le rendre inoffensif, tout de suite le drame n'a plus de raison d'être, on rétablit l'équilibre, ou pour mieux dire la santé dans le corps social. Donc, les romanciers naturalistes sont bien en effet des moralistes expérimentateurs.

Et j'arrive ainsi au gros reproche dont on croit accabler les romanciers naturalistes en les traitant de fatalistes. Que de fois on a voulu nous prouver que, du moment où nous n'acceptions pas le libre arbitre, du moment où l'homme n'était plus pour nous qu'une machine animale agissant sous l'influence de l'hérédité et des milieux, nous tombions à un fatalisme grossier, nous ravalions l'humanité au rang d'un troupeau marchant sous le bâton de la destinée !

Il faut préciser : nous ne sommes pas fatalistes, nous sommes déterministes, ce qui n'est point la même chose. Claude Bernard explique très bien les deux termes : « Nous avons donné le nom de déterminisme à la cause prochaine ou déterminante des phénomènes. Nous n'agissons jamais sur l'essence des phénomènes de la nature, mais seulement sur leur déterminisme, et par cela seul que nous agissons sur lui, le déterminisme diffère du fatalisme sur lequel on ne saurait agir. Le fatalisme suppose la manifestation nécessaire d'un phénomène indépendant de ses conditions, tandis que le déterminisme est la condition nécessaire d'un phénomène dont la manifestation n'est pas forcée. Une fois que la recherche du déterminisme des phénomènes est posée comme le principe fondamental de la méthode expérimentale, il n'y a plus ni matérialisme, ni spiritualisme, ni matière brute, ni matière vivante ; il n'y a que des phénomènes dont il faut déterminer les conditions, c'est-à-dire les circonstances qui jouent par rapport à ces phénomènes le rôle de cause prochaine. » Ceci est décisif. Nous ne faisons qu'appliquer cette méthode dans nos romans, et nous sommes donc des déterministes qui, expérimentalement, cherchent à déterminer les conditions des phénomènes, sans jamais sortir, dans notre investigation, des lois de la nature. Comme le dit très bien Claude Bernard, du moment où nous pouvons agir, et où nous agissons sur le déterminisme des phénomènes, en modifiant les milieux par exemple, nous ne sommes pas des fatalistes.

Voilà donc le rôle moral du romancier expérimentateur bien défini. Souvent j'ai dit que nous n'avions

pas à tirer une conclusion de nos œuvres, et cela
signifie que nos œuvres portent leur conclusion en
elles. Un expérimentateur n'a pas à conclure, parce
que, justement, l'expérience conclut pour lui. Cent
fois, s'il le faut, il répètera l'expérience devant le
public, il l'expliquera, mais il n'aura ni à s'indigner,
ni à approuver personnellement : telle est la vérité,
tel est le mécanisme des phénomènes ; c'est à la
société de produire toujours ou de ne plus produire
ce phénomène, si le résultat en est utile ou dangereux. On ne conçoit pas, je l'ai dit ailleurs, un savant
se fâchant contre l'azote, parce que l'azote est impropre à la vie ; il supprime l'azote, quand il est nuisible, et pas davantage. Comme notre pouvoir n'est
pas le même que celui de ce savant, comme nous
sommes des expérimentateurs sans être des prati-
ciens, nous devons nous contenter de chercher le
déterminisme des phénomènes sociaux, en laissant
aux législateurs, aux hommes d'application, le soin
de diriger tôt ou tard ces phénomènes, de façon à
développer les bons et à réduire les mauvais, au point
de vue de l'utilité humaine.

Je résume notre rôle de moralistes expérimentateurs. Nous montrons le mécanisme de l'utile et du
nuisible, nous dégageons le déterminisme des phénomènes humains et sociaux, pour qu'on puisse un
jour dominer et diriger ces phénomènes. En un mot,
nous travaillons avec tout le siècle à la grande œuvre
qui est la conquête de la nature, la puissance de
l'homme décuplée. Et voyez, à côté de la nôtre, la
besogne des écrivains idéalistes, qui s'appuient sur
l'irrationnel et le surnaturel, et dont chaque élan est
suivi d'une chute profonde dans le chaos métaphysi-

que. C'est nous qui avons la force, c'est nous qui avons la morale.

IV

Ce qui m'a fait choisir l'*Introduction*, je l'ai dit, c'est que la médecine est encore regardée par beaucoup de personnes comme un art. Claude Bernard prouve qu'elle doit être une science, et nous assistons là à l'éclosion d'une science, spectacle très instructif en lui-même, et qui nous prouve que le domaine scientifique s'élargit et gagne toutes les manifestations de l'intelligence humaine. Puisque la médecine, qui était un art, devient une science, pourquoi la littérature elle-même ne deviendrait-elle pas une science, grâce à la méthode expérimentale ?

Il faut remarquer que tout se tient, que si le terrain du médecin expérimentateur est le corps de l'homme dans les phénomènes de ses organes, à l'état normal et à l'état pathologique, notre terrain à nous est également le corps de l'homme dans ses phénomènes cérébraux et sensuels, à l'état sain et à l'état morbide. Si nous n'en restons pas à l'homme métaphysique de l'âge classique, il nous faut bien tenir compte des nouvelles idées que notre âge se fait de la nature et de la vie. Nous continuons fatalement, je le répète, la besogne du physiologiste et du médecin, qui ont continué celle du physicien et du chimiste. Dès lors, nous entrons dans la science. Je réserve la question du sentiment et la forme, dont je parlerai plus loin.

Voyons d'abord ce que Claude Bernard dit de la médecine. « Certains médecins pensent que la médecine ne peut être que conjecturale, et ils en concluent que le médecin est un artiste qui doit suppléer à l'indéterminisme des cas particuliers par son génie, par son tact personnel. Ce sont là des idées antiscientifiques contre lesquelles il faut s'élever de toutes ses forces, parce que ce sont elles qui contribuent à faire croupir la médecine dans l'état où elle est depuis si longtemps. Toutes les sciences ont nécessairement commencé par être conjecturales ; il y a encore aujourd'hui dans chaque science des parties conjecturales. La médecine est encore presque partout conjecturale, je ne le nie pas ; mais je veux dire seulement que la science moderne doit faire des efforts pour sortir de cet état provisoire qui ne constitue pas un état scientifique définitif, pas plus pour la médecine que pour les autres sciences. L'état scientifique sera plus long à se constituer et plus difficile à obtenir en médecine, à cause de la complexité des phénomènes ; mais le but du médecin savant est de ramener dans sa science, comme dans toutes les autres, l'indéterminé au déterminé. » Le mécanisme de la naissance et du développement d'une science est là tout entier. On traite encore le médecin d'artiste, parce qu'il y a, en médecine, une place énorme laissée aux conjectures. Naturellement, le romancier méritera davantage ce nom d'artiste, puisqu'il se trouve plus enfoncé encore dans l'indéterminé. Si Claude Bernard confesse que la complexité des phénomènes empêcheront longtemps de constituer la médecine à l'état scientifique, que sera-ce donc pour le roman expérimental, où les phénomènes sont plus complexes encore ? Mais cela n'empêchera pas le roman d'entrer dans la voie scientifique, d'obéir à l'évolution générale du siècle.

D'ailleurs, Claude Bernard lui-même a indiqué les évolutions de l'esprit humain. « L'esprit humain, dit-il, aux diverses périodes de son évolution, a passé successivement par le sentiment, la raison et l'expérience. D'abord, le sentiment seul s'imposant à la raison créa les vérités de foi, c'est-à-dire la théologie. La raison ou la philosophie devenant ensuite la maîtresse, enfanta la scholastique. Enfin l'expérience, c'est-à-dire l'étude des phénomènes naturels, apprit à l'homme que les vérités du monde extérieur ne se trouvent formulées, de prime abord, ni dans le sentiment ni dans la raison. Ce sont seulement nos guides indispensables ; mais, pour obtenir ces vérités, il faut nécessairement descendre dans la réalité objective des choses où elles se trouvent cachées avec leur forme phénoménale. C'est ainsi qu'apparut, par le progrès naturel des choses, la méthode expérimentale qui résume tout et qui s'appuie successivement sur les trois branches de ce trépied immuable : le sentiment, la raison, l'expérience. Dans la recherche de la vérité, au moyen de cette méthode, le sentiment a toujours l'initiative, il engendre l'idée *à priori* ou l'intuition ; la raison ou le raisonnement développe ensuite l'idée et déduit ses conséquences logiques. Mais si le sentiment doit être éclairé par les lumières de la raison, la raison à son tour doit être guidée par l'expérience. »

J'ai donné toute cette page, parce qu'elle est de la plus grande importance. Elle fait nettement, dans le roman expérimental, la part de la personnalité du

romancier, en dehors du style. Du moment où le
sentiment est le point de départ de la méthode expérimentale, où la raison intervient ensuite pour aboutir à l'expérience, et pour être contrôlée par elle, le
génie de l'expérimentateur domine tout; et c'est
d'ailleurs ce qui fait que la méthode expérimentale,
inerte en d'autres mains, est devenue un outil si
puissant entre les mains de Claude Bernard. Je
viens de dire le mot : la méthode n'est qu'un outil;
c'est l'ouvrier, c'est l'idée qu'il apporte qui fait le
chef-d'œuvre. J'ai déjà cité ces lignes : « C'est un
sentiment particulier, un *quid proprium* qui constitue
l'originalité, l'invention ou le génie de chacun. »
Voilà donc la part faite au génie, dans le roman expérimental. Comme le dit encore Claude Bernard :
« L'idée, c'est la graine; la méthode, c'est le sol
qui lui fournit les conditions de se développer, de
prospérer et de donner ses meilleurs fruits suivant
la nature. » Tout se réduit ensuite à une question
de méthode. Si vous restez dans l'idée *à priori*,
et dans le sentiment, sans l'appuyer sur la raison
et sans le vérifier par l'expérience, vous êtes
un poète, vous risquez des hypothèses que rien
ne prouve, vous vous débattez dans l'indéterminisme péniblement et sans utilité, d'une façon nuisible souvent. Écoutez ces lignes de l'*Introduction* :
« L'homme est naturellement métaphysicien et orgueilleux; il a pu croire que les créations idéales
de son esprit qui correspondent à ses sentiments
représentaient aussi la réalité. D'où il suit que la
méthode expérimentale n'est point primitive et naturelle à l'homme, que ce n'est qu'après avoir erré
longtemps dans les discussions théologiques et scho-

lastiques qu'il a fini par reconnaître la stérilité de ses efforts dans cette voie. L'homme s'aperçut alors qu'il ne dicte pas des lois à la nature, parce qu'il ne possède pas en lui-même la connaissance et le critérium des choses extérieures ; et il comprit que, pour arriver à la vérité, il doit, au contraire, étudier les lois naturelles et soumettre ses idées, sinon sa raison, à l'expérience, c'est-à-dire au critérium des faits. » Que devient donc le génie chez le romancier expérimental ? Il reste le génie, l'idée *à priori*, seulement il est contrôlé par l'expérience. Naturellement, l'expérience ne peut détruire le génie, elle le confirme, au contraire. Je prends un poète ; est-il nécessaire, pour qu'il ait du génie, que son sentiment, que son idée *à priori* soit fausse ? Non évidemment, car le génie d'un homme sera d'autant plus grand que l'expérience aura prouvé davantage la vérité de son idée personnelle. Il faut vraiment notre âge de lyrisme, notre maladie romantique, pour qu'on ait mesuré le génie d'un homme à la quantité de sottises et de folies qu'il a mises en circulation. Je conclus en disant que, désormais, dans notre siècle de science, l'expérience doit faire la preuve du génie.

Notre querelle est là, avec les écrivains idéalistes. Ils partent toujours d'une source irrationnelle quelconque, telle qu'une révélation, une tradition ou une autorité conventionnelle. Comme Claude Bernard le déclare : « Il ne faut admettre rien d'occulte ; il n'y a que des phénomènes et des conditions de phénomènes. » Nous, écrivains naturalistes, nous soumettons chaque fait à l'observation et à l'expérience ; tandis que les écrivains idéalistes admettent des influences mystérieuses échappant à l'analyse, et

restent dès lors dans l'inconnu, en dehors des lois
de la nature. Cette question de l'idéal, scientifiquement, se réduit à la question de l'indéterminé et du
déterminé. Tout ce que nous ne savons pas, tout ce
qui nous échappe encore, c'est l'idéal, et le but de
notre effort humain est chaque jour de réduire l'idéal,
de conquérir la vérité sur l'inconnu. Nous sommes
tous idéalistes, si l'on entend par là que nous nous
occupons tous de l'idéal. Seulement j'appelle idéalistes ceux qui se réfugient dans l'inconnu pour le
plaisir d'y être, qui n'ont de goût que pour les hypothèses les plus risquées, qui dédaignent de les soumettre au contrôle de l'expérience, sous prétexte que
la vérité est en eux et non dans les choses. Ceux-là,
je le répète, font une besogne vaine et nuisible, tandis
que l'observateur et l'expérimentateur sont les seuls
qui travaillent à la puissance et au bonheur de
l'homme, en le rendant peu à peu le maître de la
nature. Il n'y a ni noblesse, ni dignité, ni beauté, ni
moralité, à ne pas savoir, à mentir, à prétendre qu'on
est d'autant plus grand qu'on se hausse davantage
dans l'erreur et dans la confusion. Les seules œuvres
grandes et morales sont les œuvres de vérité.

Ce qu'il faut accepter seulement, c'est ce que je
nommerai l'aiguillon de l'idéal. Certes, notre science
est bien petite encore, à côté de la masse énorme de
choses que nous ignorons. Cet inconnu immense qui
nous entoure ne doit nous inspirer que le désir de le
percer, de l'expliquer, grâce aux méthodes scientifiques. Et il ne s'agit pas seulement des savants; toutes
les manifestations de l'intelligence humaine se tiennent, tous nos efforts aboutissent au besoin de nous
rendre maîtres de la vérité. C'est ce que Claude Ber-

nard exprime très bien, quand il écrit : « Les sciences possèdent chacune, sinon une méthode propre, au moins des procédés spéciaux, et de plus, elles se servent réciproquement d'instruments les unes aux autres. Les mathématiques servent d'instruments à la physique, à la chimie, à la biologie, dans des limites diverses ; la physique et la chimie servent d'instruments puissants à la physiologie et à la médecine. Dans ce secours mutuel que se prêtent les sciences, il faut bien distinguer le savant qui fait avancer chaque science de celui qui s'en sert. Le physicien et le chimiste ne sont pas mathématiciens, parce qu'ils emploient le calcul ; le physiologiste n'est pas chimiste ni physicien, parce qu'il fait usage de réactifs chimiques ou d'instruments de physique, pas plus que le chimiste et le physicien ne sont physiologistes, parce qu'ils étudient la composition ou les propriétés de certains liquides et tissus animaux ou végétaux. » Telle est la réponse que Claude Bernard fait pour nous, romanciers naturalistes, aux critiques qui se sont moqués de nos prétentions à la science. Nous ne sommes ni des chimistes, ni des physiciens, ni des physiologistes ; nous sommes simplement des romanciers qui nous appuyons sur les sciences. Certes, nos prétentions ne sont pas de faire des découvertes dans la physiologie, que nous ne pratiquons pas ; seulement, ayant à étudier l'homme, nous croyons ne pas pouvoir nous dispenser de tenir compte des vérités physiologiques nouvelles. Et j'ajouterai que les romanciers sont certainement les travailleurs qui s'appuient à la fois sur le plus grand nombre de sciences, car ils traitent de tout et il leur faut tout savoir, puisque le roman est devenu une enquête générale sur la nature et sur l'homme. Voilà comment nous avons été amenés à appliquer à notre besogne la méthode expérimentale, du jour où cette méthode est devenue l'outil le plus puissant de l'investigation. Nous résumons l'investigation, nous nous lançons dans la conquête de l'idéal, en employant toutes les connaissances humaines.

Il est bien entendu que je parle ici du *comment* des choses, et non du *pourquoi*. Pour un savant expérimentateur, l'idéal qu'il cherche à réduire, l'indéterminé, n'est jamais que dans le *comment*. Il laisse aux philosophes, l'autre idéal, celui du *pourquoi*, qu'il désespère de déterminer un jour. Je crois que les romanciers expérimentateurs doivent également ne pas se préoccuper de cet inconnu, s'ils ne veulent pas se perdre dans les folies des poètes et des philosophes. C'est déjà une besogne assez large, de chercher à connaître le mécanisme de la nature, sans s'inquiéter pour le moment de l'origine de ce mécanisme. Si l'on arrive un jour à le connaître, ce sera sans doute grâce à la méthode, et le mieux est donc de commencer par le commencement, par l'étude des phénomènes, au lieu d'espérer qu'une révélation subite nous livrera le secret du monde. Nous sommes des ouvriers, nous laissons aux spéculateurs cet inconnu du *pourquoi* où ils se battent vainement depuis des siècles, pour nous en tenir à l'inconnu du *comment*, qui chaque jour diminue devant notre investigation. Le seul idéal qui doive exister pour nous, romanciers expérimentateurs, c'est celui que nous pouvons conquérir.

D'ailleurs, dans la conquête lente de cet inconnu

qui nous entoure, nous confessons humblement l'état d'ignorance où nous sommes. Nous commençons à marcher en avant, rien de plus ; et notre seule force véritable est dans la méthode. Claude Bernard, après avoir confessé que la médecine expérimentale balbutie encore, n'hésite pas dans la pratique à laisser une large place à la médecine empirique. « Au fond, dit-il, l'empirisme, c'est-à-dire l'observation ou l'expérience fortuite, a été l'origine de toutes les sciences. Dans les sciences complexes de l'humanité, l'empirisme gouvernera nécessairement la pratique bien plus longtemps que dans les sciences simples. » Et il ne fait aucune difficulté de convenir qu'au chevet d'un malade, lorsque le déterminisme du phénomène pathologique n'est pas trouvé, le mieux est encore d'agir empiriquement ; ce qui, d'ailleurs, reste dans la marche naturelle de nos connaissances, puisque l'empirisme précède fatalement l'état scientifique d'une connaissance. Certes, si les médecins doivent s'en tenir à l'empirisme dans presque tous les cas, nous devons à plus forte raison nous y tenir également, nous autres romanciers dont la science est plus complexe et moins fixée. Il ne s'agit pas, je le dis une fois encore, de créer de toutes pièces la science de l'homme, comme individu et comme membre social ; il s'agit de sortir peu à peu, et avec tous les tâtonnements nécessaires, de l'obscurité où nous sommes sur nous-mêmes, heureux lorsque, au milieu de tant d'erreurs, nous pouvons fixer une vérité. Nous expérimentons, cela veut dire que nous devons pendant longtemps encore employer le faux pour arriver au vrai.

Tel est le sentiment des forts. Claude Bernard combat hautement ceux qui veulent voir uniquement un artiste dans le médecin. Il connaît l'objection habituelle de ceux qui affectent de regarder la médecine expérimentale « comme une conception théorique dont rien pour le moment ne justifie la réalité pratique, parce qu'aucun fait ne démontre qu'on puisse atteindre en médecine la précision scientifique des sciences expérimentales. » Mais il ne se laisse pas troubler, il démontre que « la médecine expérimentale n'est que l'épanouissement naturel de l'investigation médicale pratique, dirigée par un esprit scientifique ». Et voici sa conclusion : « Sans doute, nous sommes loin de cette époque où la médecine sera devenue scientifique ; mais cela ne nous empêche pas d'en concevoir la possibilité et de faire tous nos efforts pour y tendre en cherchant dès aujourd'hui à introduire dans la médecine la méthode qui doit nous y conduire. »

Tout cela, je ne me lasserai pas de le répéter, s'applique exactement au roman expérimental. Mettez ici encore le mot « roman » à la place du mot « médecine » et le passage reste vrai.

J'adresserai à la jeune génération littéraire qui grandit, ces grandes et fortes paroles de Claude Bernard. Je n'en connais pas de plus viriles. « La médecine est destinée à sortir peu à peu de l'empirisme, et elle en sortira de même que toutes les autres sciences par la méthode expérimentale. Cette conviction profonde soutient et dirige ma vie scientifique. Je suis sourd à la voix des médecins qui demandent qu'on leur explique expérimentalement la rougeole et la scarlatine, qui croient tirer de là un argument contre l'emploi de la méthode expérimentale en médecine. Ces objections décourageantes et négatives dérivent en général d'esprits systématiques ou paresseux qui préfèrent se reposer sur leurs systèmes ou s'endormir dans les ténèbres, au lieu de travailler et de faire effort pour en sortir. La direction expérimentale que prend la médecine est aujourd'hui définitive. En effet, ce n'est point là le fait de l'influence éphémère d'un système personnel quelconque ; c'est le résultat de l'évolution scientifique de la médecine elle-même. Ce sont mes convictions à cet égard que je cherche à faire pénétrer dans l'esprit des jeunes médecins qui suivent mes cours au Collège de France... Il faut inspirer avant tout aux jeunes gens l'esprit scientifique et les initier aux notions et aux tendances des sciences modernes. »

Bien souvent, j'ai écrit les mêmes paroles, donné les mêmes conseils, et je les répéterai ici. « La méthode expérimentale peut seule faire sortir le roman des mensonges et des erreurs où il se traîne. Toute ma vie littéraire a été dirigée par cette conviction. Je suis sourd à la voix des critiques qui me demandent de formuler les lois de l'hérédité chez les personnages et celles de l'influence des milieux ; ceux qui me font ces objections négatives et décourageantes, ne me les adressent que par paresse d'esprit, par entêtement dans la tradition, par attachement plus ou moins conscient à des croyances philosophiques et religieuses... La direction expérimentale que prend le roman est aujourd'hui définitive. En effet, ce n'est point là le fait de l'influence éphémère d'un système personnel quelconque ; c'est le résultat de l'évolution scientifique, de l'étude de l'homme elle-même. Ce sont mes convictions à cet égard que je cherche à faire pénétrer dans l'esprit des jeunes écrivains qui me lisent, car j'estime qu'il faut avant tout leur inspirer l'esprit scientifique et les initier aux notions et aux tendances des sciences modernes. »

V

Avant de conclure, il me reste à traiter divers points secondaires.

Ce qu'il faut bien préciser surtout, c'est le caractère impersonnel de la méthode. On reprochait à Claude Bernard d'affecter des allures de novateur, et il répondait avec sa haute raison : « Je n'ai certainement pas la prétention d'avoir le premier proposé d'appliquer la physiologie à la médecine. Cela a été recommandé depuis longtemps, et des tentatives très nombreuses ont été faites dans cette direction. Dans mes travaux et dans mon enseignement au Collège de France, je ne fais donc que poursuivre une idée qui porte déjà ses fruits par l'application à la médecine. » C'est ce que j'ai répondu moi-même, lorsqu'on a prétendu que je me posais en novateur, en chef d'école. J'ai dit que je n'apportais rien, que je tâchais simplement, dans mes romans et dans ma critique, d'appliquer la méthode scientifique, depuis longtemps en usage. Mais, naturellement, on a feint de ne pas m'entendre, et on a continué à parler de ma vanité et de mon ignorance.

Ce que j'ai répété vingt fois, que le naturalisme n'était pas une fantaisie personnelle, qu'il était le mouvement même de l'intelligence du siècle, Claude Bernard le dit aussi, avec plus d'autorité, et peut-être le croira-t-on. « La révolution que la méthode expérimentale, écrit-il, a opérée dans les sciences, consiste à avoir substitué un critérium scientifique à l'autorité personnelle. Le caractère de la méthode expérimentale est de ne relever que d'elle-même, parce qu'elle renferme en elle son critérium, qui est l'expérience. Elle ne reconnaît d'autre autorité que celle des faits, et elle s'affranchit de l'autorité personnelle. » Par conséquent, plus de théorie. « L'idée doit toujours rester indépendante, il ne faut pas l'enchaîner, pas plus par des croyances scientifiques que par des croyances philosophiques ou religieuses. Il faut être hardi et libre dans la manifestation de ses idées, poursuivre son sentiment et ne pas trop s'arrêter à ces craintes puériles de la contradiction des théories... Il faut modifier la théorie pour l'adapter à la nature, et non la nature pour l'adapter à la théorie. » De là une largeur incomparable. « La méthode expérimentale est la méthode scientifique qui proclame la liberté de la pensée. Elle secoue non seulement le joug philosophique et théologique, mais elle n'admet pas non plus d'autorité scientifique personnelle. Ceci n'est point de l'orgueil et de la jactance ; l'expérimentateur, au contraire, fait acte d'humilité en niant l'autorité personnelle, car il doute aussi de ses propres connaissances, et il soumet l'autorité des hommes à celles de l'expérience et des lois de la nature. »

C'est pourquoi j'ai dit tant de fois que le naturalisme n'était pas une école, que par exemple il ne s'incarnait pas dans le génie d'un homme ni dans le coup de folie d'un groupe, comme le romantisme, qu'il consistait simplement dans l'application de la méthode expérimentale à l'étude de la nature et de l'homme. Dès lors, il n'y a plus qu'une vaste évolution, qu'une marche en avant où tout le monde est ouvrier, selon son génie. Toutes les théories sont admises, et la théorie qui l'emporte est celle qui explique le plus de choses. Il ne paraît pas y avoir une voie littéraire et scientifique plus large ni plus droite. Tous, les grands et les petits, s'y meuvent librement, travaillant à l'investigation commune, chacun dans sa spécialité, et ne reconnaissant d'autre autorité que celle des faits, prouvée par l'expérience. Donc, dans le naturalisme, il ne saurait y avoir ni de novateurs ni de chefs d'école. Il y a simplement des travailleurs plus puissants les uns que les autres.

Claude Bernard exprime ainsi la défiance dans laquelle on doit rester en face des théories. « Il faut avoir une foi robuste et ne pas croire ; je m'explique en disant qu'il faut en science croire fermement aux principes et douter des formules ; en effet, d'un côté, nous sommes sûrs que le déterminisme existe, mais nous ne sommes jamais certains de le tenir. Il faut être inébranlable sur les principes de la science expérimentale (déterminisme) et ne pas croire absolument aux théories. » Je citerai encore le passage suivant, où il annonce la fin des systèmes. « La médecine expérimentale n'est pas un système nouveau de médecine, mais, au contraire, la négation de tous les systèmes. En effet, l'avènement de la médecine expérimentale aura pour résultat de faire disparaître de la science toutes les vues individuelles pour les remplacer par des théories impersonnelles et générales qui ne seront, comme dans les autres sciences, qu'une coordination régulière et raisonnée des faits fournis par l'expérience. » Il en sera identiquement de même pour le roman expérimental.

Si Claude Bernard se défend d'être un novateur, un inventeur plutôt qui apporte une théorie personnelle, il revient également plusieurs fois sur le danger qu'il y aurait pour un savant à s'inquiéter des systèmes philosophiques. « Pour l'expérimentateur physiologiste, dit-il, il ne saurait y avoir ni spiritualisme ni matérialisme. Ces mots appartiennent à une philosophie naturelle qui a vieilli, ils tomberont en désuétude par le progrès même de la science. Nous ne connaîtrons jamais ni l'esprit ni la matière, et si c'était ici le lieu, je montrerais facilement que d'un côté comme de l'autre, on arrive bientôt à des négations scientifiques, d'où il résulte que toutes les considérations de cette espèce sont oiseuses et inutiles. Il n'y a pour nous que des phénomènes à étudier, les conditions matérielles de leurs manifestations à connaître et les lois de ces manifestations à déterminer. » J'ai dit que, dans le roman expérimental, le mieux était de nous en tenir à ce point de vue strictement scientifique, si nous voulions baser nos études sur un terrain solide. Ne pas sortir du *comment*, ne pas s'attacher au *pourquoi*. Pourtant, il est bien certain que nous ne pouvons toujours échapper à ce besoin de notre intelligence, à cette curiosité inquiète qui nous porte à vouloir connaître l'essence des choses. J'estime qu'il nous faut alors accepter le système philosophique qui s'adapte le mieux à l'état actuel des sciences, mais simplement à un point de vue spéculatif. Par exemple, le transformisme est actuellement le système le plus rationnel, celui qui se base le plus directement sur notre connaissance de la nature. Derrière une science, derrière une manifestation quelconque de l'intelligence humaine, il y a toujours, quoi qu'en dise Claude Bernard, un système philosophique plus ou moins net. On peut ne pas s'y attacher dévotement et s'en tenir aux faits, quitte à modifier le système, si les faits le veulent. Mais le système n'en existe pas moins, et il existe d'autant plus que la science est moins avancée et moins solide. Pour nous, romanciers expérimentateurs, qui balbutions encore, l'hypothèse est fatale. Justement, tout à l'heure, je m'occuperai du rôle de l'hypothèse, dans la littérature.

D'ailleurs, si Claude Bernard repousse, dans l'application, les systèmes philosophiques, il reconnaît la nécessité de la philosophie. « Au point de vue scientifique, la philosophie représente l'inspiration éternelle de la raison humaine vers la connaissance de l'inconnu. Dès lors, les philosophes se tiennent toujours dans les questions en controverse et dans les régions élevées, limites supérieures des sciences. Par là, ils communiquent à la pensée scientifique un mouvement qui la vivifie et l'ennoblit ; ils fortifient l'esprit en le développant par une gymnastique intellectuelle générale, en même temps qu'ils le reportent sans cesse vers la solution inépuisable des grands problèmes ; ils entretiennent ainsi une soif de l'inconnu et le feu sacré de la recherche qui ne doivent jamais s'éteindre chez un savant. » Le passage est beau, mais on n'a jamais dit aux philosophes en meilleurs termes que leurs hypothèses sont de la pure poésie. Claude Bernard regarde évidemment les philosophes, parmi lesquels il se flatte d'avoir beaucoup d'amis, comme des musiciens de génie parfois, dont la musique encourage les savants pendant leurs travaux et leur inspire le feu sacré des grandes découvertes. Quant aux philosophes, livrés à eux-mêmes, ils chanteraient toujours et ne trouveraient jamais une vérité.

J'ai négligé jusqu'ici la question de la forme chez l'écrivain naturaliste, parce que c'est elle justement qui spécialise la littérature. Non seulement le génie, pour l'écrivain, se trouve dans le sentiment, dans l'idée *à priori*, mais il est aussi dans la forme, dans le style. Seulement, la question de méthode et la question de rhétorique sont distinctes. Et le naturalisme, je le dis encore, consiste uniquement dans la méthode expérimentale, dans l'observation et l'expérience appliquées à la littérature. La rhétorique, pour le moment, n'a donc rien à voir ici. Fixons la méthode, qui doit être commune, puis acceptons dans les lettres toutes les rhétoriques qui se produiront; regardons-les comme les expressions des tempéraments littéraires des écrivains.

Si l'on veut avoir mon opinion bien nette, c'est qu'on donne aujourd'hui une prépondérance exagérée à la forme. J'aurais long à en dire sur ce sujet; mais cela dépasserait les limites de cette étude. Au fond, j'estime que la méthode atteint la forme elle-même, qu'un langage n'est qu'une logique, une construction naturelle et scientifique. Celui qui écrira le mieux ne sera pas celui qui galopera le plus follement parmi les hypothèses, mais celui qui marchera droit au milieu des vérités. Nous sommes actuellement pourris de lyrisme, nous croyons bien à tort que le grand style est fait d'un effarement sublime, toujours près de culbuter dans la démence; le grand style est fait de logique et de clarté.

Aussi Claude Bernard qui assigne aux philosophes un rôle de musiciens jouant la *Marseillaise* des hypothèses, pendant que les savants se ruent à l'assaut de l'inconnu, se fait-il à peu près la même idée des artistes et des écrivains. J'ai remarqué que beaucoup de savants, et des plus grands, très jaloux de la certitude scientifique qu'ils détiennent, veulent ainsi enfermer la littérature dans l'idéal. Eux-mêmes semblent éprouver le besoin d'une récréation de mensonge, après leurs travaux exacts, et se plaisent aux hypothèses les plus risquées, aux fictions qu'ils savent parfaitement fausses et ridicules. C'est un air de flûte qu'ils permettent qu'on leur joue. Ainsi, Claude Bernard a eu raison de dire : « Les productions littéraires et artistiques ne vieillissent jamais, en ce sens qu'elles sont des expressions de sentiments immuables comme la nature humaine. » En effet, la forme suffit pour immortaliser une œuvre; le spectacle d'une individualité puissante interprétant la nature en un langage superbe, restera intéressant pour tous les âges; seulement, on lira toujours aussi un grand savant à ce même point de vue, parce que le spectacle d'un grand savant qui a su écrire est tout aussi intéressant que celui d'un grand poète. Ce savant aura eu beau se tromper dans ses hypothèses, il demeure sur un pied d'égalité avec le poète, qui à coup sûr s'est trompé également. Ce qu'il faut dire, c'est que notre domaine n'est pas fait uniquement des sentiments immuables comme la nature humaine, car il reste ensuite à faire jouer le vrai mécanisme de ces sentiments. Nous n'avons pas épuisé notre matière, lorsque nous avons peint la colère, l'avarice, l'amour ; toute la nature et tout l'homme nous appartiennent, non seulement dans leurs phénomènes, mais dans les causes de ces phénomènes. Je sais bien que c'est là un champ immense dont on a voulu nous barrer l'entrée ; mais nous avons rompu les barrières, et nous y triomphons maintenant. C'est pourquoi je n'accepte pas les paroles suivantes de Claude Bernard : « Pour les arts et les lettres, la personnalité domine tout. Il s'agit là d'une création spontanée de l'esprit, et cela n'a plus rien de commun avec la constatation des phénomènes naturels, dans lesquels notre esprit ne doit rien créer. » Je surprends ici un des savants les plus illustres dans ce besoin de refuser aux lettres l'entrée du domaine scientifique. Je ne sais de quelles lettres il veut parler, lorsqu'il définit une œuvre littéraire : « Une création spontanée de l'esprit, qui n'a rien de commun avec la constatation des phénomènes naturels. » Sans doute, il songe à la poésie lyrique, car il n'aurait pas écrit la phrase en pensant au roman expérimental, aux œuvres de Balzac et de Stendhal. Je ne puis que répéter ce que j'ai dit : si nous mettons la forme, le style à part, le romancier expérimentateur n'est plus qu'un savant spécial, qui emploie l'outil des autres savants, l'observation et l'analyse. Notre domaine est le même que celui du physiologiste, si ce n'est qu'il est plus vaste. Nous opérons comme lui sur l'homme, car tout fait croire, et Claude Bernard le reconnaît lui-même, que les phénomènes cérébraux peuvent être déterminés comme les autres phénomènes. Il est vrai que Claude

Bernard peut nous dire que nous flottons en pleine hypothèse ; mais il serait mal venu à conclure de là que nous n'arriverons jamais à la vérité, car il s'est battu toute sa vie pour faire une science de la médecine, que la très grande majorité de ses confrères regardent comme un art.

Définissons maintenant avec netteté le romancier expérimentateur. Claude Bernard donne de l'artiste la définition suivante : « Qu'est-ce qu'un artiste ? C'est un homme qui réalise dans une œuvre d'art une idée ou un sentiment qui lui est personnel. » Je repousse absolument cette définition. Ainsi, dans le cas où je représenterais un homme qui marcherait la tête en bas, j'aurais fait une œuvre d'art, si tel était mon sentiment personnel. Je serais un fou, pas davantage. Il faut donc ajouter que le sentiment personnel de l'artiste reste soumis au contrôle de la vérité. Nous arrivons ainsi à l'hypothèse. L'artiste part du même point que le savant ; il se place devant la nature, a une idée *à priori* et travaille d'après cette idée. Là seulement il se sépare du savant, s'il mène son idée jusqu'au bout, sans en vérifier l'exactitude par l'observation et l'expérience. On pourrait appeler artistes expérimentateurs ceux qui tiendraient compte de l'expérience ; mais on dirait alors qu'ils ne sont plus des artistes, du moment où l'on considère l'art comme la somme d'erreur personnelle que l'artiste met dans son étude de la nature. J'ai constaté que, selon moi, la personnalité de l'écrivain ne saurait être que dans l'idée *à priori* et que dans la forme. Elle ne peut se trouver dans l'entêtement du faux. Je veux bien encore qu'elle soit dans l'hypothèse, mais ici il faut s'entendre

On a dit souvent que les écrivains devaient frayer la route aux savants. Cela est vrai, car nous venons de voir, dans l'*Introduction*, l'hypothèse et l'empirisme précéder et préparer l'état scientifique, qui s'établit en dernier lieu par la méthode expérimentale. L'homme a commencé par risquer certaines explications des phénomènes, les poètes ont dit leur sentiment et les savants sont venus ensuite contrôler les hypothèses et fixer la vérité. C'est toujours le rôle de pionniers que Claude Bernard assigne aux philosophes. Il y a là un noble rôle, et les écrivains ont encore le devoir de le remplir aujourd'hui. Seulement, il est bien entendu que toutes les fois qu'une vérité est fixée par les savants, les écrivains doivent abandonner immédiatement leur hypothèse pour adopter cette vérité; autrement, ils resteraient de parti pris dans l'erreur, sans bénéfice pour personne. C'est ainsi que la science, à mesure qu'elle avance, nous fournit, à nous autres écrivains, un terrain solide, sur lequel nous devons nous appuyer pour nous élancer dans de nouvelles hypothèses. En un mot, tout phénomène déterminé détruit l'hypothèse qu'il remplace, et il faut dès lors transporter l'hypothèse plus loin, dans le nouvel inconnu qui se présente. Je prendrai un exemple très simple pour me mieux faire entendre : il est prouvé que la terre tourne autour du soleil: que penserait-on d'un poète qui adopterait l'ancienne croyance, le soleil tournant autour de la terre ? Evidemment, le poète, s'il veut risquer une explication personnelle d'un fait, devra choisir un fait dont la cause n'est pas encore connue. Voilà donc ce que doit être l'hypothèse, pour nous romanciers expérimentateurs; il nous faut accepter strictement les faits déterminés, ne plus hasarder sur eux des sentiments personnels qui seraient ridicules, nous appuyer sur le terrain conquis par la science, jusqu'au bout ; puis, là seulement, devant l'inconnu, exercer notre intuition et précéder la science, quittes à nous tromper parfois, heureux si nous apportons des documents pour la solution des problèmes. Je reste ici d'ailleurs dans le programme pratique de Claude Bernard, qui est forcé d'accepter l'empirisme comme un tâtonnement nécessaire. Ainsi, dans notre roman expérimental, nous pourrons très bien risquer des hypothèses sur les questions d'hérédité et sur l'influence des milieux, après avoir respecté tout ce que la science sait aujourd'hui sur la matière. Nous préparerons les voies, nous fournirons des faits d'observation, des documents humains qui pourront devenir très utiles. Un grand poète lyrique s'écriait dernièrement que notre siècle était le siècle des prophètes. Oui, si l'on veut ; seulement, il doit être entendu que les prophètes ne s'appuieront ni sur l'irrationnel ni sur le surnaturel. Si les prophètes, comme cela se voit, doivent remettre en question les notions les plus élémentaires, arranger la nature à une étrange sauce philosophique et religieuse, s'en tenir à l'homme métaphysique, tout confondre et tout obscurcir, les prophètes, malgré leur génie de rhétoriciens, ne seront jamais que de gigantesques Gribouille ignorant qu'on se mouille en se jetant à l'eau. Dans nos temps de science, c'est une délicate mission que de prophétiser, parce qu'on ne croit plus aux vérités de révélation, et que, pour prévoir l'inconnu, il faut commencer par connaître le connu.

Je voulais en venir à cette conclusion : si je définissais le roman expérimental, je ne dirais pas comme Claude Bernard qu'une œuvre littéraire est tout entière dans le sentiment personnel, car pour moi le sentiment personnel n'est que l'impulsion première. Ensuite la nature est là qui s'impose, tout au moins la partie de la nature dont la science nous a livré le secret, et sur laquelle nous n'avons plus le droit de mentir. Le romancier expérimentateur est donc celui qui accepte les faits prouvés, qui montre dans l'homme et dans la société le mécanisme des phénomènes dont la science est maîtresse, et qui ne fait intervenir son sentiment personnel que dans les phénomènes dont le déterminisme n'est point encore fixé, en tâchant de contrôler le plus qu'il le pourra ce sentiment personnel, cette idée *à priori*, par l'observation et par l'expérience.

Je ne saurais entendre notre littérature naturaliste d'une autre façon. Je n'ai parlé que du roman expérimental, mais je suis fermement convaincu que la méthode, après avoir triomphé dans l'histoire et dans la critique, triomphera partout, au théâtre et même en poésie. C'est une évolution fatale. La littérature, quoi qu'on puisse dire, n'est pas toute aussi dans l'ouvrier, elle est aussi dans la nature qu'elle peint et dans l'homme qu'elle étudie. Or, si les savants changent les notions de la nature, s'ils trouvent le véritable mécanisme de la vie, ils nous forcent à les suivre, à les devancer même, pour jouer notre rôle dans les nouvelles hypothèses. L'homme métaphysique est mort, tout notre terrain se transforme avec l'homme physiologique. Sans doute la colère d'Achille, l'amour de Didon, resteront des peintures éternellement belles ; mais voilà que le besoin nous prend d'analyser la colère et l'amour, et de voir au juste comment fonctionnent ces passions dans l'être humain. Le point de vue est nouveau, il devient expérimental au lieu d'être philosophique. En somme, tout se résume dans ce grand fait : la méthode expérimentale, aussi bien dans les lettres que dans les sciences, est en train de déterminer les phénomènes naturels, individuels et sociaux, dont la métaphysique n'avait donné jusqu'ici que des explications irrationnelles et surnaturelles.

LETTRE A LA JEUNESSE

LETTRE A LA JEUNESSE

Je dédie cette étude à la jeunesse française, cette jeunesse qui a vingt ans aujourd'hui et qui sera la société de demain. Deux événements viennent de se produire, la première représentation de *Ruy Blas* à la Comédie-Française, et la réception solennelle de M. Renan à l'Académie. Un grand bruit s'est fait, un enthousiasme a éclaté, la presse a sonné des fanfares en l'honneur du génie de la nation, et l'on a dit que de pareils événements devaient nous consoler dans nos désastres et assuraient nos triomphes futurs. Il y a eu un envolement dans l'idéal; enfin on échappait donc à la terre, on pouvait planer, c'était comme une revanche de la poésie contre l'esprit scientifique.

Je trouve la question nettement posée dans la *République française*. Je cite : « Paris vient d'être le témoin et de donner au monde le spectacle de deux grandes fêtes intellectuelles qui resteront comme l'honneur et la parure de cette France éclairée et libérale que notre chère et glorieuse ville excelle à représenter. La réception de M. Ernest Renan à l'Académie, la reprise de *Ruy Blas* à la Comédie-Française peuvent, à bon droit, être considérées comme deux événements dont il nous est permis de nous enorgueillir... Il y a, chez nous, des jeunes gens qui cherchent leur voie; ils vont droit devant eux, poussant leur pointe à l'aventure, avides de nouveautés, et ils se vantent, avec la naïveté de l'inexpérience, de trouver mieux que leurs devanciers dans le domaine sans limites de l'art qui cherche à lutter avec la nature. Oui, cela est vrai : quelques-uns qui se trompent sur leurs forces ont déclaré la guerre à l'idéal, mais ils seront vaincus ; on peut leur prédire à coup sûr cette défaite, après la soirée d'avant-hier à la Comédie-Française. » Il faut, pour comprendre, éclairer ces phrases enguirlandées de journaliste. Entendez donc que les jeunes gens en question sont les écrivains naturalistes, ceux qui ont pour esprit le mouvement scientifique du siècle, et pour outils l'observation et l'analyse. Le journaliste constate que ces écrivains ont déclaré la guerre à l'idéal et il prédit qu'ils seront vaincus par le lyrisme, par la rhétorique romantique. Rien de plus précis : on applaudit un soir les beaux vers de Victor Hugo, voilà le mouvement scientifique du siècle arrêté, voilà l'observation et l'analyse supprimées.

Je citerai d'autres documents afin de préciser mieux encore la question que je veux étudier. M. Renan, au début de son discours de réception, voulant flatter l'Académie et oubliant ses anciennes admirations pour l'Allemagne, a dit ceci : « Vous vous défiez d'une culture qui ne rend l'homme ni plus aimable ni meilleur. Je crains fort que des races, bien sérieuses sans doute, puisqu'elles nous reprochent notre légèreté, n'éprouvent quelque mécompte dans l'espérance qu'elles ont de gagner la faveur du monde par de tout autres procédés que ceux qui ont réussi jusqu'ici. Une science pédantesque en sa solitude, une littérature sans gaieté, une politique maussade, une haute société sans éclat, une noblesse sans esprit, des gentilshommes sans politesse, de grands capitaines sans mots sonores ne détrôneront pas, je crois, de sitôt le souvenir de cette vieille société française, si brillante, si polie, si jalouse de plaire. » A cela, la *Gazette nationale*, de Berlin, a répondu : « Les nations de l'Europe sont engagées dans une lutte de rivalité sans trêve ; quiconque ne marche pas en avant sera aussitôt devancé. Toute nation qui pense à s'endormir sur les lauriers acquis est, dès cet instant, condamnée à la décadence et à la mort. Voilà la vérité, qu'une nation telle que la nation française peut ou doit apprendre à se laisser dire. Mais il lui faut pour cela des hommes sérieux et non des flatteurs... Nous considérons avant tout comme notre véritable ami celui qui nous apprend à nous garder de ce que nous craignons le plus au monde : le vague vide et l'appréciation insuffisante de nos concurrents dans le domaine matériel et intellectuel. Nous en connaissons par expérience la conséquence inévitable. »

Eh bien ! je dis que le patriotisme de tout Français est de réfléchir sur ces deux documents Je ne parle pas du patriotisme de parade qui s'enveloppe dans un drapeau, qui rime des odes et des cantates ; je parle du patriotisme des hommes d'étude et de science qui veulent la grandeur de la nation par des moyens pratiques. Oui, M. Renan a raison, nous avons eu et nous avons encore beaucoup de gloire ; mais entendez cette parole terrible : « Quiconque ne marche pas en avant sera aussitôt devancé. » N'est-ce pas là le glas des siècles que l'esprit nouveau emporte ? Demain, c'est ce vingtième siècle dont l'évolution scientifique aide la naissance laborieuse ; demain, c'est l'enquête universelle, l'esprit de vérité transformant les sociétés ; et si nous voulons que demain nous appartienne, il faut que nous soyons des hommes nouveaux, marchant à l'avenir par la méthode, par la logique, par l'étude et la possession du réel. Applaudir une rhétorique, s'enthousiasmer pour l'idéal, ce ne sont là que de belles émotions nerveuses ; les femmes pleurent, quand elles entendent de la musique. Aujourd'hui, nous avons besoin de la virilité du vrai pour être glorieux dans l'avenir, comme nous l'avons été dans le passé.

Voilà ce que je vais tâcher de démontrer à la jeunesse. Je voudrais lui souffler la haine de la phrase et la méfiance des culbutes dans le bleu. Nous autres qui ne croyons qu'aux faits, qui reprenons tous les problèmes, à l'étude des documents nous sommes accusés d'ordure, nous nous entendons chaque jour traiter de corrupteurs. Il est temps de prouver à la génération nouvelle que les véritables corrupteurs sont les rhétoriciens, et qu'il y a une chute fatale dans la boue après chaque élan dans l'idéal.

I

Les nations honorent leurs grands hommes. Elles se montrent surtout reconnaissantes pour les écrivains illustres qui laissent des monuments impérissables dans la langue. Homère et Virgile sont restés debout sur les ruines de la Grèce et de Rome. C'est ainsi que le monument poétique de Victor Hugo sera indestructible et que notre siècle doit avoir l'orgueil de cette construction superbe, qui fixera la langue française et la portera aux siècles les plus reculés. A ce titre, nous ne saurions trop acclamer le poète. Il est grand parmi les plus grands. Il a été un rhétoricien admirable et il demeurera le roi indiscuté des poètes lyriques.

Mais il faut ensuite distinguer. A côté de la forme, du rythme et des mots, à côté du monument de pure linguistique, il y a la philosophie de l'œuvre. Elle peut apporter la vérité ou l'erreur, elle est le produit d'une méthode et devient fatalement une force qui pousse le siècle en avant ou le ramène en arrière. Si j'applaudis Victor Hugo comme poète, je le discute comme penseur, comme éducateur. Non seulement sa philosophie me paraît obscure, contradictoire, faite de sentiments et non de vérités ; mais encore je la trouve dangereuse, d'une détestable influence sur la génération, conduisant la jeunesse à tous les mensonges du lyrisme, aux détraquements cérébraux de l'exaltation romantique.

Et nous venons bien de le voir, à cette représentation de *Ruy Blas*, qui a soulevé un si grand enthousiasme. C'était le poète, le rhétoricien superbe qu'on applaudissait. Il a renouvelé la langue, il a écrit des vers qui ont l'éclat de l'or et la sonorité du bronze. Dans aucune littérature, je ne connais une poésie plus large ni plus savante, d'un souffle plus lyrique, d'une vie plus intense. Mais personne, à coup sûr, n'acclamait la philosophie, la vérité de l'œuvre. Si l'on met à part le clan des admirateurs farouches, de ceux qui veulent faire de Victor Hugo un homme universel, aussi grand penseur qu'il est grand poète, tout le monde hausse les épaules aujourd'hui devant les invraisemblances de *Ruy Blas*. On est obligé de prendre ce drame comme un conte de fée sur lequel l'auteur a brodé une merveilleuse poésie. Dès qu'on l'examine, au point de vue de l'histoire et de la logique humaine, dès qu'on tâche d'en tirer des vérités pratiques, des faits, des documents, on entre dans un chaos stupéfiant d'erreurs et de mensonges, on tombe dans le vide de la démence lyrique. Le plus singulier, c'est que Victor Hugo a eu la prétention de cacher un symbole sous le lyrisme de *Ruy Blas*. Il faut lire la préface et voir comment, dans l'esprit de l'auteur, ce laquais amoureux d'une reine personnifie le peuple tendant vers la liberté, tandis que don Salluste et don César de Bazan représentent la noblesse d'une monarchie agonisante. On sait combien les symboles sont complaisants; on en met où l'on veut, et on leur fait signifier ce qu'on veut. Seulement celui-ci, en vérité, se moque par trop de monde. Voyez-vous le peuple sans Ruy Blas, dans ce laquais de fantaisie qui a été au collège, qui rimait des odes avant de porter la livrée, qui n'a jamais touché un outil et qui, au lieu d'apprendre un métier, se chauffe au soleil et tombe

amoureux des duchesses et des reines ! Ruy Blas est
un bohème, un déclassé, un inutile ; jamais il n'a été
le peuple. D'ailleurs, admettons un instant qu'il soit le
peuple, examinons comment il se comporte, tâchons
de savoir où il va. Ici, tout se détraque. Le peuple
poussé par la noblesse à aimer une reine, le peuple
devenu grand ministre et perdant son temps à faire
des discours, le peuple tuant la noblesse et s'empoi-
sonnant ensuite : quel est ce galimatias ? Que devient
le fameux symbole ? Si le peuple se tue sottement,
sans cause aucune, après avoir supprimé la noblesse,
la société est finie. On sent ici la misère de cette intrigue extravagante, qui devient absolument folle, dès
que le poète s'avise de vouloir lui faire signifier quelque
chose de sérieux. Je n'insisterai pas davantage sur
les énormités de *Ruy Blas*, au point de vue du bon
sens et de la simple logique. Comme poème lyrique,
je le répète, l'œuvre est d'une facture merveilleuse ;
mais il ne faut pas une minute vouloir y chercher
autre chose, des documents humains, des idées nettes,
une méthode analytique, un système philosophique
précis. C'est de la musique et rien autre chose.

J'arrive à un second point. *Ruy Blas*, dit-on, est
un envolement dans l'idéal ; de là, toute sorte de précieux effets : il agrandit les âmes, il pousse aux belles
actions, il rafraîchit et réconforte. Qu'importe si ce
n'est qu'un mensonge ! il nous enlève à notre vie vulgaire et nous mène sur les sommets. On respire,
loin des œuvres immondes du naturalisme. Nous touchons ici le point le plus délicat de la querelle. Sans
le traiter encore à fond, voyons donc ce que *Ruy Blas*
contient de vertu et d'honneur. Il faut d'abord écarter
don Salluste et don César. Le premier est Satan,

comme dit Victor Hugo ; quant au second, malgré
son respect chevaleresque de la femme, il montre
une moralité douteuse. Passons à la reine. Cette reine
se conduit fort mal en prenant un amant ; je sais bien
qu'elle s'ennuie et que son mari a le tort de beaucoup
chasser ; mais, en vérité, si toutes les femmes qui
s'ennuient prenaient des amants, cela ferait pousser
des adultères dans chaque famille. Enfin, voilà
Ruy Blas, et celui-là n'est qu'un chevalier d'industrie,
qui, dans la vie réelle, passerait en cour d'assises.
Eh quoi ! ce laquais a accepté la reine des mains de
don Salluste ; il consent à entrer dans cette tromperie, qui devrait paraître au spectateur d'autant
plus lâche que don César, le gueux, l'ami des voleurs,
vient de la flétrir dans deux superbes tirades ; il fait
plus, il vole un nom qui n'est pas le sien. Puis, il porte
ce nom pendant un an, il trompe une reine, une cour
entière, tout un peuple ; et, ces vilenies, il s'en rend
coupable pour consommer un adultère ; et il comprend si bien la traîtrise, l'ordure de sa conduite, qu'il
finit par s'empoisonner ! Mais cet homme n'est qu'un
débauché et qu'un filou ! Mon âme ne s'agrandit pas
du tout en sa compagnie. Je dirai même que mon âme
s'emplit de dégoût, car je vais malgré moi au delà des
vers du poète, dès que je veux rétablir les faits et me
rendre compte de ce qu'il ne montre pas ; je vois alors
ce laquais dans les bras de cette reine, et cela n'est
pas propre. Au fond, *Ruy Blas* n'est qu'une monstrueuse aventure, qui sent le boudoir et la cuisine.
Victor Hugo a beau emporter son drame dans le bleu
du lyrisme, la réalité qui se trouve par-dessous est
infâme. Malgré le coup d'aile des vers, les faits s'imposent, cette histoire n'est pas seulement folle, elle

est ordurière ; elle ne pousse pas aux belles actions, puisque les personnages ne commettent que des saletés ou des gredineries ; elle ne rafraîchit pas et ne réconforte pas, puisqu'elle commence dans la boue et finit dans le sang. Tels sont les faits. Maintenant, si nous passons aux vers, il est très vrai qu'ils expriment souvent les plus beaux sentiments du monde. Don César fait des phrases sur le respect qu'on doit aux femmes ; la reine fait des phrases sur les sublimités de l'amour ; Ruy Blas fait des phrases sur les ministres qui volent l'État. Toujours des phrases, oh ! des phrases tant qu'on en veut ! Est-ce que, par hasard, les vers seuls seraient chargés de l'agrandissement des âmes ? Mon Dieu ! oui, et voilà où je voulais en arriver : il s'agit simplement ici d'une vertu et d'un honneur de rhétorique. Le romantisme, le lyrisme met tout dans les mots. Ce sont les mots gonflés, hypertrophiés, éclatant sous l'exagération baroque de l'idée. L'exemple n'est-il pas frappant : dans les faits, de la démence et de l'ordure ; dans les mots, de la passion noble, de la vertu fière, de l'honnêteté supérieure. Tout cela ne pose plus sur rien ; c'est une construction de langue bâtie en l'air. Voilà le romantisme.

J'ai étudié, à plusieurs reprises, l'évolution romantique, et il est inutile que je recommence une fois encore l'historique de ce mouvement. Mais je veux insister sur ce fait qu'il a été une pure émeute de rhétoriciens. Le rôle de Victor Hugo, rôle considérable, s'est borné à renouveler la langue poétique, à créer une rhétorique nouvelle. On s'est battu en 1830 sur le terrain du dictionnaire. La langue classique se mourait d'anémie ; les romantiques sont venus lui donner du sang par la mise en circulation d'un vocabulaire inconnu ou dédaigné, par l'emploi de tout un monde d'images éclatantes, par une façon plus large et plus vivante de sentir et de rendre. Mais si l'on sort de cette question de langage, on voit que les romantiques ne se séparaient pas des classiques; comme eux, ils restaient déistes, idéalistes, symboliques; comme eux, ils costumaient les êtres et les choses, ils les mettaient dans un ciel de convention, ils avaient des dogmes, de communes mesures, des règles. Même il faut ajouter que le lyrisme emportait la nouvelle école dans l'absurde beaucoup plus loin que la vieille école classique. Les poètes de 1830 avaient bien élargi le domaine littéraire en voulant introduire l'homme tout entier, avec ses rires et ses larmes, en donnant un rôle à la nature, mise en œuvre par Rousseau depuis longtemps. Mais ils gâtaient ces libertés conquises, ils en abusaient d'une étrange manière, en sortant du premier coup hors de l'humanité et hors des choses; par exemple, s'ils s'inquiétaient de la nature, s'ils la peignaient, au lieu de l'étudier comme un milieu exact complétant les personnages, ils l'animaient de leurs propres rêves, la peuplaient de légendes et de cauchemars; de même, pour les personnages, ils se flattaient d'accepter tout l'homme, chair et âme, et leur premier besoin était d'enlever l'homme dans les nuages, d'en faire un mensonge. Alors, fatalement, il arrivait que les classiques, avec leurs abstractions, leur monde raidi et mort, étaient encore plus humains, plus près de la vérité, plus logiques et plus complets que les romantiques, avec leur horizon vaste et les nouveaux éléments de vie qu'ils employaient. Une évolution accomplie par des poètes lyriques devait aboutir là ; c'est ce que nous constatons nettement à cette heure. Le lyrisme, dans une littérature, est l'exaltation poétique échappant à toute analyse, touchant à la folie. Victor Hugo n'est donc qu'un poète lyrique ; tout en lui est d'un rhétoricien de génie, sa langue, sa philosophie, sa morale. Et ne cherchez pas sous les mots ni sous les rythmes, car, je le dis encore, vous y trouveriez le chaos le plus incroyable, des erreurs, des contradictions, des enfantillages solennels, des abominations pompeuses.

Aujourd'hui, quand on étudie le mouvement littéraire depuis le commencement du siècle, le romantisme apparaît comme le début logique de la grande évolution naturaliste. Ce n'est pas sans raison que des poètes lyriques se sont produits les premiers. Socialement, on expliquerait leur venue par les secousses de la Révolution et de l'Empire ; après ces massacres, les poètes se consolaient dans le rêve. Mais ils venaient surtout parce que, littérairement, ils avaient une besogne considérable à accomplir. Cette besogne, c'était le renouvellement de la langue. Il fallait jeter l'ancien dictionnaire dans le creuset, refondre le langage, inventer des mots et des images, créer toute une nouvelle rhétorique pour exprimer la société nouvelle ; et seuls peut-être des poètes lyriques pouvaient mener à bien un pareil travail. Ils arrivaient avec la rébellion de la couleur, avec la passion de l'imagé, avec le souci dominant du rythme. C'étaient des peintres, des sculpteurs, des musiciens, qui poursuivaient avant tout le son, la forme, la lumière. Pour eux, l'idée ne venait qu'au second plan, et l'on se souvient de cette école de l'art pour l'art, qui était le triomphe absolu de la rhétorique. Tel est le caractère essentiel du lyrisme : un chant, la pensée humaine échappant à la méthode et s'envolant en mots sonores. Aussi peut-on constater quel éclat notre langue a pris en passant par cette flamme des poètes. Mettez au commencement du siècle une littérature de savants, pondérée, exacte, logique, et la langue, affaiblie par trois cents ans d'usage classique, restait un outil émoussé et sans vigueur. Il fallait, je le répète, une génération de poètes lyriques pour empanacher la langue, pour en faire un instrument large, souple et brillant. Ce Cantique des Cantiques du dictionnaire, ce coup de folie des mots hurlant et dansant sur l'idée, était sans doute nécessaire. Les romantiques venaient à leur heure, ils conquéraient la liberté de la forme, ils forgeaient l'outil dont le siècle devait se servir. C'est ainsi que tous les grands États se fondent sur une bataille.

Nous verrons plus loin quel État allait se fonder, grâce à la bataille romantique. La rhétorique avait vaincu, l'idée pouvait passer et se formuler, grâce à la langue nouvelle. Il faut donc saluer dans Victor Hugo l'ouvrier puissant de cette langue. Si, en lui, l'auteur dramatique, le romancier, le critique, le philosophe sont discutables, si le lyrisme, le coup de démence sublime arrive toujours à détraquer à un moment ses jugements et ses conceptions, il a été quand même et partout le rhétoricien de génie que je viens d'étudier. Elle est la raison de la souveraineté qu'il a exercée et qu'il exerce encore. Il a créé une langue, il tient le siècle, non par les

idées, mais par les mots ; les idées du siècle, celles
qui le conduisent, ce sont la méthode scientifique,
l'analyse expérimentale, le naturalisme ; les mots,
ce sont ces richesses nouvelles de termes exhumés
ou inventés, ces images magnifiques, ces tournures
superbes dont l'usage est devenu commun. Au début d'un mouvement, les mots écrasent toujours
l'idée, parce qu'ils frappent davantage. Victor Hugo
est royalement drapé depuis sa jeunesse dans
le manteau qu'il s'est taillé en plein velours de la
forme. A côté de lui, Balzac apporte l'idée du siècle,
l'observation et l'analyse, et il semble nu, on le salue
à peine. Heureusement, plus tard, l'idée se dégage
de la rhétorique, s'affirme, règne avec une force
souveraine. Nous en sommes là. Victor Hugo reste
un grand poète, le plus grand des poètes lyriques.
Mais le siècle s'est dégagé de lui, l'idée scientifique
s'impose. Dans *Ruy Blas*, c'est le rhétoricien que
nous applaudissons. Le philosophe et le moraliste
nous font sourire.

II

Voyons, maintenant, la réception de M. Ernest
Renan à l'Académie française. Cette réception a été
aussi une grande fête littéraire. Il y avait là un
triomphe de la liberté de penser qu'il faut constater
avant tout. Pour me bien faire entendre, je distinguerai entre le Renan de la légende et le Renan de
la réalité. Il faut se souvenir de la publication de la
Vie de Jésus. Ce fut un coup de foudre. M. Renan était

inconnu du grand public. Il avait une réputation
d'érudit, de linguiste très distingué, qui ne dépassait
pas un monde spécial. Et, brusquement, du matin
au soir, sa figure se dressait sur la France, avec le
profil terrifiant de l'Antechrist. C'était un sacrilège
lui secouant Jésus sur sa croix. On le représentait,
pareil à Satan, avec deux cornes et une queue.
L'effarement fut surtout immense parmi le clergé ;
tous les curés de campagne firent sonner leurs clo-
ches et l'excommunièrent dans leurs prônes ; les
évêques lancèrent des mandements et des brochures,
le pape pâlit sous la tiare. On racontait que les jésuites brûlaient les éditions de la *Vie de Jésus*, à mesure
que l'éditeur les mettait en circulation, ce qui assurait une vente inépuisable. Dans le public, l'émotion
alla en grandissant devant cet affolement du clergé.
Les dévotes se signaient et terrifiaient les petites
filles méchantes, en les menaçant de M. Renan ;
tandis que les indifférents s'intéressaient à cet audacieux et lui donnaient volontiers des proportions
gigantesques. Il devenait le géant de la négation,
il symbolisait la science tuant la foi. En un mot,
notre siècle d'enquête scientifique s'incarnait en
lui. Si l'on ajoute qu'il passait pour un prêtre défro-
qué, on complètera la figure de cet archange rebelle,
un Satan moderne, vainqueur de Dieu, supprimant
Dieu avec l'arme du siècle.

Tel était le Renan de la légende, et tel il est resté
pour certaines personnes. Si nous passons au Renan
de la réalité, nous restons surpris. Le savant demeure
un érudit, mais il devient un poète. Imaginez un
tempérament de croyant, **un être contemplatif**,
grandi dans la brume, sur une côte de Bretagne. Il a

été élevé dans les pratiques les plus strictes du catholicisme; son premier désir est d'être prêtre, et toute son éducation, toute son instruction le destinent au sacerdoce. Il vient à Paris, il entre au séminaire, trempé de religiosité, apportant le rêve dévot de sa race et du milieu où il a poussé. Là, une case du cerveau, muette jusqu'à ce jour, se met à fonctionner. Est-ce un souffle de Paris qui l'a frappé au passage? Est-ce une prédisposition lointaine qui s'éveillait chez l'homme, après avoir balbutié chez l'enfant? Lui seul pourrait nous le dire, en nous confessant ses péchés de gamin. Quoi qu'il en soit, le libre examen parlait en lui. Dès lors, le prêtre était mort. C'est toujours la même histoire : le premier frisson du doute, puis les combats douloureux, puis le déchirement final. M. Renan avait quitté le séminaire et s'était réfugié dans l'étude des langues. Mais ce qui n'était pas mort en lui, c'était l'idéaliste, le spiritualiste. Toutes ses croyances du jeune âge combattues et refoulées, avaient trouvé un autre lit et s'épanchaient en un flot de poésie tendre. Il y a là un cas bien curieux de la satisfaction tyrannique d'un tempérament : il ne pouvait plus être prêtre, il serait poète, et son tempérament se contenterait quand même. Sans doute une nature moins trempée dans la religiosité, grandie dans un milieu moins brumeux, serait allée jusqu'au bout de la voie scientifique, aurait resserré de plus en plus la formule de ses négations. M. Renan devait s'arrêter à mi-chemin, avec l'éternel regret de sa foi perdue et la vague jouissance de douter de son doute. Cette transformation de la foi en poésie est ce qui le caractérise. Il n'est plus un croyant, mais il n'est pas un savant.

Je vois en lui un homme de transition. Pour moi, l'esprit romantique a passé par là.

Oui, M. Renan est un panthéiste de l'école romantique. On a expliqué que, mettant Dieu dans l'humanité, il n'a point nié précisément la divinité du Christ, puisqu'il en a fait le plus parfait et le plus aimable des hommes. Je ne veux pas me perdre dans la question philosophique ; je n'examinerai point ses théories de la formation lente d'une humanité supérieure, d'un groupe de Messies intellectuels régnant sur la terre par la puissance de leurs facultés. Il me suffit qu'il soit déiste comme Victor Hugo, et que ses croyances, pour être plus équilibrées, n'en soient pas moins des imaginations de poète lyrique, aussi éloignées des affirmations des dogmes que des affirmations de la science. Ni croyant ni savant, poète, voilà son étiquette. Il flotte dans le vague des contemplatifs. L'idée, chez lui, n'a jamais une netteté solide. On sent ce qu'il pourrait penser ; mais le pense-t-il réellement? c'est ce qu'on ne saurait dire, car il répugne à toute conclusion claire. Et si, laissant le philosophe, nous passons à l'écrivain, nous trouvons le romantique dans tout son charme et sa puissance. Sans doute, ce n'est pas l'effarement superbe de Victor Hugo, le grossissement des antithèses, l'entassement des grands mots et des grandes images. C'est plutôt le miel coulant de Lamartine, une rêverie béate et religieuse, un style qui a la volupté d'une caresse et l'onction d'une prière. La phrase s'agenouille et se pâme, dans une vapeur d'encens, sous le jour mystique des vitraux. On devine tout de suite que M. Renan est entré dans la cathédrale gothique du romantisme, et qu'il y est

resté non plus comme croyant, mais comme écrivain.
Nous retrouvons là le poète, s'attardant à mi-chemin du style de l'érudit et du savant, comme il est demeuré à mi-chemin des formules du philosophe. Cela complète et arrête sa personnalité d'un trait définitif.

Voilà donc le Renan de la légende et le Renan de la réalité. Il faut ajouter que les entêtés seuls, les farouches du catholicisme et les sots qui s'en tiennent aux idées toutes faites, continuent à regarder M. Renan comme l'Antechrist. Les années ont passé ; on a fini par comprendre que la *Vie de Jésus* était un aimable poème, dissimulant sous des fleurs romantiques quelques-unes des affirmations de l'exégèse moderne. Toutes les vérités ne sont pas là ; il y en a seulement un choix, fait par une main d'artiste, et embelli des couleurs les plus tendres de l'imagination. Si l'on veut surprendre le procédé de M. Renan, il suffit de comparer son livre à celui de l'Allemand Strauss, qui a des raideurs de discussions et de démonstrations rebutantes ; nous ne trouvons plus ici qu'un érudit et un savant, dont le style n'a pas d'ornements et dont l'unique souci est la vérité. Aussi, à cette heure, pour le plus grand nombre, le terrible M. Renan est-il devenu le doux M. Renan. On l'accepte comme un mélodiste, qui a eu certainement tort de choisir un motif irrespectueux pour chanter sa musique, mais qui, en somme, a écrit là de la musique bien agréable. Et c'est au mélodiste que l'Académie française a ouvert ses portes. Je voulais en venir là : je constate que l'Académie a fêté le rhétoricien et non le savant. Toute cette fête littéraire s'est encore donnée en l'honneur d'un poète lyrique.

Il faut être sévère, parce que, dans nos temps d'hypocrisie et de complaisance, la sévérité seule peut rendre la nation virile. Sans doute l'Académie, en accueillant M. Renan, a fait un très bon choix, tel qu'il lui arrive rarement d'en faire un semblable. M. Renan, dont l'érudition est réellement très large, est en outre un de nos prosateurs les plus raffinés. Littérairement, il vaut dans son petit doigt plus que dix académiciens pris au hasard sur les bancs de la docte compagnie. Seulement, il ne faudrait pas regarder son élection comme le triomphe à l'Institut de la formule scientifique moderne. Il n'y a, sous la fameuse coupole, qu'un poète de plus. Le vrai courage était de nommer M. Renan après son retentissant succès de la *Vie de Jésus*. Aujourd'hui, il force les portes par son charme; il ne s'assoit pas dans son fauteuil avec sa queue et ses cornes, il s'y assoit couronné par les dames. Personne n'a plus peur de lui; il est même devenu le refuge des âmes religieuses que la science sèche et nue inquiète. Alors, qu'on ne fasse pas tant de tapage du libéralisme de l'Académie. Elle a accueilli un écrivain, c'est parfait. La science moderne n'a pas à crier victoire, comme aux réceptions solennelles de Claude Bernard et de M. Littré.

Ce qui m'a paru bien caractéristique, dans le discours de M. Renan, c'est la façon dont il accepte les découvertes de la science, en idéaliste plein de souplesse, qui utilise tout pour continuer et élargir ses rêves. Une citation, prise dans son discours de réception, est nécessaire. « Le ciel, tel qu'on le voit avec les données de l'astronomie moderne, est bien supérieur à cette voûte solide, constellée de points brillants, portée sur des piliers à quelques lieues de distance en l'air, dont les siècles naïfs se contentèrent... Si, par moments, j'ai quelques mélancoliques souvenirs pour les neuf chœurs d'anges qui embrassaient les orbes des sept planètes, et pour cette mer cristalline qui se déroulait aux pieds de l'Éternel, je me console en songeant que l'infini où notre œil plonge est un infini réel mille fois plus sublime, aux yeux du vrai contemplateur, que tous les cercles d'azur des paradis d'Angelico de Fiésole. Combien les vues profondes du chimiste et du cristallographe sur l'atome dépassent la vague notion de la matière dont vivait la philosophie scolastique!... Le triomphe de la science est en vérité le triomphe de l'idéalisme... » Retenez ce cri, il est typique. C'est l'échappée du poète qui, chaque fois que vous reculerez les limites de l'inconnu, consentira bien à marcher avec vous, mais pour s'installer et rêver dans le coin de mystère où vous ne serez pas encore descendu. Comme M. Renan lui-même le constate dans la suite de son discours, un savant n'admet l'inconnu, l'idéal, que comme un problème posé dont il cherchera la solution. Nouvelle preuve que M. Renan n'est pas un savant, car il lui faut son coin de mystère, et plus vous rétrécirez ce coin, plus vous le porterez au fond de l'infini, et plus il affectera de paraître enchanté, parce que, dira-t-il, son rêve en devient d'autant plus lointain et sublime. C'est ainsi que « le triomphe de la science est le triomphe de l'idéalisme ». Je connaissais déjà la phrase, pour l'avoir souvent entendu donner comme un argument suprême. Elle est le refuge des idéalistes qui ne nient pas les sciences modernes. Comme ils comptent qu'un point du mystère de la matière et de la vie restera toujours fermé, ils font voyager leur idéal à chaque découverte, en se disant que, même traqués de croyance en croyance, ils auront toujours ce point final comme un asile inexpugnable. Cela est d'une foi en l'idéal bien élastique. J'ai une médiocre estime philosophique pour ces rêveurs enragés qui, à chaque étape de la science, demandent à s'arrêter pour faire un petit bout de rêve, quittes à déménager de nouveau et à aller achever de prendre leur jouissance plus loin. M. Renan est un de ces poètes de l'idéal qui suivent les savants en traînant la jambe et en profitant de chaque halte pour cueillir quelques fleurs.

Et remarquez que son grand succès, je parle du succès bruyant et populaire, vient de sa rhétorique. En Allemagne, Strauss, enfermé dans les sécheresses de son argumentation, avait simplement remué le public spécial des érudits et des théologiens ; la foule des gens du monde et des simples lettrés s'était désintéressée. Au contraire, chez nous, M. Renan, beaucoup moins net comme négation, mais traitant la matière avec des brassées de fleurs de rhétorique, a passionné le public tout entier. Encore une preuve de la toute-puissance de la forme. Le succès de la *Vie de Jésus*, c'est le succès de *Ruy Blas* c'est la phrase, le son, la couleur, l'odeur séduisant tout un peuple d'artistes par les sens. Il y a là un effet nerveux, matériel. Quand un rhétoricien a du génie, il est le maître incontesté des foules, il les prend par leur chair et les conduit où il veut. Un savant fera le vide dans un auditoire, lorsqu'un poète enthousiasmera jusqu'à ses adversaires. Cela explique le coup de folie du romantisme, dans la première moitié du siècle. Aujourd'hui encore, nous applaudissons à tout rompre, lorsqu'une bouffée de poésie lyrique nous passe dans les oreilles.

Pourtant, ce qu'il faut dire bien haut, c'est que ce tapage de la forme est passager. On classe l'écrivain ; puis, on hausse les épaules, lorsqu'il se pose en penseur et en savant. Et la punition est là pour les timides qui n'ont point osé aller jusqu'au bout de leur pensée, pour les habiles qui ont cru très fort de gagner chacun en ménageant tout le monde. Oui, ces finesses d'ambitieux, ce procédé de ne lâcher que les vérités aimables et bien vêtues, cet équilibre plein d'art qui n'est pas le mensonge sans être la vérité, toute cette tactique hypocrite se retourne contre ceux qui l'emploient par calcul ou par tempérament. Un jour, après avoir été acclamés, ils se trouvent seuls, très célèbres il est vrai, chargés d'honneurs et de récompenses ; mais ils n'ont qu'une réputation de joueurs de flûte, lorsqu'ils auraient pu ambitionner la gloire indestructible des grands penseurs et des grands savants.

Je ne conclurai pas moi-même. J'ai trouvé dans un article un jugement très sévère qui m'a beaucoup frappé, et je le donne ici sans commentaire : « Un homme comme M. Renan devrait avoir quelque influence sur son temps ; il n'en a aucune. On ne l'a point pris au sérieux... En vain, il aborde les plus terribles problèmes : on n'a point admis ses solutions ; on a vu des jeux et des ris où le philosophe, l'épigraphiste, le savant eût voulu une entière et austère attention. L'écrivain seul subsistera ; on dira qu'il a connu tous les secrets de la langue et qu'au milieu des instrumentistes d'aujourd'hui il a su, parmi tant

de cuivres, faire dominer les trilles de son hautbois...
La postérité le classera parmi les illustres inutiles,
parmi ceux qui, en un siècle d'enfantement et de réveil, ont pris la part des doux loisirs et des sommeils
champêtres. »

III

Par une sorte d'ironie, il arrive presque toujours
que l'académicien nouvellement élu doit faire l'éloge
d'un académicien mort de tempérament absolument
opposé au sien. C'est ce qui vient d'arriver; on a pu
voir M. Renan, le rhétoricien, le poète, jeter toutes
les fleurs de ses phrases sur la vie et l'œuvre de
Claude Bernard, le savant qui a mis toute sa force
dans la méthode expérimentale. Le spectacle est
assez curieux pour qu'on s'y arrête. D'ailleurs, je
veux mettre debout cette haute et sévère figure de
Claude Bernard, en face des figures de Victor Hugo
et de M. Renan. Ce sera la science en face de la rhétorique, le naturalisme en face de l'idéalisme. Il me
fallait ce point d'appui. Et, ensuite, je pourrai conclure.

Le côté plaisant, c'est que je n'aurai pas à intervenir. M. Renan lui-même va me fournir, dans son
discours de réception, toutes les citations dont j'aurai besoin. Je trouve là une foule d'arguments décisifs en faveur du naturalisme. Il me suffira de couper
des phrases et de les commenter en quelques lignes.

D'abord, je résumerai brièvement la vie de Claude
Bernard. Il naquit « au petit village de Saint-Julien,

près Villefranche, dans une maison de vignerons qui lui resta toujours chère. » Ayant perdu son père de bonne heure, élevé par sa mère, il reçut ses premières leçons du curé de son village, alla ensuite au collège de Villefranche, puis débuta dans la vie comme aide pharmacien, à Lyon. Il rêvait alors la gloire littéraire. « Il essayait toute chose, eut un petit succès sur un théâtre de Lyon, avec un vaudeville dont il ne voulait jamais dire le titre, vint à Paris, ayant dans sa valise une tragédie en cinq actes et une lettre. » Cette lettre était adressée à M. Saint-Marc Girardin, qui le détourna de la littérature. Dès lors, Claude Bernard allait trouver sa voie. Il rencontra Magendie, qui en fit son élève préféré. Ses luttes furent longues et terribles. On connaît ses merveilleux travaux, ses découvertes, qui ont élargi la physiologie. Et je laisse parler M. Renan : « Les récompenses vinrent lentement à cette grande carrière, qui, à vrai dire, pouvait s'en passer, car elle était à elle-même sa propre récompense. Votre confrère avait eu les rudes commencements de la vie du savant; il en eut les tardives douceurs. L'Académie des sciences, la Sorbonne, le Collège de France, le Muséum tinrent à honneur de le posséder. Votre compagnie mit le comble à ces faveurs en lui conférant le premier des titres auxquels puisse aspirer l'homme voué aux travaux de l'esprit. Une volonté personnelle de l'empereur Napoléon III l'appela au Sénat. »

Je m'arrête, ce bout de biographie est suffisant pour établir un court parallèle entre Claude Bernard et M. Renan. Remarquez le point de départ : tous deux ont été élevés par un prêtre ; seulement le premier a grandi sur un coteau ensoleillé, tandis que l'autre a été trempé dès l'enfance par les brumes de l'Océan. Tout de suite, les différences de tempérament s'affirment : M. Renan, de nature poétique et religieuse, rêve d'être prêtre et plus tard, malgré son érudition très large, malgré ses négations, ne peut se dégager du spiritualisme le plus nuageux; Claude Bernard, d'esprit exact, va droit à la science expérimentale et n'a plus qu'un but, celui de traquer la vérité d'inconnu en inconnu. Ce que je trouve surtout de caractéristique, c'est la tentative littéraire de celui-ci. Sa tragédie est mauvaise, le rhétoricien en lui est pitoyable. On le sent empêtré dans une formule littéraire où ses facultés d'observation, son analyse, sa logique ne peuvent lui servir à rien. Il patauge dans la littérature classique, comme il pataugerait dans la littérature romantique, et dès lors il n'a de refuge que la science. M. Renan le dit lui-même. « Le temps était plus favorable à une littérature souvent de médiocre aloi qu'à des recherches qui ne prêtaient pas à de jolies phrases. » Ces lignes font sourire; on songe immédiatement que M. Renan a trouvé le moyen d'écrire de jolies phrases sur des recherches qui ne prêtaient guère au style lyrique. Mais on y voit nettement les raisons qui ont jeté Claude Bernard dans la science.

D'ailleurs, traitons tout de suite la question du style. A plusieurs reprises, M. Renan revient sur cette question, et en termes excellents. Je cite : « La vraie méthode d'investigation, supposant un jugement ferme et sain, entraîne les solides qualités du style. Tel mémoire de Letronne et d'Eugène Burnouf, en apparence étranger à tout souci de la forme, est un chef-d'œuvre à sa manière. La règle du bon style scientifique, c'est la clarté, la parfaite adaptation au sujet, le complet oubli de soi-même, l'abnégation absolue. Mais c'est là aussi la règle pour bien écrire en quelque matière que ce soit. Le meilleur écrivain est celui qui traite un grand sujet et s'oublie lui-même pour laisser parler son sujet. » Et plus loin : « Ecrivain, certes, il l'était, et écrivain excellent, car il ne pensa jamais à l'être. Il eut la première qualité de l'écrivain, qui est de ne pas songer à écrire. Son style, c'est sa pensée elle-même ; et comme cette pensée est toujours grande et forte, son style aussi est toujours grand, solide et fort. Rhétorique excellente que celle du savant, car elle repose sur la justesse du style vrai, sobre, proportionné à ce qu'il s'agit d'exprimer, ou plutôt sur la logique, base unique, base éternelle du bon style. » Et plus loin encore : « Il faut remonter à nos maîtres de Port-Royal pour trouver une telle sobriété, une absence de tout souci de briller, un tel dédain des procédés d'une littérature mesquine, cherchant à relever par de fades agréments l'austérité des sujets. »

Je n'aurais peut être point osé condamner la rhétorique romantique en termes si sévères. M. Renan, emporté par la vérité, oublie les « fades agréments » dont il a relevé « l'austérité » de la *Vie de Jésus*. Que nous sommes loin aussi des tirades de *Ruy Blas*, avec la logique « base unique, base éternelle du bon style ! » Voilà l'outil de la vérité, l'outil du siècle. Le lyrisme, son panache de grands mots, ses épithètes retentissantes, sa musique d'orgue et son envolement, ne sont plus qu'un coup de folie, qu'une démence d'esprits extatiques, à genoux devant l'idéal, tremblant qu'on ne leur ravisse le dernier coin du mystère où ils logent leurs rêves.

Mais j'arrive au fond même de la querelle, à la guerre engagée par la science contre l'idéal, contre l'inconnu. Le grand rôle de Claude Bernard est là. Il a pris la nature à ses sources, il a résolu les problèmes par l'expérience, en s'appuyant sur les faits et en faisant, à chacun de ses pas, reculer l'inconnu devant lui. Ecoutez M. Renan : « La plus haute philosophie résultait de cet ensemble de faits constatés avec une inflexible rigueur. Comme loi suprême de l'univers, Bernard reconnaît ce qu'il appelle le *déterminisme*, c'est-à-dire la liaison inflexible des phénomènes, sans que nul agent extra-naturel intervienne jamais pour en modifier la résultante. Il n'y a pas, comme on l'avait dit souvent, deux ordres de sciences : celles-ci d'une précision absolue, celles-là toujours en crainte d'être dérangées par des forces mystérieuses. Cette grande inconnue de la physiologie que Bichat admettait encore, cette puissance capricieuse qui, prétendait-on, résistait aux lois de la matière et faisait de la vie une sorte de miracle, Bernard l'exclut absolument. « L'obscure notion de cause, disait-il, doit être rapportée à l'origine des choses;... elle doit faire place, dans la science, à la notion du rapport des conditions. » Et, plus bas, M. Renan ajoute : « Claude Bernard n'ignorait pas que les problèmes qu'il soulevait touchaient aux plus graves questions philosophiques. Il n'en fut jamais ému. Il ne croyait pas qu'il fût permis au savant de s'occuper des conséquences qui peuvent sortir de ses recherches. Il n'était d'aucune secte. Il cherchait la vérité, et voilà tout. » Eh bien ! toute

l'enquête moderne est là. On a remis les problèmes
en question, la science actuelle procède à une révision des prétendues vérités que le passé affirmait au
nom de certains dogmes. On étudie la nature et
l'homme, on classe les documents, on avance pas
à pas, en employant la méthode expérimentale et
analytique; mais on se garde bien de conclure,
parce que l'enquête continue et que nul encore ne
peut se flatter de connaître le dernier mot. On ne nie
pas Dieu, on tâche de remonter à lui, en reprenant
l'analyse du monde. S'il est au bout, nous le verrons
bien, la science nous le dira. Pour le moment, nous
le mettons à part, nous ne voulons pas d'un élément
surnaturel, d'un axiome extra-humain qui nous
troublerait dans nos observations exactes. Ceux qui
débutent par affirmer l'absolu introduisent, dans
leurs études des êtres et des choses, une donnée de
pure imagination, un rêve personnel, d'un charme
esthétique plus ou moins grand, mais d'une vérité et
d'une morale absolument nulles.

Et je ne reste pas dans le domaine scientifique,
j'entre ici dans le domaine littéraire. La formule
naturaliste en littérature, telle que je la poserai tout
à l'heure, est identique à la formule naturaliste dans
les sciences, et particulièrement en physiologie. C'est
la même enquête, portée des faits vitaux dans les
faits passionnels et sociaux; l'esprit du siècle donne
le branle à toutes les manifestations intellectuelles,
le romancier qui étudie les mœurs complète le physiologiste qui étudie les organes. M. Renan est encore ici avec moi. Ecoutez-le : « Quoique Claude Bernard parlât peu des questions sociales, il avait l'esprit trop grand pour ne pas y appliquer ses principes

généraux. Ce caractère conquérant de la science, il l'admettait jusque dans le domaine des sciences de l'humanité. « Le rôle actif des sciences expérimentales, disait-il, ne s'arrête pas aux sciences physico-chimiques et physiologiques ; il s'étend jusqu'aux sciences historiques et morales. On a compris qu'il ne suffit pas de rester spectateur inerte du bien et du mal, en jouissant de l'un et en se préservant de l'autre. La morale moderne aspire à un rôle plus grand : elle recherche les causes, veut les expliquer et agir sur elles ; elle veut, en un mot, dominer le bien et le mal, faire naître l'un et le développer, lutter avec l'autre pour l'extirper et le détruire. » Ces paroles sont grandes, et elles contiennent toute la haute et sévère morale du roman naturaliste contemporain, qu'on a l'imbécillité d'accuser d'ordure et de dépravation. Elargissez encore le rôle des sciences expérimentales, étendez-le jusqu'à l'étude des passions et à la peinture des mœurs ; vous obtenez nos romans qui recherchent les causes, qui les expliquent, qui amassent les documents humains, pour qu'on puisse être le maître du milieu et de l'homme, de façon à développer les bons éléments et à exterminer les mauvais. Nous faisons une besogne identique à celle des savants. Il est impossible de baser une législation quelconque sur les mensonges des idéalistes. Au contraire sur les documents vrais que les naturalistes apportent, on pourra sans doute un jour établir une société meilleure, qui vivra par la logique et par la méthode. Du moment où nous sommes la vérité, nous sommes la morale.

Voyez le tableau que M. Renan trace des travaux du savant : « Il passait sa vie dans un laboratoire obscur, au Collège de France ; et là, au milieu des spectacles les plus repoussants, respirant l'atmosphère de la mort, la main dans le sang, il trouvait les plus intimes secrets de la vie, et les vérités qui sortaient de ce triste réduit éblouissaient tous ceux qui savaient les voir. Claude Bernard disait lui-même : « Le physiologiste n'est pas un homme du monde, c'est un savant, c'est un homme absorbé par une idée scientifique qu'il poursuit ; il n'entend plus les cris des animaux, il ne voit plus le sang qui coule, il ne voit que son idée et n'aperçoit que des organismes qui lui cachent des problèmes qu'il veut découvrir. De même, le chirurgien n'est pas arrêté par les cris et les sanglots, parce qu'il ne voit que son idée et le but de son opération. De même encore, l'anatomiste ne sent pas qu'il est dans un charnier horrible ; sous l'influence d'une idée scientifique, il poursuit avec délices un filet nerveux dans des chairs puantes et livides, qui seraient pour tout autre homme un objet de dégoût et d'horreur. » Devant un pareil tableau, nous pardonnera-t-on nos quelques audaces à nous, romanciers naturalistes, qui, par amour du vrai, poursuivons parfois avec délices les détraquements que produit une passion dans un personnage gâté jusqu'aux moelles ? Nous reprochera-t-on nos charniers horribles, le sang que nous faisons couler, les sanglots que nous n'épargnons pas aux lecteurs ? C'est que de nos tristes réduits nous espérons faire sortir des vérités qui éblouiront ceux qui sauront les voir.

Telle est donc la haute figure de Claude Bernard. Il représente la science moderne dans son dédain de la rhétorique, dans son enquête vigoureuse et méthodique, exempte de toute concession au rêve et à l'inconnu. Il n'admet aucune source irrationnelle, telle qu'une révélation, une tradition, une autorité conventionnelle et arbitraire. Il prétend que, dans le problème de l'homme, tout doit être étudié et expliqué avec le seul outil de l'expérience et de l'analyse. En un mot, cet homme est l'incarnation de la vérité affirmée et prouvée. Aussi, quelle décisive influence sur son temps! Chacune de ses découvertes est un élargissement de l'intelligence humaine. Les élèves se pressent autour de lui. Il laisse des documents sur lesquels travaillera l'avenir. Et, maintenant, reportez-vous à la solitude de M. Renan, du rhétoricien qui a idéalisé ses emprunts et ses trouvailles d'érudit. Evidemment, ce n'est ici qu'un charmeur, un rêveur attardé; la force du siècle est chez Claude Bernard. Le magnifique élan poétique, le lyrisme de Victor Hugo n'est plus lui-même qu'une musique superbe, à côté des conquêtes viriles de Claude Bernard sur le mystère de la vie. Tandis que le poète lyrique brouille tout, augmente l'erreur, élargit l'inconnu pour y promener la folie de son imagination, le physiologiste diminue le champ du mensonge, laisse une place de plus en plus restreinte à l'ignorance humaine, honore la raison et fait œuvre de justice. Eh bien! c'est ici que se trouve la seule et véritable morale, c'est dans ce spectacle qu'on doit puiser de grandes leçons et de grandes pensées.

IV

Voyons maintenant cette formule de la science moderne appliquée à la littérature. D'abord, je connais l'argument des lyriques : il y a la science et il y a la poésie. Certes, oui ; il n'est pas question de supprimer les poètes. Il s'agit simplement de les mettre à leur place et d'établir que ce ne sont pas eux qui, marchant à la tête du siècle, ont le privilège de la morale et du patriotisme.

Aux premiers jours du monde, la poésie a été le rêve de la science, chez les peuples enfants. Des deux facultés de l'homme, sentir et comprendre, la première a fait les poètes, et la seconde, les savants. Prenez l'homme au berceau, il a simplement des sens qui fonctionnent, c'est une extase sur chaque chose ; il ne voit pas la réalité, il la rêve. Puis, à mesure qu'il grandit, une curiosité de savoir lui pousse ; son intelligence tâtonne, il risque hypothèse sur hypothèse, il se fait du milieu où il se trouve des idées plus ou moins grandes, plus ou moins justes. A cet âge, il est poète, l'univers pour lui n'est qu'un immense idéal où il promène ses essais de compréhension. Ensuite, certaines notions exactes s'imposent, son idéal se restreint, il finit par le loger dans un ciel lointain et dans les causes obscures de la vie. Eh bien ! l'histoire de l'humanité est pareille à celle de cet homme. L'idéal nous vient de nos premières ignorances. A mesure que la science avance, l'idéal doit reculer. M. Renan le transforme, cela revient au même. Je ne veux pas entrer dans la discussion philosophique ni affirmer que la science, un jour, supprimera absolument l'inconnu. Nous n'avons pas à nous inquiéter de cela ; notre seule besogne est d'aller toujours en avant dans la conquête du vrai, quittes à accepter les conclusions dernières. Notre querelle avec les idéalistes est uniquement dans ce fait que nous partons de l'observation et de l'expérience, tandis qu'ils partent d'un absolu. La science est donc, à vrai dire, de la poésie expliquée ; le savant est un poète qui remplace les hypothèses de l'imagination par l'étude exacte des choses et des êtres. A notre époque, il n'y a plus qu'une question de tempérament ; les uns ont le cerveau ainsi bâti qu'ils trouvent plus large et plus sain de reprendre les antiques rêves, de voir le monde dans un affolement cérébral, dans la vision de leurs nerfs détraqués; les autres estiment que le seul état de santé et de grandeur possible, pour un individu comme pour une nation, est de toucher enfin du doigt les réalités, d'asseoir notre intelligence et nos affaires humaines sur le terrain solide du vrai. Ceux-là sont les poètes lyriques, les romantiques; ceux-ci sont les écrivains naturalistes. Et l'avenir dépendra du choix que les générations vont faire entre les deux voies. C'est à la jeunesse de décider.

Dit-on assez de sottises depuis quelque temps sur la formule naturaliste! On en a fait, dans la presse, je ne sais quelle imbécile théorie qui me serait personnelle. Je me suis vainement efforcé, depuis trois ans, d'expliquer que je n'étais pas un novateur, que je n'avais pas dans la poche une invention. Mon seul rôle a été celui d'un critique qui étudie son âge et qui constate, avec preuves à l'appui, dans quel sens le siècle lui semble marcher. J'ai trouvé la formule naturaliste au dix-huitième siècle ; même, si l'on veut, elle part des premiers jours du monde. Je l'ai montrée magnifiquement appliquée, dans notre littérature nationale, par Stendhal et Balzac ; j'ai dit que notre roman actuel continuait les œuvres de ces maîtres, et j'ai cité, au premier rang, MM. Gustave Flaubert, Edmond et Jules de Goncourt, Alphonse Daudet. Dès lors, où a-t-on pu voir que j'inventais une théorie à mon usage particulier? Quels sots se sont imaginé de me présenter comme un orgueilleux qui veut imposer sa rhétorique, qui base sur une œuvre à lui tout le passé et tout l'avenir de la littérature française?

En vérité, c'est ici le comble de l'aveuglement et de la mauvaise foi. M'entendra-t-on aujourd'hui, comprendra-t-on que la formule scientifique de Claude Bernard n'est autre que la formule des écrivains naturalistes? Cette formule est celle du siècle tout entier. Elle ne m'appartient pas, à moi; je ne suis pas fou au point de me substituer à des siècles de travail, au labeur si long du génie humain. Mon humble besogne s'est bornée à préciser l'évolution actuelle, à la dégager de la période romantique, à déblayer nettement le terrain pour y établir la lutte fatale qui a lieu entre les idéalistes et les naturalistes, enfin à prédire la victoire de ces derniers. En dehors de ces discussions théoriques, je ne me suis jamais posé que comme le soldat le plus convaincu du vrai.

Oui, notre formule naturaliste est la formule des physiologistes, des chimistes et des physiciens. L'emploi de cette formule, dans notre littérature, date du siècle dernier, des premiers bégayements de nos sciences modernes. Le branle était donné, l'enquête allait devenir universelle. J'ai déjà fait vingt fois l'historique de cette évolution immense qui nous emporte à l'avenir. Elle a renouvelé l'histoire et la critique, en les tirant de l'empirisme des formules scolastiques ; elle a transformé le roman et le drame, depuis Diderot et Rousseau jusqu'à Balzac et ses continuateurs. Peut-on nier les faits? N'y a-t-il pas là cent ans de notre histoire, qui montrent l'esprit scientifique détruisant la belle ordonnance classique des autres siècles, bégayant dans l'insurrection romantique, puis triomphant avec les écrivains naturalistes? Encore un coup ce n'est pas moi, le naturalisme ; c'est tout écrivain qui, le voulant ou non, emploie la formule scientifique, reprend l'étude du monde par l'observation et l'analyse, en niant l'absolu, l'idéal révélé et irrationnel. Le naturalisme, c'est Diderot, Rousseau, Balzac, Stendhal, vingt autres encore. On fait de moi une caricature grotesque, en me présentant comme un pontife, comme un chef d'école. Nous n'avons pas de religion, donc personne ne pontifie chez nous. Quant à notre école, elle est trop large pour qu'elle obéisse à un chef. Elle n'est pas comme l'école romantique, qui s'incarne dans la fantaisie individuelle, dans le génie d'un poète. Elle ne vit pas par une rhétorique, elle existe au contraire par une formule ; et, à ce titre, le jour où nous prendrons un chef, nous choisirons plutôt un savant, comme Claude Bernard. Si, tout à l'heure, j'ai pris à M. Renan de si longs extraits, c'était justement afin d'établir, sur des preuves empruntées à un idéaliste, que la force du siècle est dans la science, dans le naturalisme. Voilà Claude Bernard, voilà notre homme, l'homme de la formule scientifique, dégagé de toute rhétorique, tel que l'a représenté l'auteur de la *Vie de Jésus*.

Me permettra-t-on une anecdote personnelle? Un pour, je donnais à un journaliste de beaucoup d'esprit ces explications, en lui répétant que jamais je n'avais eu la sotte ambition de jouer un rôle de chef d'école. J'ajoutai que, sans remonter à Balzac, j'avais dans la littérature contemporaine des aînés illustres qui pourraient mieux que moi prendre le titre de maître. Enfin, je faisais remarquer que l'erreur sur mon prétendu orgueil venait sans doute de ce que j'étais le porte-drapeau de l'idée scientifique. Or, pendant que je parlais, le journaliste devenait grave, prenait un air désappointé et ennuyé. Lui qui, jusque-là, s'était beaucoup amusé du naturalisme, finit par m'interrompre en s'écriant : « Comment ! ce n'est que cela ; mais ce n'est plus drôle ! » Le mot est bien profond. Du moment où j'étais raisonnable, où je n'avais pas dans la poche une religion cocasse, ce n'était plus drôle ; du moment où le naturalisme ne s'incarnait pas dans un rhétoricien de l'ordure, et s'élargissait jusqu'à être le mouvement intellectuel du siècle, il ne méritait plus qu'on s'en occupât.

Car, c'est ici le comble de l'imbécillité, on a voulu, on veut encore que le naturalisme soit la rhétorique de l'ordure. J'ai eu beau protester, dire que mes tentatives personnelles n'engageaient que moi et laissaient la formule intacte, on n'en répète pas moins que le naturalisme est une invention que j'ai lancée pour poser l'*Assommoir* comme une Bible. Ces gens ne voient que la rhétorique. Toujours les mots, ils ne peuvent imaginer quelque chose derrière les mots. Certes, je suis un homme de paix, mais il me prend des besoins farouches d'étrangler les gens qui disent devant moi : « Ah ! oui, le naturalisme, les mots crus ! »

Eh! qui a jamais dit cela? Je me tue justement à répéter que le naturalisme n'est pas dans les mots, que sa force est d'être une formule scientifique. Combien de fois me forcera-t-on à dire encore qu'il est simplement l'étude des êtres et des choses soumis à l'observation et à l'analyse, en dehors de toute idée préconçue d'absolu. La question de rhétorique vient ensuite. Nous allons en causer maintenant, si vous voulez.

J'ai expliqué plus haut comment, selon moi, les romantiques étaient venus faire spécialement une besogne de rhétoriciens dans la langue. Cet élargissement du dictionnaire était une nécessité. Personnellement, je regrette parfois que des poètes lyriques se soient trouvés forcément chargés de ce travail, en voyant quel effarement et quel clinquant ils ont mis dans le style; nous en avons encore pour des années, avant d'équilibrer ces matériaux et d'arriver à une langue aussi solide que riche. Nous tous, écrivains de la seconde moitié du siècle, nous sommes donc, comme stylistes, les enfants des romantiques. Cela est indéniable. Ils ont forgé un outil qu'ils nous ont légué et dont nous nous servons journellement. Les meilleurs d'entre nous doivent leur rhétorique aux poètes et aux prosateurs de 1830.

Mais qui ne comprend aujourd'hui que le règne des rhétoriciens est fini? A présent qu'ils nous ont donné l'outillage, ils disparaissent forcément. Et nous venons à notre heure faire notre besogne. Le terrain a été déblayé; la question de langue ne nous arrête plus, nous avons toute liberté et toute facilité de procéder à la grande enquête. C'est l'heure de vision nette où l'idée se dégage de la forme : la forme, les romantiques nous en ont légué une qu'il nous faudra pondérer et ramener là la stricte logique, tout en essayant d'en garder les richesses; l'idée, elle s'impose de plus en plus, elle est la formule scientifique appliquée en tout, aussi bien dans la politique que dans la littérature.

Donc, une fois encore, le naturalisme est purement une formule, la méthode analytique et expérimentale. Vous êtes naturaliste, si vous employez cette méthode, quelle que soit d'ailleurs votre rhétorique. Stendhal est un naturaliste, comme Balzac, et certes sa sécheresse de touche ne ressemble guère à la largeur parfois épique de Balzac ; mais tous les deux procèdent par l'analyse et par l'expérience. Je pourrais citer, de nos jours, des écrivains dont le tempérament littéraire paraît tout opposé, et qui se rencontrent et communient ensemble dans la formule naturaliste. Voilà pourquoi le naturalisme n'est pas une école, au sens étroit du mot, et voilà pourquoi il n'y a pas de chef distinct, parce qu'il laisse le champ libre à toutes les individualités. Comme le romantisme, il ne s'enferme pas dans la rhétorique d'un homme ni dans le coup de folie d'un groupe. Il est la littérature ouverte à tous les efforts personnels, il réside dans l'évolution de l'intelligence humaine à notre époque. On ne vous demande pas d'écrire d'une certaine façon, de copier tel maître ; on vous demande de chercher et de classer votre part de documents humains, de découvrir votre coin de vérité, grâce à la méthode.

Ici, l'écrivain n'est encore qu'un homme de science. Sa personnalité d'artiste s'affirme ensuite par le style. C'est ce qui constitue l'art. On nous répète cet argument stupide que nous ne reproduisons jamais la nature dans son exactitude. Eh! sans doute, nous y mêlerons toujours notre humanité, notre façon de rendre. Seulement, il y a un abîme entre l'écrivain naturaliste qui va du connu à l'inconnu, et l'écrivain idéaliste qui a la prétention d'aller de l'inconnu au connu. Si nous ne donnons jamais la nature tout entière, nous vous donnerons au moins la nature vraie, vue à travers notre humanité; tandis que les autres compliquent les déviations de leur optique personnelle par les erreurs d'une nature imaginaire, qu'ils acceptent empiriquement comme étant la nature vraie. En somme, nous ne leur demandons que de reprendre l'étude du monde à l'analyse première, sans rien abandonner de leur tempérament d'écrivain.

Existe-t-il une école plus large? Je sais bien que l'idée emporte la forme. C'est pourquoi je crois que la langue s'apaisera et se pondérera, après la fanfare superbe et folle de 1830. Si nous sommes condamnés à répéter cette musique, nos fils se dégageront. Je souhaite qu'ils en arrivent à ce style scientifique dont M. Renan fait un si grand éloge. Ce serait le style vraiment fort d'une littérature de vérité, un style exempt du jargon à la mode, prenant une solidité et une largeur classiques. Jusque-là, nous planterons des plumets au bout de nos phrases, puisque notre éducation romantique le veut ainsi; seulement, nous préparerons l'avenir en rassemblant le plus de documents humains que nous pourrons, en poussant l'analyse aussi loin que nous le permettra notre outil.

Tel est le naturalisme, ou, si ce mot effraye, si l'on trouve une périphrase plus claire, la formule de la science moderne appliquée à la littérature

V

Et je m'adresse, maintenant, à la jeunesse française, je la conjure de réfléchir, avant de s'engager dans la voie de l'idéalisme ou dans la voie du naturalisme ; car la grandeur de la nation, le salut de la patrie dépendent aujourd'hui de son choix.

On mène la jeunesse applaudir les vers sonores de *Ruy Blas*, on donne le cantique de M. Renan comme une solution exacte de la philosophie et de la science moderne, et des deux côtés on la grise de lyrisme, on lui emplit la tête de mots, on lui détraque le système nerveux avec cette musique, au point de lui faire croire que la morale et le patriotisme sont uniquement dans des phrases de rhétoriciens. Un journal républicain va jusqu'à écrire : « Quelques-uns, qui se trompent sur leurs forces, ont déclaré la guerre à l'idéal ; mais ils seront vaincus. » Eh ! ce n'est pas nous qui avons déclaré la guerre à l'idéal, c'est le siècle tout entier, c'est la science de ces cent dernières années. Alors, le siècle sera vaincu, la science sera vaincue, Claude Bernard, et tous ses devanciers, et tous ses élèves, seront vaincus. En vérité, on croit rêver, lorsqu'on trouve des affirmations aussi enfantines dans une feuille qui se pique de gravité et qui ne paraît même pas soupçonner que la République existe aujourd'hui chez nous par la force d'une formule scientifique. Certes, qu'on applaudisse le grand poète chez Victor Hugo et le prosateur exquis chez M. Renan, rien de mieux. Mais qu'on ne dise pas à la jeunesse : « Voilà le pain que vous devez manger pour devenir forts ; nourrissez-vous d'idéal et de rhétorique pour être grands. » C'est là un conseil désastreux, on meurt d'idéal et de rhétorique, on ne vit que de science. C'est la science qui fait reculer l'idéal devant elle, c'est la science qui prépare le vingtième siècle. Nous serons d'autant plus honnêtes et heureux que la science aura davantage réduit l'idéal, l'absolu, l'inconnu, comme on voudra le nommer.

J'irai plus loin. C'est ici une œuvre de sévérité et de franchise. M. Renan a soulevé une douloureuse question, celle de nos défaites de 1870. Il nous place devant nos vainqueurs ; il les accuse de n'avoir que la culture aride de l'esprit ; il exalte la culture si polie et si gaie de l'ancien esprit français. S'il n'y avait là qu'une flatterie à l'adresse de l'Académie, on en trouverait le tour ingénieux. Mais nous avons évidemment affaire à une conviction de M. Renan, qui, dans une longue lettre, est revenu sur le parallèle des deux nations, l'une dont le charme a conquis le monde, l'autre dont la raideur militaire, le tempérament maussade écartent les peuples amis de la grâce. Je n'ai point à examiner ce qui se passe en Allemagne aujourd'hui, et je veux bien que nous ne changions pas de tempérament, ce qui nous serait d'ailleurs assez difficile. Si M. Renan veut dire que nous devons rester polis, joyeux, beaux diseurs et beaux convives, il a raison. Mais s'il cherchait à insinuer que la rhétorique et l'idéal restent les seules armes avec lesquelles on peut conquérir le monde, que nous serons d'autant plus forts et d'autant plus grands que nous resterons plus aveuglément soumis à la vieille culture française représentée par l'Académie, je dirais qu'il professe là une opinion bien dangereuse pour la nation. Ce qu'il faut confesser très haut, c'est qu'en 1870 nous avons été battus par l'esprit scientifique. Sans doute l'imbécillité de l'empire nous lançait sans préparation suffisante dans une guerre qui répugnait au pays. Mais est-ce que, dans des circonstances plus fâcheuses encore, la France d'autrefois n'a pas vaincu, lorsqu'elle manquait de tout, de troupes et d'argent? C'est évidemment que l'ancienne culture française, la gaieté de l'attaque, les belles folies du courage suffisaient à assurer la victoire. En 1870, au contraire, nous nous sommes brisés contre la méthode d'un peuple plus lourd et moins brave que nous, nous avons été écrasés par des masses manœuvrées avec logique, nous nous sommes débandés devant une application de la formule scientifique à l'art de la guerre ; sans parler d'une artillerie plus puissante que la nôtre, d'un armement mieux approprié, d'une discipline plus grande, d'un emploi plus intelligent des voies ferrées. Eh bien ! je le répète, en face des désastres dont nous saignons encore, le véritable patriotisme est de voir que des temps nouveaux sont venus et d'accepter la formule scientifique, au lieu de rêver je ne sais quel retour en arrière dans les bocages littéraires de l'idéal. L'esprit scientifique nous a battus, ayons l'esprit scientifique avec nous si nous voulons battre les autres. Les grands capitaines aux mots sonores ne sont pas à regretter, si désormais les mots sonores ne doivent plus aider à la victoire.

Ainsi donc, voilà pourquoi les idéalistes nous accusent de manquer de patriotisme, nous autres naturalistes, hommes de science. C'est parce que nous ne rimons pas des odes, que nous n'employons pas de mots sonores. L'école romantique a fait du patriotisme une simple question de rhétorique. Pour être patriote, il suffit dans un drame, dans une œuvre littéraire quelconque, de ramener le mot « patrie » le plus souvent possible, d'agiter des drapeaux, d'écrire des tirades sur des actes de courage. Dès lors, on prétend que vous relevez les âmes et que vous préparez la revanche. Toujours la même question de musique. Ce n'est là que de l'excitation sensuelle aux belles actions. On agit sur les nerfs ; on ne parle point à l'intelligence, aux facultés de compréhension et d'application. Le rôle que ces théoriciens du patriotisme remplissent, peut être comparé à celui d'une musique militaire jouant des airs de bravoure, pendant que les soldats se battent ; cela les excite, les grise, leur donne plus ou moins le mépris du danger. Mais cette excitation nerveuse n'a qu'une influence relative et passagère sur la victoire. La victoire tend de plus en plus, dans nos temps modernes, à être le génie technique du général en chef, la main qui applique à la guerre la formule scientifique de l'époque. Voyez l'histoire de tous les grands capitaines. Conduisez donc notre jeunesse en classe chez les savants, et non chez les poètes, si vous voulez avoir une jeunesse virile. La folie du lyrisme ne peut faire naître que des fous héroïques, et il nous faut des soldats solides, sains d'esprit et de corps, marchant mathématiquement à la victoire. Gardez la musique des rhétoriciens ; mais qu'il soit bien entendu que c'est là simplement une musique. C'est nous qui sommes les vrais patriotes, nous qui voulons la France savante, débarrassée des déclamations lyriques, grandie par la culture du vrai, appliquant la formule scientifique en toute chose, en politique comme en littérature, dans l'économie sociale comme dans l'art de la guerre.

Et si j'abordais la question de morale! J'ai démontré que d'honnêtes gens ne recevraient pas un seul des personnages de *Ruy Blas* dans leur salon. Il n'y a là que des gredins, des chevaliers d'industrie et des femmes adultères. Tout le répertoire romantique se roule ainsi dans la boue et dans le sang, sans avoir l'excuse de vouloir tirer un seul document vrai de ces cadavres étalés. La morale des idéalistes est en l'air, au-dessus des faits ; elle consiste en maximes, qu'il s'agit d'appliquer à des abstractions. C'est l'idéal qui est la commune mesure, un dogme de la vertu, et c'est pourquoi beaucoup de gens sont vertueux comme ils sont catholiques, sans pratiquer. Je ne veux faire ici aucune personnalité ; mais j'ai remarqué que les débauchés affichaient les principes moraux les plus rigides. Derrière ces grands mots, que d'intérieurs malpropres ! le père partageant ses maîtresses avec le fils, la mère s'oubliant entre les bras des amis de la maison. Ou bien ce sont des dames jouant le vertige de l'idéal, affectant des raffinements de délicatesse, et tombant à chaque pas dans la vilaine prose de l'adultère. Ou encore ce sont des hommes politiques défendant la famille dans leurs journaux jusqu'à ne pas y tolérer un mot risqué, et battant monnaie dans tous les tripotages financiers, volant les uns, assommant les autres, lâchant la bride à leurs appétits de fortune et d'ambition. Pour ces gaillards, l'idéal est un voile derrière lequel ils peuvent tout se permettre. Quand ils ont tiré les rideaux de l'idéal, quand ils ont soufflé la chandelle du vrai, ils sont certains qu'on ne les voit plus et ils égayent la nuit qu'ils ont faite des ordures les plus sales. Au nom de l'idéal, ils prétendent imposer silence à toute vérité trop rude qui les dérangerait; l'idéal devient une police, une défense de toucher à certains sujets, un lien qui doit garrotter le menu peuple pour qu'il se tienne sage, pendant que les malins sourient d'une façon sceptique et se permettent largement ce qu'ils défendent aux autres. On sent toute la misère de cette morale dogmatique, qui bat la grosse caisse dans la rhétorique des poètes, qu'on applaudit furieusement, comme une danseuse, et qu'on oublie dès qu'on a le dos tourné. Elle n'est qu'un effleurement de l'épiderme, un régal musical d'honnêteté qu'on prend en commun dans un théâtre, mais qui, individuellement, n'engage personne. On n'est ni meilleur ni pire en sortant; on reprend ses vices, et le monde va toujours son train. Tout ce qui n'est pas basé sur des faits, tout ce qui n'est pas démontré par l'expérience n'a aucune valeur pratique.

On nous accuse de manquer de morale, nous autres écrivains naturalistes, et certes oui, nous manquons de cette morale de pure rhétorique. Notre morale est celle que Claude Bernard a si nettement définie : « La morale moderne recherche les causes, veut les expliquer et agir sur elles; elle veut, en un mot, dominer le bien et le mal, faire naître l'un et le développer, lutter avec l'autre pour l'extirper et le détruire. » Toute la haute et sévère philosophie de nos œuvres naturalistes se trouve admirablement résumée dans ces quelques lignes. Nous cherchons les causes du mal social; nous faisons l'anatomie des classes et des individus pour expliquer les détraquements qui se produisent dans la société et dans l'homme. Cela nous oblige souvent à travailler sur des sujets gâtés, à descendre au milieu des misères et des folies humaines. Mais nous apportons les documents nécessaires pour qu'on puisse, en les connaissant, dominer le bien et le mal. Voilà ce que nous avons vu, observé et expliqué en toute sincérité; maintenant, c'est aux législateurs à faire naître le bien et à le développer, à lutter avec le mal, pour l'extirper et le détruire. Aucune besogne ne saurait donc être plus moralisatrice que la nôtre, puisque c'est sur elle que la loi doit se baser. Comme nous voilà loin des tirades en faveur de la vertu qui n'engagent personne ! Notre vertu n'est plus dans les mots, mais dans les faits; nous sommes les actifs ouvriers qui sondons l'édifice, indiquant les poutres pourries, les crevasses intérieures, les pierres descellées, tous ces dégâts qu'on ne voit pas du dehors et qui peuvent entraîner la ruine du monument entier. N'est-ce pas là un travail plus vraiment utile, plus sérieux et plus digne que de se planter sur un rocher, une lyre au bras, et d'encourager les hommes par une fanfare sonore? Et si j'établissais un parallèle entre les œuvres romanesques et les œuvres naturalistes! L'idéal engendre toutes les rêveries dangereuses; c'est l'idéal qui jette la jeune fille aux bras du passant, c'est l'idéal qui fait la femme adultère. Du moment où l'on quitte le terrain solide du vrai, on est lancé dans toutes les monstruosités. Prenez les romans et les drames romantiques, étudiez-les à ce point de vue; vous y trouverez les raffinements les plus honteux de la débauche, les insanités les plus stupéfiantes de la chair et de l'esprit. Sans doute, ces ordures sont magnifiquement drapées; ce sont des alcôves abominables dont on a tiré les rideaux de soie; mais je soutiens que ces voiles, ces réticences, ces infamies cachées offrent un péril d'autant plus grand que le lecteur peut rêver à son aise, les élargir, s'y abandonner comme à une récréation délicieuse et permise. Avec les œuvres naturalistes, cette hypocrisie du vice secrètement chatouillé est impossible. Elles épouvantent peut-être; elles ne corrompent pas. La vérité n'égare personne. Si on l'épargne aux enfants, elle est faite pour les hommes, et quiconque l'approche en tire un profit certain. Ce sont pourtant là des idées bien simples et irréfutables, sur lesquelles tout le monde devrait être d'accord. On nous appelle corrupteurs, rien de plus sot. Les corrupteurs sont les idéalistes qui mentent.

Justement, si l'on nous discute avec tant d'âpreté, cela vient de ce que nous dérangeons bien du monde dans leurs jouissances discrètes. Il est dur de renoncer au mauvais lieu de l'idéal, à ce paradis sensuel dont les fenêtres sont hermétiquement closes. On entrait là par une petite porte, on y trouvait en plein jour des chambres noires que des bougies éclairaient. Ce n'était plus la vie banale, la terre avec ses aspects toujours les mêmes; on était dans une volupté cachée, relevée d'une pointe d'inconnu. Nous démolissons ce mauvais lieu, et forcément on se fâche. Puis, il y avait un tel ronron dans les grands mots des rhéteurs, un frisson si agréable dans le lyrisme des poètes romantiques ! Toute la jeunesse s'y abandonnait comme elle s'abandonne aux plaisirs faciles. Se mettre à la science, entrer dans le laboratoire austère du savant, quitter les rêves si doux pour de terribles vérités, cela fait trembler les collégiens échappés de la veille. On veut avoir ses années de belles erreurs. Et voilà pourquoi une partie de la jeunesse d'aujourd'hui en est encore aux effarements lyriques. Mais le mouvement est donné, la formule scientifique s'impose, beaucoup de jeunes gens l'acceptent déjà. C'est demain qui se prépare. Les enfants qui naissent aujourd'hui seront, ils ne doivent pas l'oublier, les hommes du vingtième siècle. Que les poètes idéalistes chantent l'inconnu, mais qu'ils nous laissent, nous autres écrivains naturalistes, reculer cet inconnu tant que nous le pourrons. Je ne pousse pas mon raisonnement, comme certains positivistes, jusqu'à prédire la fin prochaine de la poésie. J'assigne simplement à la poésie un rôle d'orchestre; les poètes peuvent continuer à nous faire de la musique, pendant que nous travaillerons.

Maintenant, il me reste à conclure. Je finirai en

disant quel doit être, selon moi, la situation et la besogne de la France dans l'Europe moderne. Nous avons régné longtemps sur les nations. D'où vient donc qu'aujourd'hui notre influence semble décroître ? C'est qu'après le coup de foudre de notre Révolution, nous ne nous sommes pas mis au labeur de savants que les temps nouveaux demandaient. Certes, nous avons dans la race le génie qui trouve et qui impose la vérité par un acte de brusque initiative. Ce qui nous manque ensuite, c'est la méthode patiente, l'application logique de la loi formulée énergiquement en un jour de crise. Nous sommes capables de planter debout un phare qui éclaire le monde, et le lendemain nous naviguons en poètes, nous nous perdons en déclamations lyriques, nous dédaignons les faits pour nous noyer dans je ne sais quel idéal obscur. Voilà pourquoi, nous qui devrions être au sommet, après les semences de vérité que nous avons sans cesse jetées au vent, nous sommes à cette heure amoindris, écrasés par des races plus lourdes et plus méthodiques. Eh bien ! notre voie est toute tracée, si nous voulons régner encore. Nous n'avons qu'à nous mettre résolument à l'école de la science. Plus de lyrisme, plus de grands mots vides, mais des faits, des documents. L'empire du monde va être à la nation qui aura l'observation la plus nette et l'analyse la plus puissante. Et remarquez que toutes les qualités de la race dont parle M. Renan peuvent être employées ; il ne s'agit point d'être maussade, de manquer d'esprit et de gaieté, de gâter nos conquêtes par le pédantisme et la raideur militaire ; nous serons d'autant plus forts, que nous aurons la science pour arme, que nous l'emploierons au triomphe de la liberté, avec la générosité de tempérament qui nous est propre. Que la jeunesse française m'entende, le patriotisme est là. C'est en appliquant la formule scientifique qu'elle reprendra un jour l'Alsace et la Lorraine.

LE
NATURALISME AU THÉATRE

LE
NATURALISME AU THEATRE

I

Avant tout, ai-je besoin d'expliquer ce que j'entends par le « naturalisme » ? On m'a beaucoup reproché ce mot, on feint encore de ne pas le comprendre. Les plaisanteries sont aisées en ces matières. Pourtant, je veux bien répondre, car on ne saurait apporter trop de clarté dans la critique.

Mon grand crime serait d'avoir inventé et lancé un mot nouveau, pour désigner une école littéraire vieille comme le monde. D'abord, je crois ne pas avoir inventé ce mot, qui était en usage dans plusieurs littératures étrangères ; je l'ai tout au plus appliqué à l'évolution actuelle de notre littérature nationale. Ensuite, le naturalisme, assure-t-on, date des premières œuvres écrites ; eh ! qui a jamais dit le contraire ? Cela prouve simplement qu'il vient des entrailles mêmes de l'humanité. Toute la critique, ajoute-t-on, depuis Aristote jusqu'à Boileau, a posé ce principe qu'une œuvre doit être basée sur le vrai. Voilà qui me ravit et qui me fournit de nouveaux arguments. L'école naturaliste, de l'aveu même de ceux qui la plaisantent et l'attaquent, se trouve donc assise sur des fondements indestructibles. Elle n'est pas le caprice d'un homme, le coup de folie d'un groupe ; elle est née du fond éternel des choses, de la nécessité où se trouve chaque écrivain de prendre pour base la nature. Très bien ! c'est entendu. Partons de là.

Alors, me dit-on, pourquoi tout ce bruit, pourquoi vous poser en novateur, en révélateur ? C'est ici que le malentendu commence. Je suis simplement un observateur qui constate des faits. Les empiriques seuls apportent des formules inventées. Les savants se contentent d'avancer pas à pas, en s'appuyant sur la méthode expérimentale. Il est certain que je n'ai pas une nouvelle religion dans ma poche. Je ne révèle rien, parce que je ne crois pas à la révélation ; je n'invente rien, parce que je pense plus utile d'obéir à l'impulsion de l'humanité, à l'évolution continue qui nous entraîne. Tout mon rôle de critique est donc d'étudier d'où nous venons et où nous en sommes. Lorsque je me risque à prévoir où nous allons, c'est purement de ma part une spéculation, une conclusion logique. Par ce qui a été et par ce qui est, je crois pouvoir dire ce qui sera. Ma besogne est là tout entière. Il est ridicule de m'en prêter une autre, de me planter sur un rocher, pontifiant et prophétisant, me posant en chef d'école, tutoyant le bon Dieu.

Mais le mot nouveau, ce terrible mot de naturalisme ? On aurait sans doute voulu me voir employer les mots d'Aristote. Il a parlé de la vérité dans l'art, et cela devait me suffire. Du moment que j'acceptais le fond éternel des choses, que je ne créais pas le monde une seconde fois, je n'avais pas besoin d'un nouveau terme. En vérité, se moque-t-on de moi ? Est-ce que le fond éternel des choses ne prend pas des formes diverses, selon les temps et les civilisations ? Est-ce que, depuis six mille ans, chaque peuple n'a pas interprété et nommé à sa façon les choses venues de la souche commune ? Homère est un poète naturaliste, je l'admets un instant ; mais nos romanciers ne sont pas naturalistes à sa manière, il y a entre les deux époques littéraires un abîme. C'est juger dans l'absolu, c'est effacer l'histoire d'un trait, c'est tout confondre et ne tenir aucun compte de l'évolution constante de l'esprit humain. Il est certain qu'une œuvre ne sera jamais qu'un coin de la nature vu à travers un tempérament. Seulement, si nous en restons là, nous n'irons pas loin. Dès que nous aborderons l'histoire littéraire, il nous faudra bien arriver à des éléments étrangers, aux mœurs, aux événements, aux mouvements des esprits, qui modifient, arrêtent ou précipitent les littératures. Mon opinion personnelle est que le naturalisme date de la première ligne qu'un homme a écrite. Dès ce jour-là, la question de la vérité était posée. Si l'on conçoit l'humanité comme une armée en marche à travers les âges, lancée à la conquête du vrai au milieu de toutes les misères et de toutes les infirmités, on doit mettre au premier rang les savants et les écrivains. C'est à ce point de vue qu'il faudrait écrire une histoire littéraire universelle, et non au point de vue d'un idéal absolu, d'une commune mesure esthétique parfaitement ridicule. Mais on comprend que je ne puisse remonter jusque-là, entreprendre un travail si colossal, examiner les marches et contremarches des écrivains de toutes les nations, constater par quelles ténèbres et par quelles aurores ils ont passé. J'ai dû me borner, je me suis arrêté au siècle dernier, à ce merveilleux épanouissement d'intelligence, à ce mouvement prodigieux, d'où est sortie notre société contemporaine. Et c'est précisément là que j'ai vu une affirmation triomphante du naturalisme, c'est là que j'ai trouvé le mot. La chaîne s'enfonce dans les âges, confusément ; il suffit de la prendre en main, au dix-huitième siècle, et de la suivre, jusqu'à nous. Laissons Aristote, laissons Boileau ; un mot particulier était nécessaire pour désigner une évolution, qui partait évidemment des premiers jours du monde, mais qui arrivait enfin à un développement décisif, au milieu des circonstances les plus propres à la favoriser.

Arrêtons-nous donc au dix-huitième siècle. C'est une éclosion superbe. Un fait domine tout, la création d'une méthode. Jusque-là, les savants procédaient comme les poètes, par fantaisie individuelle, par coups de génie. Certains trouvaient des vérités, au petit bonheur ; mais c'étaient des vérités éparses, qu'aucun lien ne rattachait, qui se confondaient avec les erreurs les plus grossières. On voulait créer la science de toutes pièces, comme on rime un poème ; on la surajoutait à la nature, par des formules empiriques, par des considérations métaphysiques qui aujourd'hui nous stupéfient. Et voilà qu'une toute petite circonstance bouleverse ce champ stérile où rien ne poussait. Un jour, un savant s'avisa, avant de conclure, de vouloir expérimenter. Il abandonna les prétendues vérités acquises, il revint aux causes premières, à l'étude des corps, à l'observation des faits. Comme l'enfant qui va à l'école, il consentit à se faire humble, à épeler la nature, avant de la lire couramment. C'était une révolution, la science se dégageait de l'empirisme, la méthode consistait à marcher du connu à l'inconnu. On partait d'un fait observé, on avançait ainsi d'observation en observation, en évitant de conclure avant de posséder les éléments nécessaires. En un mot, au lieu de débuter par la synthèse, on commençait par l'analyse; on n'espérait plus arracher la vérité à la nature par une sorte de divination, de révélation; on l'étudiait longuement, patiemment, en passant du simple au composé, jusqu'à ce qu'on en connût le mécanisme. L'outil était trouvé, la méthode allait consolider et élargir toutes les sciences.

Certes, on le vit bientôt. Les sciences naturelles furent fixées, grâce à la minutie et à l'exactitude des observations; pour ne parler que de l'anatomie, elle ouvrit tout un monde nouveau, elle révéla chaque jour un peu du secret de la vie. D'autres sciences furent créées, la chimie, la physique. Aujourd'hui encore, elles sont toutes jeunes, elles grandissent et nous mènent à la vérité d'un mouvement qui inquiète parfois, tant il est rapide. Je ne puis examiner ainsi chaque science. Il suffira de nommer encore la cosmographie et la géologie, qui ont porté un si terrible coup aux fables des religions. L'éclosion était générale, et elle continue.

Mais tout se tient dans une civilisation. Lorsqu'un côté de l'esprit humain est mis en branle, la secousse se propage et ne tarde pas à déterminer une évolution complète. Les sciences, qui jusque-là avaient emprunté aux lettres une part d'imagination, s'étant dégagées les premières de la fantaisie pour revenir à la nature, on vit les lettres suivre à leur tour les sciences et adopter elles aussi la méthode expérimentale. Le grand mouvement philosophique du dix-huitième siècle est une vaste enquête, souvent tâtonnante, mais dont le but constant est de remettre en question tous les problèmes humains et de les résoudre. Dans l'histoire, dans la critique, l'étude des faits et du milieu remplace les vieilles règles scolastiques. Dans les œuvres purement littéraires, la nature intervient et règne bientôt avec Rousseau et son école; les arbres, les eaux, les montagnes, les grands bois deviennent des êtres, reprennent leur place dans le mécanisme du monde; l'homme n'est plus une abstraction intellectuelle, la nature le détermine et le complète. Diderot reste surtout la grande figure du siècle; il entrevoit toutes les vérités, il va en avant de son âge, faisant une continuelle guerre à l'édifice vermoulu des conventions et des règles. Magnifique élan d'une époque, labeur colossal d'où notre société est sortie, ère nouvelle d'où dateront les siècles dans lesquels l'humanité entre, avec la nature pour base et la méthode pour outil.

Eh bien! c'est cette évolution que j'ai appelée naturalisme, et j'estime qu'on ne pouvait employer un mot plus juste. Le naturalisme, c'est le retour à la nature, c'est cette opération que les savants ont faite le jour où ils se sont avisés de partir de l'étude des corps et des phénomènes, de se baser sur l'expérience, de procéder par l'analyse. Le naturalisme, dans les lettres, c'est également le retour à la nature et à l'homme, l'observation directe, l'anatomie exacte, l'acceptation et la peinture de ce qui est. La besogne a été la même pour l'écrivain que pour le savant. L'un et l'autre ont dû remplacer les abstractions par des réalités, les formules empiriques par des analyses rigoureuses. Ainsi plus de personnages abstraits dans les œuvres, plus d'inventions mensongères, plus d'absolu, mais des personnages réels, l'histoire vraie de chacun, le relatif de la vie quotidienne. Il s'agissait de tout recommencer, de connaître l'homme aux sources mêmes de son être, avant de conclure à la façon des idéalistes, qui inventent des types; et les écrivains n'avaient désormais qu'à reprendre l'édifice par la base, en apportant le plus possible de documents humains, présentés dans leur ordre logique. C'est là le naturalisme, qui vient du premier cerveau pensant, si l'on veut, mais dont une des évolutions les plus larges, l'évolution définitive sans doute, a eu lieu au siècle dernier.

Une évolution aussi considérable dans l'esprit humain ne pouvait aller sans un bouleversement social. La Révolution française a été ce bouleversement, cette tempête qui devait balayer le vieux monde pour laisser la place nette au nouveau. Nous commençons ce monde nouveau, nous sommes les fils directs du naturalisme en toutes choses, en politique comme en philosophie, en science comme en littérature et en art. J'élargis ce mot de naturalisme, parce qu'il est réellement le siècle entier, le mouvement de l'intelligence contemporaine, la force qui nous emporte et qui travaille aux siècles futurs. L'histoire de ces cent cinquante dernières années le prouve, et un des phénomènes les plus typiques est la déviation momentanée des esprits, à la suite de Rousseau et de Chateaubriand, cette éclosion singulière du romantisme, au seuil même d'une époque de science. Je m'y arrêterai un instant, car il y a là des observations précieuses à faire.

Il est rare qu'une révolution s'accomplisse dans le calme et le bon sens. Les cervelles se détraquent, l'imagination s'effare, s'assombrit, se peuple de fantômes. Après les rudes secousses de la fin du siècle dernier, et sous l'influence attendrie et inquiète de Rousseau, on voit les poètes prendre des poses mélancoliques et fatales. Ils ne savent où on les mène, ils se jettent dans l'amertume, dans la contemplation, dans les rêveries extraordinaires. Cependant eux aussi ont reçu le souffle de la Révolution. Aussi sont-ils des rebelles. Ils apportent la rébellion de la couleur, de la passion, de la fantaisie, parlant de briser violemment les règles, et renouvelant la langue par un flot de poésie lyrique, éclatante et superbe. En outre, la vérité les a touchés, ils exigent la couleur locale, ils croient ressusciter les âges morts. Tout le romantisme est là. C'est une réaction violente contre la littérature classique ; c'est le premier usage insurrectionnel que les écrivains font de la liberté littéraire reconquise. Ils cassent les vitres, ils se grisent de leurs cris, ils se précipitent dans l'outrance, par besoin de protester. Le mouvement est si irrésistible, qu'il entraîne tout ; non seulement la littérature flamboie, mais la peinture, la sculpture, la musique elle-même, deviennent romantiques ; le romantisme triomphe et s'impose. Un moment, devant une manifestation si générale et si puissante, on peut croire que la formule littéraire et artistique

est fixée pour longtemps. La formule classique a
duré deux siècles au moins ; pourquoi la formule
romantique, qui l'a remplacée, n'aurait-elle pas une
durée égale? Et l'on éprouve une surprise, lorsqu'on
s'aperçoit, au bout d'un quart de siècle, que le romantisme agonise, mourant lentement de sa belle
mort. Alors, la vérité se fait jour. Le mouvement
romantique n'était décidément qu'une échauffourée.
Des poètes, des romanciers d'un talent immense,
toute une génération magnifique d'élan, ont pu donner le change. Mais le siècle n'appartient pas à ces rêveurs surexcités, à ces soldats de la première heure,
aveuglés par le soleil levant. Ils ne représentaient
rien de net, ils n'étaient que l'avant-garde, chargée
de déblayer le terrain, d'affirmer la conquête par des
excès. Le siècle appartenait aux naturalistes, aux
fils directs de Diderot, dont les bataillons solides
suivaient et allaient fonder un véritable Etat. La
chaîne se renouait, le naturalisme triomphait avec
Balzac. Après les catastrophes violentes de son enfantement, le siècle prenait enfin la voie élargie où il
devait marcher. Cette crise du romantisme devait se
produire, car elle correspondait à la catastrophe
sociale de la Révolution française, de même que je
comparerais volontiers le naturalisme triomphant
à notre République actuelle, qui est en train de se
fonder par la science et par la raison.

Voilà donc où nous en sommes aujourd'hui. Le
romantisme qui ne correspondait à rien de durable,
qui était simplement le regret inquiet du vieux
monde et le coup de clairon de la bataille, s'est
effondré devant le naturalisme, revenu plus fort et
maître tout-puissant, menant le siècle dont il est le

souffle même. Est-il besoin de le montrer partout? Il sort de la terre où nous marchons, il grandit à chaque heure, pénètre et anime toutes choses. C'est lui qui est la force de nos productions, le pivot sur lequel tourne notre société. On le trouve dans les sciences qui ont continué tranquillement leur marche, pendant le coup de folie du romantisme; on le trouve dans toutes les manifestations de l'intelligence, se dégageant de plus en plus des influences romantiques, qui paraissaient l'avoir noyé un instant. Il renouvelle les arts, la sculpture et surtout la peinture, il élargit la critique et l'histoire, il s'affirme dans le roman; et même c'est par le roman, par Balzac et Stendhal, qu'il remonte au delà du romantisme, renouant ainsi visiblement la chaîne avec le dix-huitième siècle. Le roman est son domaine, son champ de bataille et de victoire. Il semble avoir pris le roman pour démontrer la puissance de la méthode, l'éclat du vrai, la nouveauté inépuisable des documents humains. Enfin, il prend aujourd'hui possession des planches, il commence à transformer le théâtre, qui est fatalement la dernière forteresse de la convention. Quand il y aura triomphé, son évolution sera complète, la formule classique se trouvera définitivement et solidement remplacée par la formule naturaliste, qui doit être la formule du nouvel état social.

Il m'a semblé nécessaire d'insister et d'expliquer tout au long ce mot de naturalisme, puisqu'on affecte de ne pas le comprendre. Mais je restreins maintenant la question, je veux simplement étudier le mouvement naturaliste au théâtre. Toutefois, il me faut aussi parler du roman contemporain, car un point de comparaison m'est indispensable. Nous allons voir où en est le roman et où en est le théâtre. La conclusion sera ensuite facile.

II

J'ai souvent causé avec des écrivains étrangers, et, chez tous, j'ai trouvé le même étonnement. Ils sont mieux placés que nous pour juger les grands courants de notre littérature, car ils nous voient à distance et ils se trouvent en dehors de nos luttes quotidiennes. Leur étonnement est qu'il y ait chez nous deux littératures absolument tranchées, le roman et le théâtre. Rien de pareil n'existe chez les peuples voisins. En France, il semble que, depuis plus d'un demi-siècle, la littérature se soit coupée en deux ; le roman a passé d'un côté, tandis que le théâtre restait de l'autre ; et au milieu un fossé de plus en plus profond s'est creusé. Qu'on examine un instant cette situation ; elle est des plus curieuses et des plus instructives. Notre critique courante, je parle des feuilletonistes qui font le dur métier de juger au jour le jour les pièces nouvelles, notre critique pose précisément en principe qu'il n'y a rien de commun entre un roman et une œuvre dramatique, ni le cadre, ni les procédés ; elle pousse même les choses jusqu'à déclarer qu'il y a deux styles, le style du théâtre et le style du roman, et qu'un sujet qu'on peut mettre dans un livre ne peut pas être mis à la scène. Autant dire tout de suite, comme les étrangers, que nous avons deux littératures. Cela est très vrai, la critique ne fait que constater un fait. Il reste seulement à voir si elle ne prête pas la main à une besogne détestable, en transformant ce fait en une loi, en disant que cela est ainsi parce cela ne peut pas être autrement. Notre tendance continuelle est de tout réglementer, de tout codifier. Le pis est que, lorsque nous nous sommes garrottés nous-mêmes avec des règles et des conventions, il nous faut ensuite des efforts surhumains pour briser ces entraves.

Donc, nous avons deux littératures, dissemblables en toutes choses. Dès qu'un romancier veut aborder le théâtre, on se méfie; on hausse les épaules. Balzac lui-même n'a-t-il pas échoué? Il est vrai que M. Octave Feuillet a réussi. Je vais me permettre de reprendre cette question à sa source, pour tâcher de la résoudre logiquement. D'abord, voyons le roman contemporain.

Victor Hugo a écrit des poèmes, même lorsqu'il est descendu à la prose; Alexandre Dumas père n'a été qu'un conteur prodigieux; George Sand nous a dit les rêves de son imagination, en une langue facile et heureuse. Je ne remonterai pas à ces écrivains qui appartiennent à la superbe poussée romantique et qui n'ont pas laissé de descendance directe; je veux dire que leur influence aujourd'hui ne s'exerce plus que par contre-coup et d'une façon que j'aurai à déterminer tout à l'heure. Les sources de notre roman contemporain se trouvent dans Balzac et dans Stendhal. C'est là qu'il faut les chercher et les consulter. Tous deux ont échappé au coup de folie du romantisme, Balzac malgré lui, Stendhal par un parti pris d'homme supérieur. Pendant qu'on acclamait le triomphe des lyriques, pendant que Victor Hugo était bruyamment sacré roi littéraire, tous deux mouraient à la peine, presque obscurément, au milieu du dédain et de la négation du public. Mais ils laissaient dans leurs œuvres la formule naturaliste du siècle, et il devait arriver que toute une descendance allait pousser sur leurs tombes, tandis que l'école romantique se mourrait d'anémie et ne serait plus incarnée que dans un vieillard illustre, auquel le respect empêcherait de dire la vérité.

Ceci n'est qu'un résumé rapide. Il est inutile d'insister sur la nouvelle formule que Balzac et Stendhal apportaient. Ils faisaient par le roman l'enquête que les savants faisaient par la science. Ils n'imaginaient plus, ils ne contaient plus. Leur besogne consistait à prendre l'homme, à le disséquer, à l'analyser dans sa chair et dans son cerveau. Stendhal restait surtout un psychologue. Balzac étudiait plus particulièrement les tempéraments, reconstituait les milieux, amassait les documents humains, en prenant lui-même le titre de docteur ès sciences sociales. Comparez *le Père Goriot* ou *la Cousine Bette* aux romans précédents, à ceux du dix-septième siècle comme à ceux du dix-huitième, et vous vous rendrez compte de l'évolution naturaliste accomplie. Le mot de roman seul a été conservé, ce qui est un tort, car il a perdu toute signification.

Il me faut maintenant choisir dans la descendance de Balzac et de Stendhal. Je trouve d'abord M. Gustave Flaubert, et c'est lui qui complètera la formule actuelle. Nous allons trouver ici le contre-coup de l'influence romantique dont j'ai parlé. Une des amertumes de Balzac était de n'avoir pas la forme éclatante de Victor Hugo. On l'accusait de mal écrire, ce qui le rendait très malheureux. Il s'est parfois

essayé à lutter de clinquant lyrique, par exemple
quand il écrivit *la Femme de trente ans* et *le Lis dans
la vallée;* mais cela ne lui réussissait guère, ce prodigieux écrivain n'a jamais été plus grand prosateur
que lorsqu'il a gardé son style abondant et fort.
Avec M. Gustave Flaubert, la formule naturaliste
passe aux mains d'un artiste parfait. Elle se solidifie,
prend la dureté et le brillant du marbre. M. Gustave
Flaubert a poussé en plein romantisme. Toutes ses
tendresses sont pour le mouvement de 1830. Quand
il lança *Madame Bovary*, c'était comme un défi jeté
au réalisme d'alors, qui se piquait de mal écrire. Il
entendait prouver qu'on pouvait parler de la petite
bourgeoisie de province avec l'ampleur et la puissance qu'Homère a mises à parler des héros grecs.
Mais, heureusement, l'œuvre avait une autre portée.
Que M. Gustave Flaubert l'ait voulu ou non, il venait
d'apporter au naturalisme la dernière force qui lui
manquait, celle de la forme parfaite et impérissable
qui aide les œuvres à vivre. Dès lors, la formule se
trouvait fixée. Il n'y avait plus pour les nouveaux
venus qu'à marcher dans cette large voie de la vérité par l'art. Les romanciers allaient continuer
l'enquête de Balzac, avancer toujours plus avant
dans l'analyse de l'homme soumis à l'action du
milieu ; seulement, ils seraient en même temps
des artistes, ils auraient l'originalité et la science
de la forme, ils donneraient au vrai la puissance
d'une résurrection par la vie intense de leur style.

En même temps que M. Gustave Flaubert, MM.
Edmond et Jules de Goncourt travaillaient aussi à cet
éclat de la forme. Eux, ne venaient pas du romantisme. Ils n'avaient rien de latin, rien de classique;

ils inventaient leur langue, ils notaient avec une intensité incroyable leurs sensations d'artistes malades de leur art. Les premiers, dans *Germinie Lacerteux*, ils ont étudié le peuple de Paris, peignant les faubourgs, les paysages désolés de la banlieue, osant tout dire en une langue raffinée, qui rendait aux êtres et aux choses leur vie propre. Ils ont eu une très grande influence sur le groupe actuel des romanciers naturalistes. Si nous avons pris notre solidité, notre méthode exacte dans M. Gustave Flaubert, il faut ajouter que nous avons tous été remués par cette langue nouvelle de MM. de Goncourt, pénétrante comme une symphonie, donnant aux objets le frisson nerveux de notre âge, allant plus loin que la phrase écrite et ajoutant aux mots du dictionnaire une couleur, un son, un parfum. Je ne juge pas, je constate. Mon seul but est d'établir ici les sources du roman contemporain, d'expliquer ce qu'il est et pourquoi il est cela.

Voilà donc les sources nettement indiquées. En haut, Balzac et Stendhal, un physiologue et un psychologue, dégagés de la rhétorique du romantisme, qui a été surtout une émeute de rhéteurs. Puis, entre nous et ces deux ancêtres, M. Gustave Flaubert d'une part, et de l'autre MM. Edmond et Jules de Goncourt, apportant la science du style, fixant la formule dans une rhétorique nouvelle. Le roman naturaliste est là. Je ne parlerai pas de ses représentants actuels. Il suffira que j'indique les caractères constitutifs de ce roman.

J'ai dit que le roman naturaliste était simplement une enquête sur la nature, les êtres et les choses. Il ne met donc plus son intérêt dans l'ingéniosité d'une fable bien inventée et développée selon certaines règles. L'imagination n'a plus d'emploi, l'intrigue importe peu au romancier, qui ne s'inquiète ni de l'exposition, ni du nœud, ni du dénouement; j'entends qu'il n'intervient pas pour retrancher ou ajouter à la réalité, qu'il ne fabrique pas une charpente de toutes pièces selon les besoins d'une idée conçue à l'avance. On part de ce point que la nature suffit; il faut l'accepter telle qu'elle est, sans la modifier ni la rogner en rien; elle est assez belle, assez grande, pour apporter avec elle un commencement, un milieu et une fin. Au lieu d'imaginer une aventure, de la compliquer, de ménager des coups de théâtre qui, de scène en scène, la conduisent à une conclusion finale, on prend simplement dans la vie l'histoire d'un être ou d'un groupe d'êtres, dont on enregistre les actes fidèlement. L'œuvre devient un procès-verbal, rien de plus; elle n'a que le mérite de l'observation exacte, de la pénétration plus ou moins profonde de l'analyse, de l'enchaînement logique des faits. Même parfois ce n'est pas une existence entière, avec un commencement et une fin, que l'on relate; c'est uniquement un lambeau d'existence, quelques années de la vie d'un homme ou d'une femme, une seule page d'histoire humaine, qui a tenté le romancier, de même que l'étude spéciale d'un corps a pu tenter un chimiste. Le roman n'a donc plus de cadre, il a envahi et dépossédé les autres genres. Comme la science, il est maître du monde. Il aborde tous les sujets, écrit l'histoire, traite de physiologie et de psychologie, monte jusqu'à la poésie la plus haute, étudie les questions les plus diverses, la politique, l'économie sociale, la religion, les mœurs. La nature entière est son domaine. Il s'y meut librement, adoptant la forme qui lui plaît, prenant le ton qu'il juge le meilleur, n'étant plus borné par aucune limite. Nous voilà loin du roman tel que l'entendaient nos pères, une œuvre de pure imagination, dont le but se bornait à charmer et à distraire les lecteurs. Dans les anciennes rhétoriques, le roman était placé tout au bout, entre la fable et les poésies légères. Les hommes sérieux le dédaignaient, l'abandonnaient aux femmes, comme une récréation frivole et compromettante. Cette opinion persiste encore en province et dans certains milieux académiques. La vérité est que les chefs-d'œuvre du roman contemporain en disent beaucoup plus long sur l'homme et sur la nature, que de graves ouvrages de philosophie, d'histoire et de critique. L'outil moderne est là.

Je passe à un autre caractère du roman naturaliste. Il est impersonnel, je veux dire que le romancier n'est plus qu'un greffier, qui se défend de juger et de conclure. Le rôle strict d'un savant est d'exposer les faits, d'aller jusqu'au bout de l'analyse, sans se risquer dans la synthèse; les faits sont ceux-ci, l'expérience tentée dans de telles conditions donne de tels résultats; et il s'en tient là, parce que s'il voulait s'avancer au delà des phénomènes, il entrerait dans l'hypothèse; ce seraient des probabilités, ce ne serait pas de la science. Eh bien! le romancier doit également s'en tenir aux faits observés, à l'étude scrupuleuse de la nature, s'il ne veut pas s'égarer dans des conclusions menteuses. Il disparaît donc, il garde pour lui son émotion, il expose simplement ce qu'il a vu. Voilà la réalité; frissonnez ou riez devant elle, tirez en une leçon quelconque, l'unique besogne de l'auteur a été de mettre sous vos yeux les documents vrais. Il , en outre, à cette impersonnalité morale de l'œuvre, une raison d'art. L'intervention passionnée ou attendrie de l'écrivain rapetisse un roman, en brisant la netteté des lignes, en introduisant un élément étranger aux faits, qui détruit leur valeur scientifique. On ne s'imagine pas un chimiste se courrouçant contre l'azote, parce que ce corps est impropre à la vie, ou sympathisant tendrement avec l'oxygène pour la raison contraire. Un romancier qui éprouve le besoin de s'indigner contre le vice et d'applaudir à la vertu, gâte également les documents qu'il apporte, car son intervention est aussi gênante qu'inutile; l'œuvre perd de sa force, ce n'est plus une page de marbre tirée d'un bloc de la réalité, c'est une matière travaillée, repétrie par l'émotion de l'auteur, émotion qui est sujette à tous les préjugés et à toutes les erreurs. Une œuvre vraie sera éternelle, tandis qu'une œuvre émue pourra ne chatouiller que le sentiment d'une époque.

Ainsi, le romancier naturaliste n'intervient jamais, pas plus que le savant. Cette impersonnalité morale des œuvres est capitale, car elle soulève la question de la moralité dans le roman. On nous reproche violemment d'être immoraux, parce que nous mettons en scène des coquins et des gens honnêtes sans les juger, pas plus les uns que les autres. Toute la querelle est là. Les coquins sont permis, mais il faudrait les punir au dénouement, ou du moins les écraser sous notre colère et notre dégoût. Quant aux gens honnêtes, ils mériteraient çà et là quelques lignes d'éloges et d'encouragement. Notre impassibilité, notre tranquillité d'analystes, devant le mal et devant le bien, sont tout à fait coupables. Et l'on finit par dire que nous mentons, lorsque nous devenons trop vrais. Quoi! sans cesse des gredins, pas un personnage sympathique ! C'est ici que la théorie du personnage sympathique apparaît. Il faut des personnages sympathiques, quitte à donner un coup de pouce à la nature. On ne nous demande plus seulement d'avoir une préférence pour la vertu, on exige que nous embellissions la vertu et que nous la rendions aimable. Ainsi, dans un personnage, nous devrons faire un choix, prendre les bons sentiments, passer les mauvais sous silence; même, nous serons plus recommandables encore, si nous inventons le personnage de toutes pièces, si nous le coulons dans le moule convenu du bon ton et de l'honneur. Il y a pour cela des types tout faits qu'on introduit dans une action sans aucune peine. Ce sont des personnages sympathiques, des conceptions idéales de l'homme et de la femme, destinées à compenser l'impression fâcheuse des personnages vrais, pris sur nature. Comme on le voit, notre seul tort, dans tout ceci, est de n'accepter que la nature, de ne pas vouloir corriger ce qui est par ce qui devrait être. L'honnêteté absolue n'existe pas plus que la santé parfaite. Il y a un fonds de bête humaine chez tous, comme il y a un fonds de maladie. Ainsi, ces jeunes filles si pures, ces jeunes hommes si loyaux de certains romans ne tiennent pas à la terre; pour les y attacher, il faudrait tout dire. Nous disons tout, nous ne faisons plus un choix, nous n'idéalisons pas; et c'est pourquoi on nous accuse de nous plaire dans l'ordure. En somme, la question de la moralité dans le roman se réduit donc à ces deux opinions : les idéalistes prétendent qu'il est nécessaire de mentir pour être moral, les naturalistes affirment qu'on ne saurait être moral en dehors du vrai. Or, rien n'est dangereux comme le romanesque; telle œuvre, en peignant le monde de couleurs fausses, détraque les imaginations, les jette dans les aventures ; et je ne parle point des hypocrisies du comme il faut, des abominations qu'on rend aimables sous un lit de fleurs. Avec nous, ces périls disparaissent. Nous enseignons l'amère science de la vie, nous donnons la hautaine leçon du réel. Voilà ce qui existe, tâchez de vous en arranger. Nous ne sommes que des savants, des analystes, des anatomistes, je le dis une fois encore, et nos œuvres ont la certitude, la solidité et les applications pratiques des ouvrages de science. Je ne connais pas d'école plus morale, plus austère.

Tel est aujourd'hui le roman naturaliste. Il a triomphé, tous les romanciers viennent à lui, même ceux qui ont d'abord tenté de l'écraser dans l'œuf. C'est l'éternelle histoire ; on se fâche et on plaisante d'abord, puis on finit par imiter. Il suffit que le succès détermine un courant. D'ailleurs, maintenant que le branle est donné, on verra le mouvement s'élargir de plus en plus. C'est un nouveau siècle littéraire qui s'ouvre.

III

Je passe à notre théâtre contemporain. Nous venons de voir où en est le roman, il faut maintenant constater où en est la littérature dramatique. Mais, avant tout, je rappellerai rapidement les grandes évolutions du théâtre en France.

Au commencement, nous trouvons des pièces informes, des dialogues à deux personnages, trois personnages au plus, qui se donnaient sur la place publique. Puis, les salles se bâtissent, la tragédie et la comédie naissent, sous l'influence de la renaissance classique. De grands génies consacrent cette formule, Corneille, Molière, Racine. Ils apparaissent comme le produit du siècle où ils vivent. La tragédie et la comédie d'alors, avec les règles immuables, l'étiquette de cour, les allures larges et nobles, les dissertations philosophiques et l'éloquence oratoire, sont l'image exacte de la société contemporaine. Et cette identité, cette parenté étroite de la formule dramatique et du milieu social est si vraie, que pendant deux siècles la formule reste à peu près la même. Elle ne perd de sa raideur, elle ne fléchit qu'au dix-huitième siècle, avec Voltaire et Beaumarchais. La société ancienne est alors profondément troublée; le souffle qui l'agite effleure le théâtre. C'est un besoin plus grand d'action, une révolte sourde contre les règles, un retour vague à la nature. Même à cette époque, Diderot et Mercier posent très carrément les bases du théâtre naturaliste; malheureusement, ni l'un ni l'autre ne produisent une œuvre maîtresse qui fixe une nouvelle formule. D'ailleurs, la formule classique avait eu une telle solidité sur le sol de l'ancienne monarchie, qu'elle ne fut pas emportée tout entière par la tempête de la Révolution. Elle persista quelque temps encore, affaiblie, abâtardie, glissant à la fadeur et à l'imbécillité. Ce fut alors qu'eut lieu l'insurrection romantique qui couvait depuis de longues années. Le drame romantique acheva la tragédie agonisante. Victor Hugo porta le dernier coup et recueillit le bénéfice d'une victoire à laquelle beaucoup d'autres avaient travaillé. Il faut remarquer que, pour les besoins de la lutte, le drame romantique se faisait l'antithèse de la tragédie; il opposait la passion au devoir, l'action au récit, la couleur à l'analyse psychologique, le moyen âge à l'antiquité. Ce fut cette antithèse éclatante qui assura son triomphe. Il fallait que la tragédie disparût, son heure avait sonné, car elle n'était plus le produit du milieu social, et le drame apportait la liberté nécessaire en déblayant violemment le sol. Mais il semble aujourd'hui que là devait se borner son rôle. Il n'était qu'une superbe affirmation du néant des règles, du besoin de la vie. Malgré tout son tapage, il restait l'enfant révolté de la tragédie; comme elle, il mentait, il costumait les faits et les personnages, et avec une exagération dont on sourit à présent; comme elle, il avait ses règles, ses poncifs, ses effets, des effets plus irritants encore, parce qu'ils étaient plus faux. En somme, il n'y avait qu'une rhétorique de plus au théâtre. Aussi le drame romantique ne devait-il pas avoir le long règne de la tragédie. Après avoir fait sa besogne révolutionnaire, il s'essouffla, s'épuisa tout d'un coup, laissant la place nette pour reconstruire. L'histoire est donc la même au théâtre que dans le roman. A la suite de la crise nécessaire du romantisme, on voit la tradition du naturalisme reparaître, les idées de Diderot et de Mercier s'affirmer de plus en plus. C'est le nouvel état social, né de la Révolution, qui fixe peu à peu une nouvelle formule dramatique, au milieu de tâtonnements, de pas faits en avant et en arrière. Ce travail était fatal. Il s'est produit, il se produit encore par la force des choses, et il ne s'arrêtera que lorsque l'évolution sera complète. La formule naturaliste va être à notre siècle ce que la formule classique a été aux siècles passés.

Nous voici donc arrivés à notre époque. Là, je trouve une activité considérable, une dépense extraordinaire de talent. C'est un atelier immense, où chacun travaille avec fièvre. L'heure est confuse encore, il y a bien de la besogne perdue, peu de coups portent droit et fort; mais le spectacle n'en est pas moins merveilleux. Et ce qu'il faut constater, c'est que tous ces ouvriers s'emploient au triomphe définitif du naturalisme, même ceux qui paraissent le combattre. Ils sont quand même dans la poussée du siècle, ils vont forcément où il va. Comme aucun d'eux n'a encore été de taille, au théâtre, à fixer tout seul la formule par un effort de génie, on dirait qu'ils se sont partagé la besogne, donnant chacun à leur tour, et sur un point déterminé, leur coup d'épaule. Nous allons voir au travail les plus connus d'entre eux.

On m'a violemment accusé d'insulter nos gloires, au théâtre. C'est une légende qui se forme. J'aurai beau protester que j'ai obéi à des idées d'ensemble, en parlant librement des grands et des petits, il n'en restera pas moins acquis pour la critique courante que mes échecs personnels m'ont rendu féroce à l'égard de mes confrères plus heureux. Je passe, cela ne mérite pas de réponse. Seulement, je vais tâcher de juger nos gloires, en examinant quelle place elles tiennent et quel rôle elles jouent dans notre littérature dramatique. Cela expliquera une fois de plus mon attitude.

Voyons d'abord M. Victorien Sardou. Il est le

représentant actuel de la comédie d'intrigue. Héritier de Scribe, il a renouvelé les vieilles ficelles et poussé l'art scénique jusqu'à la prestidigitation. Ce théâtre est une réaction qui continue et qui s'est accentuée de plus en plus contre l'ancien théâtre classique. Dès qu'on a opposé les faits aux récits, dès que l'aventure l'a emporté en importance sur les personnages, on a glissé à l'intrigue compliquée, aux marionnettes menées par un fil, aux péripéties continuelles, aux coups inattendus des dénouements. Scribe a été une date historique, dans notre littérature dramatique ; il a exagéré le principe nouveau de l'action, faisant de l'action la chose unique, déployant des qualités de fabricant extraordinaires, inventant tout un code de lois et de recettes. Cela était fatal, les réactions sont toujours extrêmes. Ce que l'on a appelé longtemps le théâtre de genre, n'a donc pas d'autre source qu'une exagération du principe de l'action, aux dépens de la peinture des caractères et de l'analyse des sentiments. On est sorti de la vérité, en voulant d'abord y rentrer. On a brisé des règles pour en inventer d'autres, plus fausses et plus ridicules. La pièce bien faite, je veux dire faite sur un certain patron équilibré et symétrique, est devenue un joujou curieux, amusant, dont l'Europe entière s'est divertie avec nous. C'est de là que date la popularité de notre répertoire à l'étranger, qui l'a accepté par engouement, comme il adopte notre article de Paris. Aujourd'hui, la pièce bien faite a subi un léger changement, M. Victorien Sardou en soigne moins l'ébénisterie ; mais, s'il a élargi le cadre et fait de l'escamotage en plus grand, il n'en reste pas moins le représentant de l'action au théâtre, de l'action affolée, dominant tout, écrasant tout. Sa grande qualité est le mouvement ; il n'a pas la vie, il a le mouvement, un mouvement endiablé qui emporte les personnages et qui arrive parfois à faire illusion sur eux, on les croirait vivants, ils ne sont que bien montés, allant et venant comme des pièces mécaniques parfaites. L'ingéniosité, l'adresse, le flair de l'actualité, une grande science des planches, un talent tout particulier de l'épisode, des menus détails prodigués et vivement enlevés : telles sont les principales qualités de M. Sardou. Mais son observation est superficielle, les documents humains qu'il apporte ont traîné partout et ne sont qu'habilement rafistolés, le monde où il nous mène est un monde de carton, peuplé de pantins. On sent, dans chacune de ses œuvres, le terrain solide se dérober sous lui ; il y a toujours là quelque intrigue inacceptable, un sentiment faux poussé à l'extrême, qui sert de pivot à toute la pièce, ou bien une complication extraordinaire de faits qu'un mot magique devra dénouer à la fin. La vie se comporte autrement. Même en acceptant les exagérations nécessaires de la farce, on voudrait plus de largeur et de simplicité dans les moyens. Ce ne sont jamais que des vaudevilles démesurément grossis, dont la force comique est toute caricaturale ; je veux dire que le rire ne naît pas de la justesse de l'observation, mais de la grimace du personnage. Il est inutile que je cite des exemples. On a vu la petite ville que M. Victorien Sardou a peinte dans *les Bourgeois de Pont-Arcy ;* le secret de son observation est là, des silhouettes à peine rajeunies, les plaisanteries courantes des journaux, ce que tout le monde a répété. Voyez les petites villes de Balzac, et comparez. *Rabagas*, dont la satire est parfois excellente, se trouve gâté par un bout d'intrigue amoureuse des plus médiocres. *La Famille Benoiton*, où certaines caricatures sont très amusantes, a aussi sa tache, les fameuses lettres, ces lettres que l'on retrouve partout dans le répertoire de M. Sardou et qui lui sont aussi nécessaires que les gobelets et les muscades à un escamoteur. Il a eu d'immenses succès, cela s'explique, et je trouve cela très bon. Remarquez, en effet, que, s'il passe le plus souvent à côté de la vérité, il a quand même servi singulièrement la cause du naturalisme. Il est un de ces ouvriers dont j'ai parlé, qui sont de leur temps, qui travaillent suivant leur force à une formule qu'ils n'ont pas eu le génie d'apporter tout entière. Sa part personnelle est l'exactitude de la mise en scène, la représentation matérielle la plus exacte possible de l'existence de tous les jours. S'il triche en emplissant les cadres, il n'en a pas moins les cadres eux-mêmes, et c'est déjà quelque chose. Pour moi, sa raison d'être est surtout là. Il est venu à son heure, il a donné au public le goût de la vie et des tableaux taillés dans la réalité.

Je passe à M. Alexandre Dumas fils. Certes, celui-là a fait une besogne meilleure encore. Il est un des ouvriers les plus puissants du naturalisme. Peu s'en est fallu qu'il ne trouvât la formule complète et qu'il ne la réalisât. On lui doit les études physiologiques au théâtre; lui seul a osé jusqu'ici montrer le sexe dans la jeune fille et la bête dans l'homme. *La Visite de noces*, certaines scènes du *Demi-Monde* et du *Fils naturel*, sont d'une analyse absolument remarquable, d'une vérité rigoureuse. Il y a là des documents humains nouveaux et excellents, ce qui est bien rare dans notre répertoire moderne. On voit que je ne marchande pas les éloges à M. Dumas fils. Seulement, je l'admire d'après un ensemble d'idées qui m'oblige ensuite à me montrer très sévère pour lui. Selon moi, il y a eu une crise dans sa vie, le développement d'une fêlure philosophique, tout un épanouissement déplorable du besoin de légiférer, de prêcher et de convertir. Il s'est fait le substitut de Dieu sur cette terre, et dès lors les plus étranges imaginations sont venues gâter ses facultés d'observation. Il n'est plus parti du document humain que pour arriver à des conclusions extra-humaines, à des situations stupéfiantes, en plein ciel de la fantaisie. Voyez *la Femme de Claude*, *l'Étrangère*, d'autres pièces encore. Ce n'est pas tout, l'esprit a gâté M. Dumas. Un homme de génie n'est pas spirituel, et il fallait un homme de génie pour fixer magistralement la formule naturaliste. M. Dumas a prêté son esprit à tous ses personnages; les hommes, les femmes, jusqu'aux enfants, dans ses pièces, font des mots, ces mots fameux qui ont décidé souvent du succès. Rien de plus faux ni de plus fatigant; cela détruit toute la vérité du dialogue. Enfin, M. Dumas, qui est avant tout ce qu'on appelle homme de théâtre, n'hésite jamais entre la réalité et une exigence scénique; il tord le cou à la réalité. Sa théorie est que peu importe le vrai, pourvu qu'on soit logique. Une pièce devient un problème à résoudre; on part d'un point, il faut arriver à un autre point, sans que le public se fâche; et la victoire est complète, si l'on a été assez adroit et assez fort, pour sauter par-dessus les casse-cous, en forçant le public à vous suivre, même malgré lui. Les spectateurs peuvent protester ensuite, crier à l'invraisemblance, se débattre; ils n'en ont pas moins appartenu à l'auteur pendant une soirée. Tout le théâtre de M. Dumas est dans cette théorie, qu'il a constamment mise en pratique. Il triomphe dans le paradoxe, dans l'invraisemblance, dans les thèses les plus inutiles et les plus risquées, à la seule force de ses poignets. Lui, qui a été touché par le souffle naturaliste, qui a écrit des scènes d'une observation si nette, ne recule pourtant jamais devant une fiction, quand il en a besoin pour argumenter ou simplement pour charpenter. C'est le mélange le plus fâcheux de réalité entrevue et d'invention baroque. Pas une de ses pièces n'échappe à ce double courant. Rappelez-vous dans *le Fils naturel* le roman incroyable de Clara Vignot, et dans *l'Étrangère*, l'histoire étonnante de la Vierge du mal; je cite au hasard. On dirait que M. Dumas ne se sert du vrai que comme d'un tremplin pour sauter dans le vide. Quelque chose l'aveugle. Il ne nous mène jamais dans un monde que nous connaissions, le milieu est toujours pénible et factice, les personnages perdent tout accent naturel, et ne tiennent plus au sol. Ce n'est plus l'existence avec sa largeur, ses nuances, sa bonhomie; c'est un plaidoyer, une argumentation, quelque chose de froid, de sec, de cassant, où il n'y a pas d'air. Le philosophe a tué l'observateur, telle est ma conclusion; et l'homme de théâtre a achevé le philosophe. Cela est très regrettable.

J'arrive à M. Emile Augier. Il est le maître actuel de notre scène française. C'est lui dont l'effort a été le plus constant, le plus régulier. Il faut se souvenir des attaques dont le poursuivaient les romantiques; ils le nommaient le poète du bon sens, ils plaisan-

taient certains de ses vers, n'osant plaisanter les vers
de Molière. La vérité était que M. Emile Augier gê-
nait les romantiques, car ils sentaient en lui un adversaire puissant, un écrivain qui renouait la tradition
française par-dessus l'insurrection de 1830. La nouvelle formule grandissait avec lui : l'observation
exacte, la vie réelle mise à la scène, la peinture de
notre société en une langue sobre et correcte. Les
premières œuvres de M. Emile Augier, des drames et
des comédies en vers, avaient le grand mérite de
procéder de notre théâtre classique; c'était la même
simplicité d'intrigue, comme dans *Philiberte*, par
exemple, où l'histoire d'une laide, qui devient charmante et que tout le monde courtise, suffit à emplir
trois actes, sans la moindre complication; c'était
aussi toute la lumière jetée sur les personnages,
une bonhomie puissante, le train paisible et fort
des pièces se nouant et se dénouant par la seule
action des sentiments. Ma conviction est que la formule naturaliste ne sera que le développement de
cette formule classique, élargie et adaptée à notre
milieu. Plus tard, M. Emile Augier affirma davantage
sa personnalité. Il arrivait forcément à cette formule
naturaliste, dès qu'il en venait à la prose et à la
peinture plus libre de notre société contemporaine.
Je citerai surtout *les Lionnes pauvres*, *le Mariage
d'Olympe*, *Maître Guérin*, *le Gendre de M. Poirier*, et
ses deux comédies qui ont fait le plus de bruit, *les
Effrontés* et *le Fils de Giboyer*. Ce sont là des œuvres
très remarquables, qui toutes, plus ou moins, dans
quelques scènes, réalisent le théâtre nouveau, le théâtre de notre siècle. Le notaire Guérin a une impéni-
tence finale de l'effet le plus vrai et le plus neuf; dans

le Gendre de M. Poirier, il y a une excellente personnification du bourgeois enrichi ; Giboyer est une création curieuse, assez juste de ton, s'agitant au milieu d'un monde peint avec une grande verve satirique. La force de M. Emile Augier, ce qui le rend supérieur, c'est qu'il est plus humain que M. Dumas fils. Ce côté humain l'assoit sur un terrain solide ; avec lui, on ne craint pas les sauts dans le vide ; il reste pondéré, moins brillant peut-être, mais plus sûr. Qu'est-ce donc qui a empêché M. Augier d'être le génie attendu, le génie destiné à fixer la formule naturaliste ? Pourquoi, selon moi, ne reste-t-il que le plus sage et le plus fort des ouvriers de l'heure présente ? C'est, à mon sens, qu'il n'a pas su se dégager assez des conventions, des clichés, des personnages tout faits. Son théâtre est continuellement diminué par des poncifs, des figures exécutées de chic, comme on dit familièrement dans les ateliers de peintre. Ainsi, il est rare de ne pas trouver, dans ses comédies, la jeune fille immaculée, très riche, et qui ne veut pas se marier, parce qu'elle s'indigne d'être épousée pour son argent. Les jeunes hommes sont également des héros d'honneur et de loyauté, sanglotant lorsqu'ils apprennent que leurs pères ont fait une fortune peu scrupuleuse. En un mot, le personnage sympathique triomphe, j'entends le type idéal des bons et beaux sentiments, toujours coulé dans le même moule, véritable symbole, personnification hiératique en dehors de toute observation vraie. C'est le commandant Guérin, ce modèle des militaires, dont l'uniforme aide au dénouement ; c'est le fils de Giboyer, cet archange de délicatesse, né d'un homme taré, et c'est Giboyer lui-même, si tendre dans sa bassesse ; c'est Henri, le fils de Charrier, des *Effrontés*, qui s'engage, parce que son père a tripoté dans une affaire louche, et qui l amène à rembourser les gens qu'il a trompés. Tout cela est très beau, très touchant ; seulement, comme documents humains, tout cela est très contestable. La nature n'a pas ces raideurs dans le bien ni dans le mal. On ne peut accepter ces personnages sympathiques que comme une opposition et une consolation. Ce n'est pas tout, M. Emile Augier modifie souvent un personnage d'un coup de baguette. La recette est connue ; il faut un dénouement et on retourne un caractère, à la suite d'une scène à effet. Voyez le dénouement du *Gendre de M. Poirier*, par exemple, pour ne citer que celui-là. Vraiment, c'est trop commode ; on ne fait pas si aisément un homme blond d'un homme brun. Comme valeur d'observation, ces brusques changements sont déplorables ; un tempérament va toujours jusqu'au bout, à moins de causes lentes, très minutieuses à analyser. Aussi, les meilleures figures de M. Emile Augier, celles qui resteront sans doute, parce qu'elles sont les plus complètes et les plus logiques, me semblent être le notaire Guérin et Pommeau, *des Lionnes pauvres*. Les dénouements des deux pièces sont fort beaux, avec leur large ouverture sur la réalité, sur l'implacable marche de la vie, allant son train au delà des tristesses et des joies de chaque jour. En relisant *les Lionnes pauvres*, je songeais à madame Marneffe, mariée à un honnête homme. Comparez Séraphine à madame Marneffe, mettez un instant face à face M. Emile Augier et Balzac, et vous comprendrez pourquoi, malgré ses bonnes qualités, M. Emile Augier n'a pas fixé la formule nouvelle au théâtre. Il n'a pas eu la main assez hardie ni assez vigoureuse pour se débarrasser des conventions qui encombrent la scène. Ses pièces sont trop mélangées, aucune ne s'impose avec l'originalité décisive du génie. Il ménage une transaction, il restera dans notre littérature dramatique comme un pionnier d'une intelligence pondérée et solide.

Je voudrais parler de M. Eugène Labiche, dont la verve comique a été si franche, de MM. Meilhac et Halévy, ces fins observateurs de la vie parisienne, de M. Gondinet, qui achève de démoder la formule de Scribe, par ses tableaux si spirituels, traités en dehors de toute action. Mais il suffit que je me sois expliqué au sujet des trois auteurs dramatiques les plus célèbres. J'admire beaucoup leur talent, les qualités différentes qu'ils apportent. Seulement, je le dis encore, je les juge au point de vue d'un ensemble d'idées, étudiant la place et le rôle de leurs œuvres dans le mouvement littéraire du siècle.

IV

Maintenant, les éléments sont connus, j'ai en main tous les documents dont j'avais besoin pour discuter et conclure. D'une part, nous avons vu ce qu'était le roman naturaliste à l'heure présente; de l'autre, nous venons de constater ce que les premiers auteurs dramatiques ont fait de notre théâtre. Il n'y a plus qu'à établir un parallèle.

Personne ne conteste que tous les genres se tien

nent et marchent en même temps dans une littérature. Quand un souffle a passé, quand le branle est donné, il y a une poussée générale vers le même but. L'insurrection romantique est un exemple frappant de cette unité de tendance, sous une influence déterminée. J'ai montré que la force d'impulsion du siècle était le naturalisme. Aujourd'hui, cette force s'accentue de plus en plus, se précipite, et tout doit lui obéir. Le roman, le théâtre sont emportés. Seulement, il est arrivé que l'évolution a été beaucoup plus rapide dans le roman ; elle y triomphe, lorsqu'elle s'indique seulement sur les planches. Cela devait être. Le théâtre a toujours été la dernière citadelle de la convention, pour des raisons multiples, sur lesquelles j'aurai à m'expliquer. Je voulais donc en venir simplement à ceci : la formule naturaliste, désormais complète et fixée dans le roman, est très loin de l'être au théâtre, et j'en conclus qu'elle devra se compléter, qu'elle y prendra tôt ou tard sa rigueur scientifique ; sinon le théâtre s'aplatira, deviendra de plus en plus inférieur.

On s'est fort irrité contre moi, on m'a crié : « Mais que demandez-vous ? de quelle évolution avez-vous besoin ? Est-ce que l'évolution n'est pas accomplie ? est-ce que MM. Emile Augier, Dumas fils, Victorien Sardou n'ont pas poussé aussi loin que possible l'observation et la peinture de notre société ? Arrêtons-nous, nous sommes déjà trop avant dans les réalités de ce monde. » D'abord, il est naïf de vouloir s'arrêter ; rien n'est stable dans une société, tout se trouve emporté d'un mouvement continu. On va quand même où l'on doit aller. Ensuite, je prétends que l'évolution, loin d'être accomplie au théâtre, commence à peine. Jusqu'à présent, nous n'en sommes qu'aux tentatives premières. Il a fallu attendre que certaines idées ussent leur trouée, que le public s'accoutumât, que la force des choses détruisît un à un les obstacles. J'ai tâché, en étudiant rapidement MM. Victorien Sardou, Dumas fils, Émile Augier, de dire pour quelles raisons je les considère simplement comme des ouvriers qui déblayent les voies et non comme des créateurs, des génies qui fondent un monument. Donc, après eux, j'attends autre chose.

Cette autre chose qui indigne et qui soulève tant de plaisanteries faciles est pourtant bien simple. Nous n'avons qu'à relire Balzac, qu'à relire M. Gustave Flaubert et MM. de Goncourt, en un mot les romanciers naturalistes. J'attends qu'on plante debout au théâtre des hommes en chair et en os, pris dans la réalité et analysés scientifiquement, sans un mensonge. J'attends qu'on nous débarrasse des personnages fictifs, de ces symboles convenus de la vertu et du vice qui n'ont aucune valeur comme documents humains. J'attends que les milieux déterminent les personnages et que les personnages agissent d'après la logique des faits combinée avec la logique de leur propre tempérament. J'attends qu'il n'y ait plus d'escamotage d'aucune sorte, plus de coups de baguette magique, changeant d'une minute à l'autre les choses et les êtres. J'attends qu'on ne nous conte plus des histoires inacceptables, qu'on ne gâte plus des observations justes par des incidents romanesques, dont l'effet est de détruire même les bonnes parties d'une pièce. J'attends qu'on abandonne les recettes connues, les formules lasses de servir, les larmes, les rires faciles. J'attends qu'une œuvre dramatique,

débarrassée des déclamations, tirée des grands mots
et des grands sentiments, ait la haute moralité du
vrai, soit la leçon terrible d'une enquête sincère. J'attends
enfin que l'évolution faite dans le roman
s'achève au théâtre, que l'on y revienne à la source
même de la science et de l'art modernes, à l'étude de
la nature, à l'anatomie de l'homme, à la peinture
de la vie, dans un procès-verbal exact, d'autant plus
original et puissant, que personne encore n'a osé le
risquer sur les planches.

Voilà ce que j'attends. On hausse les épaules, on
répond avec des sourires que j'attendrai toujours.
L'argument décisif est qu'il ne faut pas demander ces
choses au théâtre. Le théâtre n'est pas le roman. Il
nous a donné ce qu'il pouvait nous donner. Et c'est
tout, il faut nous en tenir là.

Eh bien! nous voici donc au nœud même de la
querelle. On se heurte aux conditions d'existence du
théâtre. Ce que j'exige est impossible; cela revient à
dire que le mensonge est nécessaire sur la scène; il
faut qu'une pièce ait des coins de romanesque,
qu'elle tourne en équilibre autour de certaines situations,
qu'elle soit dénouée à l'heure dite. Et l'on entre
dans des questions de métier : d'abord, l'analyse
ennuie, le public demande des faits, toujours des
faits; ensuite, il y a l'optique de la scène, une action
doit s'y passer en trois heures, quelle que soit son
étendue; puis, les personnages prennent une valeur
particulière, ce qui nécessite une mise en place fictive.
Je ne cite pas tous les arguments, j'en arrive à
l'intervention du public, qui est considérable; le public
veut ceci, le public ne veut pas cela; il ne tolérerait
pas trop de vérité, il exige quatre pantins sym-

pathiques, contre un personnage réel, pris dans la vie. En un mot, le théâtre est le domaine de la convention, tout y reste conventionnel, depuis les décors, depuis la rampe qui éclaire les acteurs par en bas, jusqu'aux personnages qu'on y promène au bout d'un fil. La vérité ne saurait y entrer qu'en petites doses distribuées adroitement. On va même jusqu'à jurer que le théâtre n'aurait plus sa raison d'être, le jour où il cesserait d'être un amusant mensonge, destiné à consoler le soir les spectateurs des tristes réalités de la journée.

Je connais ces raisonnements et je tâcherai d'y répondre tout à l'heure, en arrivant à ma conclusion. Il est évident que chaque genre a ses conditions propres d'existence. Un roman qu'on lit seul chez soi, les pieds sur les chenets, n'est pas une pièce qui se joue devant deux mille spectateurs. Le romancier a le temps et l'espace devant lui ; toutes les écoles buissonnières lui sont permises, il emploiera cent pages, si cela lui plaît, pour analyser à son aise un personnage ; il décrira les milieux aussi longuement qu'il voudra, coupera son récit, reviendra sur ses pas, changera vingt fois les lieux, sera en un mot le maître absolu de sa matière. L'auteur dramatique, au contraire, est enfermé dans un cadre rigide ; il obéit à des nécessités de toutes sortes, il ne se meut qu'au milieu des obstacles. Enfin, il y a la question du lecteur isolé et des spectateurs pris en masse ; le lecteur isolé tolère tout, va où l'on veut le mener, même lorsqu'il se fâche, tandis que les spectateurs pris en masse ont des pudeurs, des effarements, des sensibilités dont il faut tenir compte, sous peine de chute certaine. Tout cela est vrai, c'est précisément pour cela que le théâtre est la dernière citadelle de la convention, ainsi que je l'ai constaté plus haut. Si le mouvement naturaliste n'avait pas rencontré sur les planches un terrain aussi difficile, aussi encombré d'obstacles, il s'y serait déjà produit avec l'intensité et le succès qu'il a eus dans le roman. Le théâtre, par ses conditions d'existence, devait être la dernière conquête, la plus laborieuse et la plus disputée de l'esprit de vérité.

Je ferai ici la remarque que l'évolution de chaque siècle s'incarne forcément dans un genre littéraire particulier. C'est ainsi que le dix-septième siècle, évidemment, s'incarne dans la formule dramatique. Notre théâtre a jeté alors un éclat incomparable, au détriment de la poésie lyrique et du roman. La raison en est que le théâtre répondait alors avec exactitude à l'esprit de l'époque. Il abstrait l'homme de la nature, l'étudie avec l'outil philosophique du temps; il a le balancement d'une rhétorique pompeuse, les mœurs polies d'une société arrivée à sa maturité complète; c'est un fruit du sol, la formule écrite où la civilisation d'alors devait se couler avec le plus d'aisance et de perfection. Comparez notre époque à celle-là, et vous sentirez les raisons décisives qui ont fait de Balzac un grand romancier au lieu d'en faire un grand auteur dramatique. L'esprit du dix-neuvième siècle, avec son retour à la nature, avec son besoin d'enquête exacte, allait quitter la scène, où trop de conventions le gênaient, pour s'affirmer dans le roman, dont le cadre était sans limite. Et c'est ainsi que, scientifiquement, le roman est devenu la forme par excellence de notre siècle, la première voie où le naturalisme devait triompher. Aujourd'hui, ce sont les romanciers qui sont les princes littéraires du temps; ils tiennent la langue, ils tiennent la méthode, ils marchent en avant, côte à côte avec la science. Si le dix-septième siècle est resté le siècle du théâtre, le dix-neuvième siècle sera le siècle du roman.

Je veux admettre, pour un instant, que la critique courante a raison, lorsqu'elle affirme que le naturalisme est impossible au théâtre. Voilà qui est entendu. La convention y est immuable, il faudra toujours y mentir. Nous sommes condamnés à perpétuité aux escamotages de M. Sardou, aux thèses et aux mots de M. Dumas fils, aux personnages sympathiques de M. Émile Augier. On n'ira pas plus loin que le talent de ces auteurs, nous devons les accepter comme la gloire de notre siècle au théâtre. Ils sont ce qu'ils sont, parce que le théâtre veut qu'ils le soient. S'ils ne sont pas allés plus avant, s'ils n'ont pas obéi davantage au grand courant de vérité qui nous emporte, c'est que le théâtre le leur a défendu. Il y a là un mur qui barre le chemin aux plus forts. Très bien ! Mais alors c'est le théâtre que l'on condamne, c'est au théâtre que l'on porte un coup mortel. On l'écrase sous le roman, on lui assigne une place inférieure, on le rend méprisable et inutile aux yeux des générations qui vont venir. Que voulez-vous que nous fassions du théâtre, nous autres ouvriers de la vérité, anatomistes, analystes, chercheurs de la vie, compilateurs de documents humains, si vous nous prouvez que nous ne pouvons y porter ni notre méthode ni notre outil ? Vraiment ! le théâtre ne vit que de conventions, il doit mentir, il se refuse à notre littérature expérimentale ! Eh bien ! le siècle laissera le théâtre de côté, il l'abandonnera aux mains des amuseurs publics, tandis qu'il fera ailleurs sa grande et superbe besogne. C'est vous-mêmes qui prononcez le verdict, qui tuez le théâtre. Il est bien évident, en effet, que l'évolution naturaliste va s'élargir de plus en plus, car elle est l'intelligence même du siècle. Pendant que les romans fouilleront toujours plus avant, apporteront des documents plus neufs et plus exacts, le théâtre pataugera davantage chaque jour au milieu de ses fictions romanesques, de ses intrigues usées, de ses habiletés de métier. La situation sera d'autant plus fâcheuse, que le public prendra certainement le goût des réalités, dans la lecture des romans. Le mouvement s'indique déjà, et avec force. Il viendra une heure où le public haussera les épaules et réclamera lui-même une rénovation. Ou le théâtre sera naturaliste, ou il ne sera pas, telle est la conclusion formelle.

Et, dès aujourd'hui, est-ce que cette situation ne s'indique pas ? Toute la nouvelle génération littéraire se détourne du théâtre. Questionnez les débutants de vingt-cinq ans, je parle de ceux qui apportent un véritable tempérament littéraire ; ils montreront tous un mépris pour le théâtre, ils parleront des auteurs applaudis avec une légèreté qui vous indignera. Pour eux, le théâtre est un genre inférieur. Cela vient uniquement de ce qu'il ne leur offre pas le terrain dont ils ont besoin ; ils n'y trouvent ni assez de liberté ni assez de vérité. Tous vont vers le roman. Que demain le théâtre soit conquis par un coup de génie, et vous verrez quelle poussée s'y produira. Lorsque j'ai écrit quelque part que les planches étaient vides, j'ai voulu dire qu'il ne s'y était pas encore produit un Balzac. On ne peut, en bonne foi, comparer MM. Sardou, Dumas ou Augier à Balzac ; tous les auteurs dramatiques mis les uns sur les autres n'arriveraient pas encore à sa taille. Eh bien ! les planches resteront vides à ce point de vue, tant qu'un maître n'aura pas, en affirmant la formule nouvelle, entraîné derrière lui la génération de demain.

V

C'est donc moi qui ai la foi la plus robuste dans l'avenir de notre théâtre. Je n'admets plus, maintenant, que la critique courante ait raison, en disant que le naturalisme est impossible à la scène, et je vais examiner dans quelles conditions le mouvement s'y produira sans doute.

Non, il n'est point vrai que le théâtre doive rester stationnaire, il n'est point vrai que les conventions actuelles soient les conditions fondamentales de son existence. Tout marche, je le répète, tout marche dans le même sens. Les auteurs d'aujourd'hui seront dépassés ; ils ne peuvent avoir l'outrecuidance de fixer à jamais la littérature dramatique. Ce qu'ils ont bégayé, d'autres l'affirmeront ; et le théâtre ne sera pas ébranlé pour cela, il entrera, au contraire, dans une voie plus large et plus droite. De tous temps, on a nié la marche en avant, on a refusé aux nouveaux venus le pouvoir et le droit d'accomplir ce que n'avaient pas fait les aînés. Mais ce sont là des colères vaines, des aveuglements impuissants. Les évolutions sociales et littéraires ont une force irrésistible ; elles traversent d'un léger saut des obstacles énormes qu'on réputait infranchissables. Le théâtre a beau être ce qu'il est aujourd'hui ; il sera demain ce qu'il devra être. Et, quand l'événement aura eu lieu, tout le monde le trouvera naturel.

Ici j'entre dans la déduction, je ne prétends plus avoir la même rigueur scientifique. Tant que j'ai raisonné sur des faits, j'ai affirmé. A présent, je me contenterai de prévoir. L'évolution se produit, cela est certain. Mais passera-t-elle à gauche, passera-t-elle à droite? Je ne sais trop. On en peut raisonner, pas davantage.

D'ailleurs, il est certain que les conditions d'existence du théâtre seront toujours différentes. Le roman, grâce à son cadre libre, restera peut-être l'outil par excellence du siècle, tandis que le théâtre ne fera que le suivre et en compléter l'action. Il ne faut point oublier la merveilleuse puissance du théâtre, son effet immédiat sur les spectateurs. Il n'existe pas de meilleur instrument de propagande. Si donc le roman se lit au coin du feu, en plusieurs fois, avec une patience qui tolère les plus longs détails, le dramaturge naturaliste devra se dire avant tout qu'il n'a point affaire à ce lecteur isolé, mais à une foule qui a des besoins de clarté et de concision. Je ne vois pas que la formule naturaliste se refuse à cette concision et à cette clarté. Il s'agira simplement de changer la facture, la carcasse de l'œuvre. Le roman analyse longuement, avec une minutie de détails où rien n'est oublié ; le théâtre analysera aussi brièvement qu'il le voudra, par les actions et les paroles. Un mot, un cri, dans Balzac, suffit souvent pour donner le personnage tout entier. Ce cri est du théâtre, et du meilleur. Quant aux actes, ils sont de l'analyse en action, la plus saisissante qu'on puisse faire. Lorsqu'on se sera débarrassé des amusettes de l'intrigue, du jeu enfantin de nouer des fils compliqués pour avoir le plaisir de les dénouer ensuite, lorsqu'une pièce ne sera plus qu'une histoire réelle et logique, on entrera par là même en pleine analyse, on analysera forcément la double influence des personnages sur les faits et des faits sur les personnages. C'est ce qui m'a mené souvent à dire que la formule naturaliste nous reportait à la source même de notre théâtre national, à la formule classique. On trouve précisément dans les tragédies de Corneille, dans les comédies de Molière, cette analyse continue des personnages que je demande ; l'intrigue est au second plan, l'œuvre est une longue dissertation dialoguée sur l'homme. Seulement, au lieu d'abstraire l'homme, je voudrais qu'on le replaçât dans la nature, dans son milieu propre, en étendant l'analyse à toutes les causes physiques et sociales qui le déterminent. En un mot, la formule classique me paraît bonne, à la condition qu'on y emploiera la méthode scientifique pour étudier la société actuelle, comme la chimie étudie les corps et leurs propriétés.

Quant aux longues descriptions des romans, elles ne peuvent être portées à la scène, cela est de toute évidence. Les romanciers naturalistes décrivent beaucoup, non pour le plaisir de décrire, comme on le leur reproche, mais parce qu'il entre dans leur formule de circonstancier et de compléter le personnage par le milieu. L'homme n'est plus pour eux une abstraction intellectuelle, tel qu'on le considérait au dix-septième siècle ; il est une bête pensante, qui fait partie de la grande nature et qui est soumise aux multiples influences du sol où elle a poussé et où elle vit. C'est pourquoi un climat, un pays, un horizon, une chambre, ont souvent une importance décisive. Le romancier ne sépare donc plus le personnage de l'air où il se meut ; il ne décrit pas par un besoin de rhétorique, comme les poètes didactiques, comme Delille par exemple ; il note simplement à chaque heure les conditions matérielles dans lesquelles agissent les êtres et se produisent les faits, pour être absolument complet, pour que son enquête porte sur l'ensemble du monde et évoque la réalité tout entière. Mais les descriptions n'ont pas besoin d'être portées au théâtre ; elles s'y trouvent naturellement. La décoration n'est-elle pas une description continue, qui peut être beaucoup plus exacte et saisissante que la description faite dans un roman ? Ce n'est, dit-on, que du carton peint ; en effet, mais, dans un roman, c'est moins encore que du carton peint, c'est du papier noirci ; pourtant l'illusion se produit. Après les décors, si puissants de relief, si surprenants de vérité, que nous avons vus récemment dans nos théâtres, on ne peut plus nier la possibilité d'évoquer à la scène la réalité des milieux. C'est aux auteurs dramatiques à utiliser maintenant cette réalité ; eux fournissent les personnages et les faits ; les décorateurs, sur leurs indications, fourniront les descriptions, aussi exactes qu'il sera nécessaire. Il ne s'agit donc plus, pour un dramaturge, que de se servir des milieux comme les romanciers s'en servent, puisqu'ils peuvent les réaliser, les montrer. J'ajouterai que, le théâtre étant une évocation matérielle de la vie, les milieux s'y sont imposés de tous temps. Au dix-septième siècle seulement, comme la nature ne comptait pas, comme l'homme était une pure intelligence, les décors restaient vagues, un péristyle de temple, une salle quelconque, une place publique. Aujourd'hui, le mouvement naturaliste a amené une exactitude de plus en plus grande dans les décors. Cela s'est produit peu à peu, invinciblement. Je trouve même là une preuve du sourd travail que fait le naturalisme au théâtre, depuis le commencement du siècle. Je ne puis étudier à fond cette question des décors et des accessoires, je me contente de constater que la description est non seulement possible sur la scène, mais qu'elle y est encore de toute nécessité, qu'elle s'y impose comme une condition essentielle d'existence.

Je n'ai pas, je pense, à parler des changements de lieux. Il y a beau temps que l'unité de lieu n'est plus observée. Les auteurs dramatiques ne se gênent pas pour embrasser une existence entière, pour promener les spectateurs aux deux bouts du monde. Ici, la convention reste maîtresse, comme elle l'est d'ailleurs dans le roman, où l'écrivain fait parfois cent lieues d'un alinéa à un autre. Il en est de même pour la question de temps. On doit tricher. Une action qui demanderait quinze jours, par exemple, doit tenir dans les trois heures qu'on met à lire un roman ou à écouter une pièce. Nous ne sommes pas la force créatrice qui régit ce monde, nous ne sommes que des créateurs de seconde main, analysant, résumant, tâtonnant presque toujours, heureux et acclamés comme des génies, lorsque nous pouvons dégager un seul rayon de la vérité.

J'arrive à la langue. On prétend qu'il y a un style pour le théâtre. On veut que ce soit un style tout différent de la conversation parlée, plus sonore, plus nerveux, écrit d'une quinte plus haut, taillé à facettes, sans doute pour y faire scintiller les lumières des lustres. De nos jours, par exemple, M. Dumas fils passe pour être un grand écrivain dramatique. Ses « mots » sont fameux. Ils partent comme des fusées, retombent en gerbes, aux applaudissements des spectateurs. D'ailleurs, tous ses personnages parlent la même langue, une langue de parisien spirituel, fouettée de paradoxes, visant continuellement au trait, sèche et brutale. Je ne nie pas l'éclat de cette langue, un éclat peu solide, mais j'en nie la vérité. Rien n'est fatigant comme ce continuel ricanement de la phrase. Je voudrais plus de souplesse, plus de nature. Cela est à la fois trop bien écrit et pas assez écrit. Les véritables stylistes de l'époque sont les romanciers, il faut chercher le style impeccable, vivant, original, chez M. Gustave Flaubert et chez MM. de Goncourt. Lorsqu'on compare la prose de M. Dumas à celle de ces grands prosateurs, elle n'a plus ni correction, ni couleur, ni mouvement. Ce que je voudrais voir au théâtre, ce serait un résumé de la langue parlée. Si l'on ne peut porter à la scène une conversation avec ses redites, ses longueurs, ses paroles inutiles, on pourrait y garder le mouvement et le ton de la conversation, le tour d'esprit particulier de chaque causeur, la réalité, en un mot, mise au point nécessaire. MM. de Goncourt ont fait une curieuse tentative de ce genre dans *Henriette Maréchal*, cette pièce qu'on n'a pas voulu entendre et que personne ne connaît. Les acteurs grecs parlaient dans un tube d'airain; sous Louis XIV, les comédiens chantaient leurs rôles sur un ton de mélopée, pour leur donner plus de pompe; aujourd'hui, on se contente de dire qu'il y a une langue de théâtre, plus sonore et semée de mots à pétards. On voit qu'il y a progrès. Un jour on s'apercevra que le meilleur style, au théâtre, est celui qui résume le mieux la conversation parlée, qui met le mot juste en sa place, avec la valeur qu'il doit avoir. Les romanciers naturalistes ont déjà écrit d'excellents modèles de dialogues ainsi réduits aux paroles strictement utiles.

Reste la question des personnages sympathiques. Je ne me dissimule pas qu'elle est capitale. Le public demeure glacé, quand on ne satisfait pas son besoin d'un idéal de loyauté et d'honneur. Une pièce où il n'y a que des personnages vivants, pris dans la réalité, lui paraît noire, austère, lorsqu'elle ne l'exaspère pas. C'est sur ce point surtout que se livre la bataille du naturalisme. Il faut que nous sachions patienter. En ce moment, tout un travail secret se fait dans les spectateurs; ils viennent peu à peu, poussés par l'esprit du siècle, à admettre les audaces des peintures réelles, à y prendre même du goût. Quand ils ne pourront plus supporter certains mensonges, nous serons bien près de les avoir gagnés. Déjà les œuvres des romanciers préparent le terrain, en les accoutumant. Une heure sonnera où il suffira qu'un maître se révèle au théâtre pour trouver tout un public prêt à se passionner en faveur du vrai. Ce sera une question de tact et de force. On verra alors que les leçons les plus hautes et les plus utiles sont dans la peinture de ce qui est, et non dans des généralités ressassées, dans des airs de bravoure sur la vertu que l'on chante pour le seul plaisir des oreilles.

Voilà donc les deux formules en présence : la formule naturaliste qui fait du théâtre l'étude et la peinture de la vie, et la formule conventionnelle, qui en fait un pur amusement de l'esprit, une spéculation intellectuelle, un art d'équilibre et de symétrie, réglé d'après un certain code. Au fond, tout dépend de l'idée qu'on a d'une littérature, de la littérature dramatique en particulier. Si l'on admet qu'une littérature n'est qu'une enquête sur les choses et sur les êtres, faite par des esprits originaux, on est naturaliste ; si l'on prétend qu'une littérature est une charpente surajoutée au vrai, qu'un écrivain doit se servir de l'observation pour se lancer dans l'invention et dans l'arrangement, on est idéaliste, on proclame la nécessité de la convention. Je viens d'être très frappé par un exemple. On a repris dernièrement, à la Comédie Française, *le Fils naturel*, de M. Dumas fils. Du coup, un critique saute d'enthousiasme. Le voilà parti. Mon Dieu ! que cela est donc bien fabriqué, que cela est donc raboté, emboîté, collé, chevillé ! Ce rouage est-il assez joli ! Et celui-ci, se présente-t-il assez à point pour s'engrener à cette autre pièce, qui elle-même met en mouvement toute la machine ! Alors, il se pâme, il ne trouve pas de mots assez élogieux pour dire le plaisir qu'il prend devant cette mécanique. Ne croirait-on pas qu'il parle d'un joujou, d'un jeu de patience dont il est fier de brouiller et de remettre les pièces ? Moi, je reste froid devant *le Fils naturel*. Pourquoi cela ? Suis-je plus sot que le critique ? Je ne le pense pas. Seulement, je n'ai pas de goût pour l'horlogerie, et j'en ai beaucoup pour la vérité. Oui, en effet, cela est d'un joli mécanisme. Mais je voudrais que cela fût d'une vie superbe, je voudrais la vie, avec son frisson, avec sa largeur, avec sa puissance ; je voudrais toute la vie.

Et j'ajoute que nous aurons toute la vie au théâtre, comme nous l'avons déjà dans le roman. Cette prétendue logique des pièces actuelles, cette symétrie, cet équilibre obtenu dans le vide par des procédés de raisonnement qui viennent de l'ancienne métaphysique, tomberont devant la logique naturelle des faits et des êtres, tels qu'ils se comportent dans la réalité. A la place d'un théâtre de fabrication, nous aurons un théâtre d'observation. Comment l'évolution s'achèvera-t-elle? C'est ce que demain nous dira. J'ai essayé de prévoir, mais je laisse au génie le soin de réaliser. J'ai déjà donné ma conclusion : notre théâtre sera naturaliste ou il ne sera pas.

Maintenant que j'ai tâché de résumer l'ensemble de mes idées, puis-je espérer qu'on ne me fera plus dire ce que je n'ai jamais dit? Continuera-t-on à voir, dans mes opinions de critique, je ne sais quel gonflement ridicule de vanité, quel besoin d'odieuses représailles? Je ne suis que le soldat le plus convaincu du vrai. Si je me trompe, mes jugements sont là, tout imprimés, et dans cinquante ans on me jugera à mon tour, on pourra m'accuser d'injustice, d'aveuglement, de violence inutile. J'accepte le verdict de l'avenir.

L'ARGENT DANS LA LITTÉRATURE

L'ARGENT DANS LA LITTÉRATURE

Souvent, j'entends pousser autour de moi cette plainte : « L'esprit littéraire s'en va, les lettres sont débordées par le mercantilisme, l'argent tue l'esprit. » Et ce sont d'autres accusations éplorées contre notre démocratie qui envahit les salons et les académies, qui détraque le beau langage, qui fait de l'écrivain un marchand comme un autre, plaçant ou ne plaçant pas sa marchandise selon la marque de fabrique, amassant une fortune ou mourant dans la misère.

Eh bien ! j'enrage de ces plaintes et de ces accusations. Il est certain d'abord que l'esprit littéraire, tel qu'on l'entendait au dix-septième siècle et au dix-huitième, n'est plus du tout l'esprit littéraire de notre dix-neuvième siècle. Un mouvement intellectuel et social a peu à peu amené une transformation, qui est aujourd'hui complète. Avant tout, voyons quelle a été cette transformation. Ensuite, il me sera aisé de déterminer le rôle de l'argent dans notre littérature moderne.

I

Dernièrement, je relisais les études critiques de Sainte-Beuve, cette série interminable de volumes où il s'est confessé tout au long. Et c'est au courant de cette lecture que j'ai été frappé des modifications profondes de notre esprit littéraire. Sainte-Beuve, d'une intelligence si souple et si vaste, très capable de goûter les œuvres modernes, n'en gardait pas moins une préférence attendrie pour les œuvres du passé; il pratiquait religieusement les anciens et nos classiques. C'était, chez lui, un continuel regret, comme une nostalgie des âges morts, du dix-septième siècle surtout, qui s'échappait en une page, en une phrase, à propos de n'importe quel sujet. Il admettait l'époque actuelle, il se flattait d'en connaître et d'en comprendre toutes les productions; mais son tempérament l'emportait, il retournait en arrière et vivait plus à l'aise, avec des joies mélancoliques, dans ses souvenirs d'érudit et de lettré. Il était né deux cents ans trop tard. Jamais je n'ai mieux pénétré le charme de l'esprit littéraire, tel que le cultivait la vieille France. Sainte-Beuve a été certainement un des derniers à sentir et à pleurer cet ancien monde qui s'effondrait; et la note est d'autant plus vibrante chez lui, qu'il a un pied dans chacune des deux époques, le passé et le présent, et qu'il est plutôt un acteur qu'un juge. Les vraies confessions ont lieu aux heures de trouble, dans un cri de douleur personnelle.

Voici donc l'idée que Sainte-Beuve se fait de l'écrivain, lorsqu'il se reporte à ce passé dont il rêve. L'écrivain est un érudit et un lettré qui, avant tout, a besoin de loisir. Il vit au fond d'une bibliothèque, loin du bruit de la rue, dans un commerce plein de douceur avec les Muses. C'est une volupté continue, une délicatesse d'âme, un chatouillement de l'esprit, un bercement de l'être entier. La littérature reste ici le passe-temps délicieux d'une société choisie, qui enchante d'abord le poète, avant de faire le bonheur d'un petit cercle. Aucune hypothèse de travail forcé, de veilles prolongées, de travail attendu et bâclé; au contraire, une politesse souriante envers l'inspiration, des œuvres écrites aux heures favorables, dans une satisfaction du cœur et de l'esprit. Les honnêtes gens devenaient seuls capables de produire dans des conditions pareilles, j'entends les gens riches ou les gens pensionnés, ceux auxquels un dieu avait donné le loisir nécessaire. Et jamais l'idée du gain ne se trouve au bout de la besogne; l'écrivain fait des phrases comme l'oiseau fait des roulades, pour son plaisir et pour le plaisir des autres. On n'a pas à le payer, pas plus qu'on ne paie le rossignol. On le nourrit, simplement. Il est convenu que l'argent est une chose grossière qui rabaisse la dignité des lettres; du moins, il n'y a pas d'exemple d'un homme ayant gagné une fortune en écrivant, et cela ne surprend personne, les écrivains eux-mêmes se drapent dans leur pauvreté et acceptent de vivre d'une aumône princière. Ils sont l'agrément, le luxe, quelque chose qui sort de la vie banale, qui n'est pas dans le commerce, et dont les grands seuls peuvent se payer la fantaisie, comme ils se payent des bouffons et des baladins.

J'insiste particulièrement sur les caractères de l'esprit littéraire. L'écrivain n'a alors rien du savant, passionné pour la vérité, mettant sa joie dans des découvertes. Il est avant tout un virtuose qui joue des airs sur la rhétorique de son temps; les plus humains se contentent de disserter au sujet de l'homme, d'un homme abstrait, purement métaphysique. Une des grosses jouissances est de paraphraser l'antiquité, de vivre en communion plus ou moins étroite avec les Grecs et les Latins. Il faut bien voir alors l'écrivain dans son cabinet, entouré de livres, respectueux de la tradition, ne marchant pas sans les textes, n'ayant le plus souvent que le désir d'exécuter des variations sur des thèmes déjà connus, traitant la littérature en dame du beau monde qui exige toutes sortes de politesses, et mettant justement le charme du métier à raffiner ces politesses à l'infini. En un mot, l'écrivain reste alors dans les lettres pures, les jolis jeux de la rhétorique, les discussions de la langue, la peinture littéraire des caractères, des sentiments et des passions, non pas cherchés dans la vérité physiologique, mais savamment mis en tirades de tragédie ou en morceaux d'éloquence. L'abîme reste infranchissable entre le savant qui cherche et l'écrivain qui décrit. Celui-ci ne s'écarte pas du dogme philosophique et religieux, il se trouve enfermé dans le domaine de l'âme, même lorsqu'il est de tempérament révolutionnaire. La littérature est réellement un monde à part, l'esprit littéraire a un sens très net, on cultive un jardin où chaque genre a sa plate-bande, les tulipes d'un côté et les roses de l'autre. Besogne étiquetée, mais charmante, toute de procédés et de recettes, mais pleine de cette jouissance paisible de voir pousser en leur saison des fleurs attendues.

Ce sont alors les salons qui travaillent à l'esprit littéraire et qui le déterminent. Le livre est cher et peu répandu; on ne lit pas du tout dans le peuple, presque pas dans la bourgeoisie; on est loin de ce grand courant de lecture qui emporte aujourd'hui la société entière. C'est par exception qu'on rencontre un lecteur passionné, dévorant tout ce qui paraît aux étalages des éditeurs. Aussi le grand public, ce que nous appelons l'opinion, pour ainsi dire le suffrage universel, n'existe-t-il pas en matière littéraire, et les salons, quelques rares groupes de personnes choisies, sont les seuls à porter des jugements décisifs. Ces salons ont véritablement régné sur les lettres. C'étaient eux qui décidaient de la langue, du choix des sujets et de la meilleure façon de les traiter. Ils épluchaient les mots, adoptant les uns, condamnant les autres; ils établissaient des règles, lançaient des modes, faisaient des grands hommes. De là, le caractère des lettres, tel que j'ai tâché de l'indiquer plus haut, une fleur de l'esprit, un passe-temps aimable, une distraction supérieure donnée aux gens de bonne compagnie. Imaginez-vous un de ces salons qui faisaient la loi en matière littéraire. Une femme y réunissait autour d'elle des écrivains dont le seul souci était de lui plaire; on lisait des ouvrages en petit comité, on causait beaucoup, avec toutes les convenances et toutes les délicatesses du monde. Le génie, tel que nous l'entendons de nos jours, avec sa puissance déréglée, se serait trouvé là fort mal à l'aise; mais le simple talent s'y épanouissait, dans une chaleur de serre très douce. Même aux premiers temps de la politesse française, lorsque les salons naissaient à peine et que les grands seigneurs se contentaient d'avoir à leurs gages un poète comme ils avaient un cuisinier, l'état de domesticité où se trouvaient les lettres, les mettait aux mains d'une caste privilégiée, qu'elles flattaient et dont elles devaient accepter le goût. Cela leur donnait toutes sortes d'aimables qualités : le tact, la mesure, un équilibre pompeux, une construction et une langue de parade; et encore tous les charmes qu'on peut trouver dans une société de femmes distinguées, les subtilités et les raffinements du cerveau et du cœur, les fines causeries sur des sujets délicats, effleurant tout sans jamais appuyer, ces causeries du coin du feu qui sont comme des airs de musique, et où l'on s'en tient aux mélodies tristes ou gaies de la créature humaine. Voilà l'esprit littéraire des siècles derniers.

Naturellement, les salons menaient aux académies. C'est là que l'esprit littéraire fleurissait dans un bel épanouissement de rhétorique. Dégagé de l'élément mondain, n'ayant plus de femmes à ménager, il devenait grammairien et rhétoricien, enfoncé dans des questions de tradition, de règles et de recettes. Il faut entendre Sainte-Beuve, cet esprit si libre, parlant encore de l'Académie avec l'importance et la colère d'un bon employé qui est allé à son bureau et qui a été mécontent d'y voir la conduite et la besogne de ses collègues. Beaucoup d'écrivains avaient le goût de ces séances passées à disputer sur les mots, de ces parlottes où l'on se chamaillait au nom des oracles de l'antiquité. On se jetait alors son grec et son latin à la tête, on se donnait le régal d'une cuistrerie en commun, au milieu d'une complication extraordinaire de haines, de jalousies, de petites batailles et de petits triomphes. Il n'y a pas de loge de portière où l'on ait échangé plus de gourmades qu'à l'Académie. Pendant deux siècles, des hommes d'Etat tombés du pouvoir, des poètes bilieux, enragés de vanité, des hommes de bibliothèque, la tête farcie de bouquins, sont venus là se soulager, se donner l'illusion de leur gloire, en discutant âprement leurs mérites, sans jamais avoir le public avec eux.

Si l'on écrivait l'histoire intime de l'Académie, avec les lettres particulières où des académiciens ont confessé la vérité vraie, on obtiendrait l'épopée comique la plus extraordinaire d'un couvent d'hommes lâché dans un orgueil enfantin et dans des préoccupations d'une futilité incroyable. L'esprit littéraire est gardé dans cette arche sainte avec un déploiement de commérages dont nous sourions aujourd'hui. La lecture de Sainte-Beuve est précieuse à ce sujet, de même qu'il nous donne d'excellentes notes sur l'attitude de l'écrivain, dans les derniers salons du commencement du siècle. On le voit très honoré d'être reçu chez les grands. Il leur envoie des coups de chapeau, il a du respect et se met à son rang, en les reconnaissant supérieurs. C'est une acceptation de la hiérarchie sociale, dont il sourira et qu'il discutera en philosophe, dès qu'il aura posé le pied sur le pavé de la rue ; mais là, au milieu des dames, près du ministre de la veille ou du lendemain, il croit devoir s'incliner, comme s'il avait encore besoin de cette protection, comme s'il travaillait uniquement pour ces gens, flatté de leur politesse, pris par les séductions d'un milieu aristocratique où les lettres lui paraissent plus nobles. Il y a là simplement un reste de courtisanerie, un goût pour la grâce et l'heureux équilibre de la bonne société. Sainte-Beuve ne sentait plus derrière lui la nation entière dont il tenait son talent et sa véritable célébrité.

En résumé, l'esprit littéraire des siècles derniers est donc une conception des lettres dégagée de toute idée d'enquête scientifique. Ce sont les lettres pures, prenant pour base philosophique l'idée première d'une âme nettement distincte du corps et supérieure à lui, puis partant de ce dogme indiscuté pour batailler uniquement dans les œuvres sur les questions de grammaire et de rhétorique. Dès lors, dans les salons et dans les académies, l'esprit littéraire travaille à la formation de la langue, à la création d'une littérature pondérée, dissertant en belles phrases sur les caractères et les sentiments, tels que les règle la métaphysique de l'époque. L'homme et la nature restent à l'état abstrait, les écrivains ne se donnent pas la mission de faire la vérité sur les êtres et les choses, mais celle de les peindre selon le mécanisme convenu, en poussant toujours au type, de façon à obtenir le plus de grandeur possible. Nulle part, on ne descend jusqu'à l'individu, même chez les poètes comiques qui ont écrit des chefs-d'œuvre d'observation générale. L'étude des faits séparés, l'anatomie des cas spéciaux, les documents ramassés, classés, étiquetés, sont encore loin. Il s'agit simplement de récréer une société élégante, en écrivant pour elle des œuvres où elle retrouve sa langue, sa politesse, son art des nuances, ses restrictions fines, toute sa vie faite de demi-aveux et de convenances.

Certes, un tel esprit littéraire a enfanté de belles œuvres. Je constate ici, je ne juge pas. Toute notre grande littérature nationale, au dix-huitième siècle et surtout au dix-septième, est le produit de cet accord des écrivains et de la société choisie, pour laquelle ils écrivaient. Les salons et les académies sont la terre cultivée où devaient pousser fatalement nos chefs-d'œuvre classiques. On leur doit la belle ordonnance et l'ampleur solennelle de la tragédie de Racine, les périodes magnifiques des oraisons de Bossuet, la logique et le bon sens génial de Boileau. Notre gloire est encore là, car les siècles nouveaux commencent à peine, et il faut donner à l'esprit qui souffle depuis l'insurrection romantique, le temps de prendre toute sa force et toute sa largeur. Mon but n'est pas de nier le passé, je veux au contraire le définir, pour bien montrer qu'il est le passé et que les lettres françaises sont entrées dans une période toute nouvelle, qu'il est bon de dégager nettement, si l'on veut éviter les regrets inutiles et marcher à l'avenir d'un pas résolu.

Voilà donc l'ancien esprit littéraire défini. Passons aux documents historiques.

II

Depuis longtemps, je songe qu'il y aurait une étude bien intéressante à faire, celle de la situation matérielle et morale que les écrivains occupaient aux siècles derniers. Quel était réellement leur rang, leur position sociale? Quelle place tenaient-ils dans la noblesse et dans la bourgeoisie? Comment vivaient-ils, de quel argent, et sur quel pied?

Pour répondre complètement à ces diverses questions, la besogne serait considérable, une besogne de recherches et de compilations. Il faudrait amasser le plus de documents possible sur les écrivains, pénétrer leur vie intime, connaître leur fortune, établir leur budget, les suivre dans leurs soucis quotidiens ; et il faudrait surtout étudier les conditions de la librairie de l'époque, savoir ce qu'un livre rapportait à son auteur, juger si le travail littéraire suffisait à nourrir son homme. C'est seulement alors qu'on tiendrait les véritables causes de l'esprit littéraire de cette société disparue, car le sol explique la plante, l'écrivain parasite des siècles classiques est surtout dans la question d'argent.

Naturellement, il m'est impossible de traiter le sujet à fond. J'aurais besoin de loisirs dont je ne puis disposer. Ce n'est donc ici qu'une ébauche bien incomplète, quelques notes que j'ai recueillies et que je donne, pour indiquer le grand et intéressant travail qu'il y aurait à faire. Je n'essaye même pas de mettre de l'ordre dans ces notes, je les transcris au hasard, et je tire de chacune d'elles les quelques réflexions qui intéressent mon sujet.

Pour que l'enquête fût complète, je devrais remonter jusqu'aux premiers écrivains de notre littérature. Mais je me contenterai de prendre d'abord Malherbe. Voici ce qu'on lit dans Tallemant des Réaux, qui, après avoir expliqué que le roi ne pouvait faire au poète une pension suffisante, ajoute : « Le roi recommanda à M. de Bellegarde, alors premier gentilhomme de la chambre, de le garder jusqu'à ce qu'il l'eût mis sur l'état de ses pensionnaires. M. de Bellegarde lui donna mille écus d'appointements, avec la table et lui entretint un laquais et un cheval... A la mort de Henri IV, la reine Marie de Médicis donna cinq cents écus de pension à Malherbe, qui, depuis ce temps-là, ne fut plus à la charge de M. de Bellegarde... M. Morand, qui était de Caen, promit à Malherbe et à un gentilhomme de ses amis, qui était aussi de Caen, de leur faire toucher à chacun quatre cents livres, pour je ne sais quoi, et en cela il leur faisait une grande grâce. Il les convia même à dîner. Malherbe n'y voulait point aller, s'il ne leur envoyait son carrosse. Enfin, le gentilhomme l'y fit aller à cheval. Après dîner, on leur compta leur argent... »

L'exemple n'est-il pas typique? Tout me semble à retenir dans ces quelques lignes. Un écrivain est un luxe qu'un seigneur se donne. Quand le roi n'a pas d'argent, il passe l'écrivain à un courtisan riche, en le priant de le nourrir quelque temps, comme il passerait une bête coûteuse, dont il espère pouvoir se donner lui-même plus tard la glorieuse distraction; et, en effet, si la mort empêche le roi de contenter son caprice, une reine est là qui reprend le poète à son compte. Les écrivains deviennent des oiseaux rares et de grand prix que les seigneurs du temps se prêtent, se donnent, se transmettent ainsi des uns aux autres, pour montrer leur goût et afficher leur fortune. Mais ce qui me frappe surtout dans la page de Tallemant des Réaux, c'est la fierté que Malherbe garde au milieu de cette situation de parasite; il veut bien de l'argent de M. Morand, seulement il exige qu'on lui envoie un carrosse pour l'aller prendre, et il finit par se contenter d'un cheval. N'est-ce pas une note charmante sur les idées du temps? Le cadeau d'une somme d'argent ne blessait pas, seulement on voulait que l'étiquette fût sauvegardée.

Tallemant est ainsi plein d'histoires de pensions et de sommes d'argent données à des auteurs. Il dit, en parlant de Racan : « Il vivait du commandement des gendarmes du maréchal d'Effiat. » Ailleurs, il dit de Chapelain : « Le duc de Longueville enlève Chapelain à M. de Noailles, qui le brutalisait, pour une pension de deux mille livres... Son ode au cardinal Mazarin lui vaut cinq cents écus de pension... Plus tard, M. de Longueville augmente sa pension de cent livres... » Que pense-t-on de ce M. de Noailles qui « brutalisait » Chapelain, à ce point que le duc de Longueville profite de la circonstance pour se donner le luxe de Chapelain, à un prix très élevé pour l'époque ? Les valets changeaient ainsi de maîtres, quand les maîtres les rouaient de coups.

Je transcrirai ici un document connu, mais fort intéressant, qui se trouve dans le *Siècle de Louis XIV*, de Voltaire. C'est un extrait de la liste des pensions, découverte dans les papiers de Colbert et dressée sans doute par Chapelain. Ces pensions étaient payées par le roi : « Au sieur Pierre Corneille, premier poète dramatique du monde, 2,000 l.; — au sieur Desmaretz, le plus fertile auteur et doué de la plus belle imagination qui ait jamais été, 1,200 l.; — au sieur Molière, excellent poète comique, 1,000 l.; — au sieur abbé Cotin, poète et orateur français, 1,200 l.; — au sieur Douvrier savant ès-lettres humaines, 3,000 l.; — au sieur Ogier, consommé dans la théologie et les belles-lettres, 2,500 l.; — au sieur Racine, poète français, 800 l.; — au sieur Chapelain, le plus grand poète qui ait jamais été, et du plus solide jugement, 3,000 l. »

Si le titre de premier poète dramatique du monde, décerné à Corneille, nous satisfait encore, nous sommes aujourd'hui un peu surpris d'apprendre que Desmaretz ait eu « la plus belle imagination qui ait jamais été », et que Chapelain s'inscrivît lui-même comme « le plus grand poète qui ait jamais été et du plus solide jugement ». Mais l'intérêt n'est pas là, la liste est un document précieux en ce sens qu'elle donne aux pensions faites aux écrivains leur véritable sens. Ce ne sont pas seulement des aumônes distribuées à des nécessiteux, ce sont aussi des gages de contentement accordés par un maître à des serviteurs qui se signalent pour sa gloire. J'étudierai plus loin dans quelles conditions l'État vient aujourd'hui au secours des lettres. Autrefois, la raison des pensions était bien la situation précaire où les lettres mettaient les écrivains, mais ces pensions entraînaient aussi avec elles une idée honorifique, et cela est si vrai que certains auteurs qui avaient de la fortune, s'ingéniaient humblement pour être pensionnés.

Tallemant des Réaux nous fournit à ce sujet un exemple bien frappant, à propos de Balzac. « Cet homme, qui a tant de vertus, s'avise de faire une lâcheté, où personne ne l'a invité : il signe, en écrivant au cardinal Mazarin : de Votre Eminence le très humble, très obéissant et très obligé serviteur et pensionné... Balzac avait de quoi vivre ; et pourtant il se fit donner une pension de cinq cents écus. » Voilà le parasitisme littéraire dans tout son éclat.

Il faut citer aussi l'épitaphe de Tristan, mort en 1665 et qui appartenait à Gaston d'Orléans :

> Ebloui de l'éclat de la splendeur mondaine,
> Je me flattais toujours d'une espérance vaine,
> Faisant le chien couchant auprès d'un grand seigneur,

> Je me vis toujours pauvre, et tâchai de paraître ;
> Je vécus dans la peine, espérant le bonheur,
> Et mourus sur un coffre, en attendant mon maître.

Naturellement, toutes les échines ne se pliaient pas avec cette complaisance. Des hommes de talent restaient fiers et debout ; mais c'était la très petite exception, car, je le répète, les idées du temps admettaient absolument cette tutelle, cet état de dépendance où les grands tenaient les écrivains. Les grands payaient et les écrivains se courbaient. Plus tard, au temps de Voltaire, les mœurs étaient déjà changées. Ainsi, on trouve dans Voltaire ces lignes sur Mainard, un écrivain oublié, né en 1582 : « C'est un des auteurs qui s'est plaint le plus de la mauvaise fortune attachée aux talents. Il ignorait que le succès d'un bon ouvrage est la seule récompense digne d'un artiste ; que si les princes et les ministres veulent se faire honneur en récompensant cette espèce de mérite, il y a plus d'honneur encore d'attendre ces faveurs sans les demander ; et que, si un bon écrivain ambitionne la fortune, il doit la faire soi-même. » Nous voilà loin de la singulière vanité que Balzac mettait à se dire pensionné ; mais pourtant Voltaire ne refuse pas les pensions, il dit seulement qu'on doit savoir les attendre.

Je continue à prendre quelques documents dans Voltaire. « Descartes avait un frère aîné, conseiller au parlement de Bretagne, qui le méprisait beaucoup, et qui disait qu'il était indigne d'un frère d'un conseiller de s'abaisser à être mathématicien. » Mais voici un jugement plus net encore. Il s'agit de Valincour : « Il fit une assez grande fortune, qu'il n'eût pas faite s'il n'eût été qu'homme de lettres. Les lettres seules, dénuées de cette sagacité laborieuse qui rend utile, ne procurent presque jamais qu'une vie malheureuse et méprisée. »

Dans la vie de La Fontaine, on trouverait également des renseignements excellents. *L'Amateur d'autographes*, un journal qui publie des lettres fort curieuses, en a donné plusieurs de La Fontaine d'un vif intérêt. Dans une lettre du 5 janvier 1648, il remercie son oncle, M. Jannart, substitut du procureur général du roi; il lui a beaucoup d'obligations de la somme qu'il a bien voulu remettre à son intention; « ce n'est pas la première fois que vous m'avez témoigné la bonne volonté que vous avez pour moi. » Dans une autre lettre à l'intendant du duc de Bouillon (1er septembre 1666), il se plaint « de ne pas avoir touché son traitement depuis deux ans ». La Fontaine pourrait être le type d'un poète de très grand talent, dont les œuvres avaient du succès et qui vivait chez les seigneurs de l'époque, allant des uns chez les autres, sans se sentir le besoin fier d'une vie à lui gagnée par ses œuvres.

Il me serait facile de continuer les exemples. Ainsi je trouve encore dans *l'Amateur d'autographes* les documents suivants. Une lettre de Dacier au duc d'Orléans, alors régent, où on lit : « Il y a trente-cinq ans que ma femme travaille pour l'avancement des lettres; et ce qui nous persuade que ses ouvrages ne sont pas inutiles, c'est l'approbation dont V. A. R. a daigné les honorer. Le feu roi lui donna une pension de cinq cents livres en faveur de sa conversion; mais elle doit cette pension à la pitié de ce grand prince, et non à son estime pour elle. » Une autre lettre est adressée par Gilbert à Baculard d'Arnaud. J'y prends ces deux phrases : « J'ai besoin d'un louis, j'ai le courage de vous le demander. Je ne doute pas que vous ayez assez de noblesse pour me le prêter, si vous le pouvez. » Enfin, voici ce que madame de Genlis écrivait à Talleyrand, le 10 juillet 1814 : « Ma situation est affreuse depuis le départ de M. le duc d'Orléans ; je n'ai eu ni pension, ni revenu, ni ressources ; je n'ai vécu que d'emprunts et de choses mises en gage... Si le roi donne des pensions à des gens de lettres, il me semble que j'y puis prétendre mieux que beaucoup d'autres ; quelque modique qu'elle fût, elle me suffirait, ne fût-elle que de douze cents francs. »

Ce tableau de la misère générale des lettres aux siècles derniers est bien incomplet ; mais on voit dans quel sens les recherches devraient être faites, et l'on sent quels documents décisifs on obtiendrait. Ensuite il faudrait mettre en regard les ressources que les écrivains pouvaient tirer de leurs ouvrages, dire comment et combien un livre se vendait. J'avoue que je n'ai pas poussé mon étude jusque-là, l'enquête est difficile et demanderait beaucoup de temps. Nous connaissons peu les traités de librairie de l'époque et les sommes exactes que tels livres ont rapportées à tels auteurs. Pour avoir des renseignements précis, le mieux serait sans doute de lire avec soin les mémoires et les correspondances ; çà et là, on trouverait des faits. Mais, d'avance, on peut affirmer que le livre et la pièce de théâtre rapportaient fort peu, surtout si l'on compare les chiffres d'autrefois aux chiffres d'aujourd'hui. Il n'y a pas d'exemple d'un homme de génie enrichi alors par ses œuvres. On a contesté le dénûment absolu de Corneille ; en tous cas, il mourut dans un état précaire de fortune.

Racine vivait à la fin en petit bourgeois. Molière gagnait strictement sa vie, et encore était-il un industriel autant qu'un poète comique. Les auteurs dramatiques n'ont commencé à gagner réellement de l'argent qu'à partir de Beaumarchais. Quant aux romanciers, aux poètes et aux historiens, ils étaient la proie des libraires. Baculard d'Arnaud, que j'ai nommé plus haut, mourut pauvre, après avoir fait gagner, par ses ouvrages, plus d'un million à ses éditeurs.

Voilà donc la véritable situation des écrivains au dix-septième siècle et au dix-huitième, situation qu'on pourrait établir sur des documents plus décisifs encore. Je résume ce que je viens de dire. L'œuvre littéraire ne peut nourrir l'auteur qui, dès lors, devient un oiseau rare, dont le roi et les grands seigneurs ont seuls le moyen de se donner le luxe. Un contrat est passé entre le protecteur et le protégé ; le protecteur habillera, nourrira et logera, ou bien se contentera de pensionner le protégé, qui en retour célébrera ses louanges, lui dédiera ses œuvres pour faire passer à la postérité son nom et la connaissance de ses bienfaits. Cela rentre dans le rôle que l'ancien régime attribuait à la noblesse : elle avait, en échange de ses privilèges, le devoir de secourir tous ceux qui lui obéissaient, et les lettres n'étaient qu'une de ses dépendances, comme le sol et le peuple lui-même. La hiérarchie régnait en maîtresse absolue, protégée par un respect séculaire. Si le roi ou les seigneurs s'abaissaient à des familiarités avec un écrivain, il n'y avait là qu'une condescendance passagère, car il ne serait venu à personne l'idée de mettre par exemple sur un pied d'égalité parfaite le roi Louis XIV et l'histrion Molière. Le génie ne comptait que dans la pompe même du règne. Et d'ailleurs, comme nous venons de le voir, la pension accordée à un écrivain n'était pas seulement un secours, qui lui assurait le loisir d'écrire de belles œuvres ; c'était encore un honneur que recherchaient les écrivains, nés avec de la fortune. Il était beau d'appartenir à un seigneur puissant ; cela posait dans le monde. Toute la vie intellectuelle s'agitait alors dans le cercle étroit des hautes classes, dans les salons et les académies. De là, cet esprit littéraire, tel que je l'ai défini, tout de loisir et de rhétorique, respectueux des convenances, aimable et élevé, grandi dans un cercle de femmes et rétréci par les disputes académiques, vivant surtout de règles et de traditions, ayant une haine instinctive de la science, comme d'une ennemie qui doit un jour faire craquer les conventions et apporter en tout des formules nouvelles.

III

Voyons à présent l'état matériel de l'écrivain, tel qu'il est de nos jours. La révolution est venue balayer les privilèges, emporter dans un coup de foudre la hiérarchie et le respect. Dans l'état nouveau, l'écrivain est certainement un des citoyens dont la situation a été le plus radicalement changée. On ne s'en est pas aperçu tout de suite. Sous Napoléon, sous Louis XVIII, sous Charles X, les choses ont paru reprendre comme auparavant ; mais, par une force lente, tout se transformait, les façons d'être n'étaient plus les mêmes, et chaque jour le nouvel esprit littéraire se formait des conditions matérielles faites aux lettres par la jeune société. Tout mouvement social entraîne un mouvement intellectuel.

D'abord, l'instruction se répand, des milliers de lecteurs sont créés. Le journal pénètre partout, les campagnes elles-mêmes achètent des livres. En un demi-siècle, le livre, qui était un objet de luxe, devient un objet de consommation courante. Autrefois, il coûtait très cher; aujourd'hui, les bourses les plus humbles peuvent se faire une petite bibliothèque. Ce sont là des faits décisifs : dès que le peuple sait lire, et dès qu'il peut lire à bon marché, le commerce de la librairie décuple ses affaires, l'écrivain trouve largement le moyen de vivre de sa plume. Donc, la protection des grands n'est plus nécessaire, le parasitisme disparaît des mœurs, un auteur est un ouvrier comme un autre, qui gagne sa vie par son travail.

Ce n'est pas tout. La noblesse a été frappée au cœur. Elle abandonne de son grand train, elle baisse peu à peu la tête sous le niveau égalitaire. C'est une déchéance lente et fatale, qui ne lui permettrait plus d'avoir ses poètes et ses historiographes, au cas où ceux-ci en seraient toujours réduits à solliciter le coucher et la table. Les mœurs ont changé, on n'imagine pas aujourd'hui une maison du faubourg Saint-Germain se donnant le luxe d'un La Fontaine. Ainsi, non seulement l'écrivain peut gagner sa vie en s'adressant au grand public, mais encore il chercherait en vain un seigneur qui lui paierait ses dédicaces d'une pension.

Examinons tout de suite la question de l'argent dans notre littérature actuelle. Le journalisme surtout a apporté des ressources considérables. Un journal est une grosse affaire qui donne du pain à un grand nombre de personnes. Les jeunes écrivains, à leurs débuts, peuvent y trouver immédiatement un travail chèrement payé. De grands critiques, des romanciers célèbres, sans compter les journalistes proprement dits, dont quelques-uns ont joué des rôles importants, gagnent dans les journaux des sommes considérables. Ces hauts prix n'ont pas été donnés dès l'origine de la presse; très minimes d'abord, ils ont grandi peu à peu, et ils grandissent toujours. Il y a vingt ans, les hommes de lettres qui touchaient deux cents francs par mois dans un journal, devaient s'estimer très heureux; aujourd'hui, les mêmes hommes de lettres touchent mille francs et davantage. La littérature tend à devenir une marchandise extraordinairement chère, dès qu'elle est signée d'un nom en vogue. Sans doute, les journaux ne peuvent s'ouvrir à tous les débutants débarqués de province, mais ils nourrissent réellement beaucoup de jeunes gens; et la faute est à ceux-ci, s'ils ne se dégagent pas un jour, pour écrire de beaux livres. On dit que, si les journaux viennent en aide à cette jeunesse, ils l'abêtissent et la rendent incapable de grandes œuvres. C'est une question à examiner. Pour l'instant, je constate simplement les ressources offertes par notre siècle aux écrivains qui vivent de leur plume.

Le livre est également devenu d'un placement facile et d'un rapport strictement juste. C'est un enfantillage que de se plaindre du difficile accès des éditeurs. Ils publient trop; le chiffre des volumes parus chaque année en France est de plusieurs milliers. Lorsqu'on voit les pauvretés, le déluge d'œuvres médiocres qui encombrent les vitrines, on se demande quels ouvrages les éditeurs peuvent bien refuser. Quant aux traités, ils sont actuellement conçus dans un excellent esprit d'honnêteté réciproque. Il n'y a pas longtemps encore, la librairie était un véritable jeu. Un éditeur achetait pour une certaine somme la propriété d'un manuscrit, pendant dix années; puis, il tâchait de rattraper son argent et de gagner le plus possible, en mettant l'œuvre à toutes les sauces. Forcément, il y avait presque toujours une dupe; ou l'ouvrage obtenait un grand succès, et l'auteur criait sur les toits qu'il était volé ; ou l'ouvrage ne se vendait pas, et l'éditeur se disait ruiné par les élucubrations d'un sot. Cela explique l'état de guerre dans lequel vivaient les éditeurs et les écrivains; il faut lire la correspondance de Balzac, il faut entendre parler encore aujourd'hui les vétérans des lettres, pour se faire une idée des querelles et des procès qui suivaient la publication de certains ouvrages. A cette heure, ces mœurs sont changées. Si quelques éditeurs continuent à suivre l'ancienne mode, le plus grand nombre paye un droit fixe par exemplaire tiré; si ce droit est, par exemple, de cinquante centimes, une édition de mille exemplaires rapportera cinq cents francs à l'auteur; et il touchera autant de fois cinq cents francs, que l'éditeur tirera d'éditions. On comprend que toute récrimination devient alors impossible; il n'y a plus de jeu, l'auteur gagne plus ou moins selon son succès, et l'éditeur lui-même est assuré de ne verser à l'écrivain que des droits proportionnels aux sommes qu'il encaissera. Il faut ajouter que le livre, à moins d'une très grande vogue, n'enrichit jamais l'auteur. Ainsi, c'est déjà une belle vente, lorsqu'on vend trois ou quatre mille exemplaires; cela fait donc deux mille francs, en mettant le droit par exemplaire à cinquante centimes, ce qui est un gros prix, les prix ordinaires étant de trente-cinq et de quarante centimes. On voit donc que, si le livre a demandé un an de travail, et que s'il paraît directement en librairie, deux mille francs sont une bien modeste somme, avec laquelle on peut à peine vivre de nos jours.

Au théâtre, au contraire, le gain est formidable. Comme pour le livre, on touche un tant pour cent sur les recettes; seulement, comme les recettes sont ici énormes, comme un nombre considérable de gens qui ne mettent jamais trois francs à un livre, en donnent sept et huit pour un fauteuil d'orchestre, il arrive qu'un drame ou une comédie rapporte beaucoup plus qu'un roman. Ainsi, prenons un exemple : une pièce a cent représentations, le chiffre courant aujourd'hui pour les succès; la moyenne des recettes a été de 4,000 francs, ce qui a donc mis dans la caisse du théâtre 400,000 francs, et ce qui rapporte à l'auteur une somme de 40,000 francs, si les droits sont de 10 pour 100. Or, pour gagner la même somme avec un roman, il faudrait, en touchant cinquante centimes par exemplaire, que ce roman fût tiré à quatre-vingt mille exemplaires, tirage tellement exceptionnel, qu'on peut en citer quatre ou cinq exemples au plus, pendant ces cinquante dernières années. Et je ne parle pas des représentations en province, des traités à l'étranger, des reprises de la pièce. Cela est donc d'une vérité banale, le théâtre rapporte beaucoup plus que le livre, un nombre considérable d'auteurs en vit, tandis qu'on aurait vite compté les quelques auteurs qui vivent du volume.

Je veux indiquer rapidement ici la question d'argent, telle qu'elle se présente à un débutant qui débarque à Paris. J'admets que le jeune homme arrive presque sans ressources, avec une petite somme qui lui donne du pain pendant quelques mois. Le besoin le poussera bientôt vers le journalisme. Il y a là un gagne-pain quotidien auquel il finit par se résigner. S'il est adroit ou simplement persévérant, il trouvera un coin, vendra quelques articles, se fera une place qui lui donnera de deux à trois cents francs par mois. C'est de quoi ne pas mourir de faim. On crie contre le journalisme, on l'accuse de pervertir la jeunesse littéraire, de fausser les talents. Je n'ai jamais pu entendre ces plaintes sans sourire. Le journalisme tue ceux qui doivent être tués, voilà tout. Il est certain que la fortune des journaux a fait sortir de leurs comptoirs et de leurs ateliers une bande de jeunes gens qui auraient dû toute leur vie vendre du drap ou fabriquer de la chandelle; ils ne sont pas nés écrivains, ils font le métier de journaliste comme ils en feraient un autre, et cela ne nuit à personne. Mais, sans compter les véritables tempéraments de journalistes, ceux qui ont le talent spécial de cette production et de cette bataille au jour le jour, qu'on me cite donc un écrivain de race qui ait perdu son talent à gagner son pain dans les journaux, aux heures difficiles du début. Je suis certain, au contraire, qu'ils ont puisé là plus d'énergie, plus de virilité, une connaissance plus douloureuse, mais plus pénétrante, du monde moderne. J'ai déjà exprimé ailleurs cette idée que je développerai peut-être un jour. En attendant, voilà donc le débutant qui bat monnaie dans les journaux; certes, les froissements sont nombreux, le pain est dur à manger parfois, sans compter que d'une heure à l'autre on peut le perdre. Pourtant, la lutte se trouve engagée; si le débutant a les reins solides, s'il est fort, il fera un livre ou une pièce en dehors de ses travaux quotidiens, il s'arrangera pour tenter la grande fortune littéraire. Le livre paraît, la pièce est jouée, c'est un grand pas. La bataille continue, les volumes succèdent aux volumes, les pièces suivent les pièces, et cela tant que le succès éclatant n'est pas venu. Alors, l'écrivain arrivé lâche le journalisme, à moins qu'il ne le conserve comme une arme de polémique pour soutenir ses idées. Il est riche par le théâtre ou par la librairie; il est son maître. Telle est l'histoire de presque tous les écrivains acclamés de l'heure présente. Quelques-uns pourtant ont pu échapper aux luttes amères du journalisme, soit qu'ils aient eu quelque argent au début, soit que la librairie ou le théâtre ait suffi tout de suite à leurs besoins.

Depuis cinquante ans, de grandes fortunes ont été réalisées dans les lettres. Quelques exemples suffiront. Dès la génération de 1830, les gains étaient considérables. Eugène Sue, après le succès populaire des *Mystères de Paris*, vendait ses romans très cher. George Sand, d'abord fort gênée, réduite à peindre de petits sujets sur bois, avait fini par arriver, sinon à la fortune, du moins à une très-large aisance. Mais celui qui remua le plus d'argent, ce fut certainement Alexandre Dumas, qui a gagné et mangé des millions, dans son extraordinaire existence de travaux surhumains et de désordres fous. Il faut citer aussi Victor Hugo, qui se maria sans fortune; le jeune ménage vivait chichement, lorsque les succès des *Feuilles* d'automne et de *Notre-Dame de Paris* commencèrent cette vie triomphale d'honneurs et de richesses.

Actuellement, ce sont surtout les auteurs dramatiques qui s'enrichissent. En première ligne, je nommerai M. Alexandre Dumas fils, aussi prudent et habile que son père a été prodigue et désordonné. M. Victorien Sardou, parti de la misère noire, est également arrivé à vivre confortablement, dans son château de Marly, sur un des côteaux les plus adorables de la Seine. Je pourrais multiplier les exemples, mais ceux-ci suffisent pour montrer qu'aujourd'hui les lettres donnent souvent une fortune à l'écrivain.

Et je n'ai pas parlé de Balzac. Il faudrait étudier le cas prodigieux de Balzac, si l'on voulait traiter à fond la question de l'argent dans la littérature. Balzac fut un véritable industriel, qui fabriqua des livres pour faire honneur à sa signature. Accablé de dettes, ruiné par des entreprises malheureuses, il reprit la plume, comme le seul outil qu'il connût bien et qui pût le sauver. Voilà la question d'argent posée avec carrure. Ce n'est pas seulement son pain de tous les jours que Balzac demande à ses livres; il leur demande de combler les pertes faites par lui dans l'industrie. La bataille dura longtemps, Balzac ne gagna pas une fortune, mais il paya ses dettes, ce qui était déjà bien beau. Nous sommes loin, n'est-ce pas? du bon La Fontaine, rêvant sous les arbres, s'asseyant le soir à la table des grands seigneurs, en payant son dîner d'une fable. Balzac s'est incarné dans son César Birotteau. Il a lutté contre la faillite avec une volonté surhumaine, il n'a pas cherché dans les lettres que de la gloire, il y a trouvé de la dignité et de l'honneur.

Il est curieux d'examiner ce que sont devenues aujourd'hui les pensions. L'Etat, cet être impersonnel, s'est substitué au roi, qui semblait secourir les lettres avec l'argent de sa poche. D'ailleurs, les pensions ne sont plus données à titre honorifique et comme un témoignage de haute admiration; elles vont aux nécessiteux, aux écrivains dont la vieillesse n'est pas heureuse ; et, le plus souvent, on les dissimule, en donnant une sinécure au pensionné, un emploi fictif qui met sa dignité à l'abri. En somme, les pensions se sont faites discrètes et comme honteuses ; certes, elles n'entraînent aucune déchéance, mais elles sont l'indice certain d'un état de gêne qu'on aime mieux cacher. Ce qui s'est passé pour Lamartine, lorsque la ruine est venue, caractérise parfaitement l'idée actuelle du public sur la question. A ceux qui s'indignaient des embarras d'argent où la France laissait le grand poète, à ceux qui réclamaient pour lui une souscription nationale, un cri répondait que le pays n'avait pas le devoir de faire des rentes aux écrivains prodigues, dont les mains toujours ouvertes avaient gâché des millions. C'était une réponse fort dure; mais elle est dans le sens de notre société nouvelle, elle part de ce principe égalitaire que tout producteur doit être l'artisan de sa fortune. La France, comme on le dit, est certainement assez riche pour payer sa gloire; seulement, entre un écrivain qui s'est rendu libre et digne par ses œuvres, et un écrivain qui tend la main, après avoir vécu dans l'insouciance de son talent et de ses dettes, l'opinion publique n'hésite plus, elle est tendre au premier et sévère au second. Ce n'est pas aujourd'hui que Balzac, je parle du Balzac du dix-septième siècle, mettrait son honneur à toucher une pension du gouvernement. Voilà le pas qui a été fait.

Cependant, la pension est encore très bien vue dans le monde des savants et des érudits. Il y a là, en effet, des recherches, des expériences, qui demandent un temps considérable, et dont le gain final est à peu près nul. L'Etat intervient, cela est de toute justice ; car remarquez que la question se pose toujours de la même façon : ou l'écrivain gagne sa vie, et il ne peut se faire nourrir sans honte ; ou son travail ne suffit pas à ses besoins, et dès lors il a au moins une excuse pour accepter des secours. Reste, il est vrai, à examiner si les cordonniers et les tailleurs, par exemple, n'auraient pas le droit de se plaindre ; eux aussi parfois n'arrivent qu'à la misère, après trente ans de travail, sans pourtant se croire en droit de dire au pays : « Je n'ai pu amasser du pain, donne-m'en ! »

Il y a encore les subventions, les commandes, les récompenses, dont je veux dire un mot. Les récompenses ne coûtent rien à l'Etat ; c'est une façon commode de contenter les gens, et je n'en parle que pour montrer une fois de plus l'esprit d'égalité. Jadis les croix ne s'égaraient jamais sur la poitrine des écrivains ; aujourd'hui, il y a dans les lettres de grands dignitaires. Quant aux commandes et aux subventions, elles se produisent rarement dans les lettres en dehors des théâtres, où d'ailleurs elles s'adressent à la spéculation dramatique elle-même et non directement à l'œuvre de l'écrivain. Beaucoup de gens, de jeunes gens surtout, se plaignent et accusent le gouvernement de ne pas faire pour les lettres ce qu'il fait par exemple pour la peinture et la sculpture. Ce sont là des réclamations bien dangereuses, l'honneur de notre littérature est d'être indépendante. Je répèterai ce que j'ai dit ailleurs : Tout ce que le gouvernement peut faire pour nous, c'est de nous donner une liberté absolue. A cette heure, l'idée la plus haute que nous nous faisons d'un écrivain est celle d'un homme libre de tout engagement, n'ayant à flatter personne, ne tenant sa vie, son talent, sa gloire, que de lui-même, se donnant à son pays et ne voulant rien en recevoir.

IV

Tel est donc, de nos jours, l'état de la question d'argent dans la littérature. Maintenant, il me sera facile de déterminer notre esprit littéraire et de le comparer à l'esprit des siècles derniers.

D'abord, il n'y a plus de salons. Je sais bien que des femmes ambitieuses, les bas-bleus agités de notre démocratie, se piquent encore de recevoir les écrivains. Mais leurs salons sont des carrefours, les invités y défilent au galop, dans un tohu-bohu d'ambitions extraordinaire. Ce n'est plus le groupement de talents sympathiques entre eux, que réalisaient les femmes autrefois ; ce n'est plus l'amour désintéressé des lettres, faisant de la causerie comme on fait de la musique de chambre ; ce sont des âpretés de pouvoir, toute une curée d'intérêts se ruant chez les dames qu'on suppose puissantes, à un titre quelconque. La politique est là, hurlante, dévorante, réduisant les lettres à un rôle de mouton bêlant, le mouton de l'idéal, savonné et attifé de rubans bleus. Toujours le même affadissement s'est produit, on joue à la dînette en littérature, quand la bête humaine est lâchée dans les jouissances et le partage des biens de ce monde. C'est ainsi que, par une conséquence fatale, ces salons, véritables centres d'agitation politique, se jettent dans une réaction violente contre le mouvement littéraire de l'époque, lorsqu'ils ont la prétention de marcher à la tête des idées révolutionnaires et progressives ; on y lit de petits vers, on s'y pâme aux noms de Rome et d'Athènes, on y affecte une nostalgie de l'antiquité, on s'y attarde dans toutes sortes d'admirations de sous-maîtresse qui a lu ses classiques, comme d'autres ont appris le piano ; et, naturellement, on nie la littérature vivante de l'heure actuelle, on voudrait bien la persécuter, sans pourtant oser le faire. Tout cela ne compte pas, ce sont des femmes qui causent toilettes.

Cette disparition des salons littéraires est un fait grave, car elle indique la diffusion du goût, l'élargissement toujours croissant du public. Du moment que l'opinion n'est plus faite par de petits groupes choisis, par des cénacles poussant chacun son dieu, il arrive que c'est la foule des lecteurs elle-même qui juge et qui fait les succès. Même il y a un lien évident entre le nombre de plus en plus grand des lecteurs et la disparition des salons : ceux-ci se sont noyés et ont disparu, parce qu'ils ne pouvaient plus régenter ceux-là, devenus légion et refusant d'obéir. Aussi les quelques petites réunions littéraires qui existent encore, certains coins surtout du monde académique, se trouvent-elles submergées et sans puissance, effarées devant le flot montant des livres, obligées de se réfugier dans un passé mort à jamais. C'est l'agonie de l'ancien esprit littéraire, à laquelle Sainte-Beuve assistait.

Ajoutez que l'Académie a également cessé d'exister, j'entends comme force et comme influence dans les lettres. On se dispute toujours très âprement les fauteuils, de même qu'on se dispute les croix, par ce besoin de vanité qui est en nous. Mais l'Académie ne fait plus loi, elle perd même toute autorité sur la langue. Les prix littéraires qu'elle distribue ne comptent pas pour le public; ils vont le plus ordinairement à des médiocrités, ils n'ont aucun sens, n'indiquent et n'encouragent aucun mouvement. L'insurrection romantique s'est produite malgré l'Académie, qui plus tard a dû l'accepter; aujourd'hui, le même fait est en train de se produire pour l'évolution naturaliste: de sorte que l'Académie apparaît comme un obstacle, mis sur la voie de notre littérature, que chaque génération nouvelle doit écarter à coups de pied; après quoi, l'Académie se résigne. Non seulement elle n'aide à rien, mais elle entrave, et elle est assez vaine et assez faible pour ouvrir les bras à ceux qu'elle a d'abord voulu dévorer. Une institution pareille ne saurait donc compter dans le mouvement littéraire d'un peuple; elle n'a ni signification, ni action, ni résultat quelconque. Son seul rôle, que certaines personnes lui reconnaissent encore, serait d'être gardienne de la langue; et ce rôle même lui échappe, le dictionnaire de M. Littré, si savant et si large, est plus consulté aujourd'hui que le dictionnaire de l'Académie; sans compter que, depuis 1830, les plus grands écrivains ont singulièrement bousculé ce dernier, dans un élan d'indépendance superbe, créant des mots et des expressions, exhumant des termes condamnés, prenant des néologismes à l'usage, enrichissant la langue à chaque œuvre nouvelle, si bien que le dictionnaire de l'Académie tend à devenir un monument curieux d'archéologie. Je le répète, son rôle est radicalement nul dans notre littérature; elle reste une simple gloriole.

Ainsi donc, le grand mouvement social, parti du dix-huitième siècle, a eu dans le nôtre son contre-coup littéraire. Des moyens nouveaux d'existence sont donnés à l'écrivain; et tout de suite l'idée de hiérarchie s'en va, l'intelligence devient une noblesse, le travail se fait une dignité. En même temps, par une conséquence logique, l'influence des salons et de l'Académie disparaît, l'avènement de la démocratie a lieu dans les lettres : je veux dire que les coteries se noient dans le grand public, que l'œuvre naît de la foule et pour la foule. Enfin, la science pénètre dans la littérature, l'enquête scientifique s'élargit jusque dans les œuvres des poètes, et c'est là ce qui caractérise surtout l'évolution actuelle, cette évolution naturaliste qui nous emporte.

Eh bien! je dis qu'il faut résolument se mettre en face de cette situation et l'accepter avec courage. On se lamente en criant que l'esprit littéraire s'en va; ce n'est pas vrai, il se transforme. J'espère l'avoir prouvé. Et veut-on savoir ce qui doit aujourd'hui nous faire dignes et respectés : c'est l'argent. Il est bête de déclamer contre l'argent, qui est une force sociale considérable. Les tout jeunes gens devraient seuls répéter des lieux communs sur l'avilissement des lettres sacrifiant au veau d'or; ils ignorent tout, ils ne peuvent comprendre la justice et l'honnêteté de l'argent. Que l'on compare un instant la situation d'un écrivain sous Louis XIV à celle d'un écrivain de nos jours. Où est l'affirmation pleine et complète de la personnalité? Où est la véritable dignité? Où sont la plus grande somme de travail, l'existence la plus large et la plus respectée? Évidemment, du côté de l'écrivain actuel. Et cette dignité, ce respect, cet élargissement, cette affirmation de sa personne et de ses pensées, à quoi le doit-il? A l'argent, sans aucun doute. C'est l'argent, c'est le gain légitimement réalisé sur ses ouvrages qui l'a délivré de toute protection humiliante, qui a fait de l'ancien bateleur de cour, de l'ancien bouffon d'antichambre, un citoyen libre, un homme qui ne relève que de lui-même. Avec l'argent, il a osé tout dire, il a porté son examen partout, jusqu'au roi, jusqu'à Dieu, sans craindre de perdre son pain. L'argent a émancipé l'écrivain, l'argent a créé les lettres modernes.

A la fin, cela m'enrage de lire, dans des journaux de jeunes poètes, que l'écrivain doit simplement viser à la gloire. Oui, cela est convenu, il est puéril de le dire. Mais il faut vivre. Si vous ne naissez pas avec une fortune, que ferez-vous? Regretterez-vous le temps où l'on bâtonnait Voltaire, où Racine mourait d'une bouderie de Louis XIV, où toute la littérature était aux gages d'une noblesse brutale et imbécile? Comment! vous poussez l'ingratitude contre notre grande époque jusqu'à ne pas la comprendre, en l'accusant de mercantilisme, lorsqu'elle est avant tout le droit au travail et à la vie! Si vous ne pouvez vivre avec vos vers, avec vos premiers essais, faites autre chose, entrez dans une administration, attendez que le public vienne à vous. L'Etat ne vous doit rien. Il est peu honorable de rêver une littérature entretenue. Battez-vous, mangez des pommes de terre ou des truffes, cassez des pierres dans la journée et écrivez des chefs-d'œuvre la nuit. Seulement, dites-vous bien ceci : c'est que, si vous êtes un talent, une force, vous arriverez quand même à la gloire et à la fortune. La vie est ainsi, notre époque est telle. Pourquoi se révolter puérilement contre elle, lorsqu'elle restera à coup sûr une époque grande parmi les plus grandes ?

Je sais bien tout ce qu'on peut dire, si l'on envisage la question sous certains côtés fâcheux. Le mercantilisme devait naître du nouvel appétit de lecture, de la multiplication croissante des journaux. Mais en quoi cela gêne-t-il les véritables écrivains ? Ils gagnent moins ; qu'importe ! pourvu qu'ils mangent. Remarquez d'ailleurs que, si un Ponson du Terrail amasse une fortune, il travaille énormément, beaucoup plus que les faiseurs de sonnets qui l'injurient. Sans doute, au point de vue littéraire, le mérite est nul ; mais la besogne considérable du feuilletoniste explique son gain, d'autant plus que cette besogne enrichit des journaux. Nous ne traitons pas directement avec le public ; il y a, entre lui et nous, des spéculateurs, des éditeurs ou des directeurs, tout un petit peuple qui vit de nos œuvres, qui gagne des millions avec notre travail ; et nous ne partagerions pas, et nous cracherions sur l'argent, sous prétexte que l'argent n'est pas noble ! Ce sont là des idées malsaines, des déclamations vides et coupables, contre lesquelles il est grand temps de réagir. Ceux qui parlent ainsi sont les débutants très-pauvres qui souffrent de ne pouvoir vivre encore de leur plume, ou les écrivains qui n'ont jamais connu le besoin et qui traitent la littérature en maîtresse, à laquelle ils ont de tout temps payé des soupers fins.

Ce que je puis dire, moi, c'est que l'argent fait pousser les belles œuvres. Imaginez donc, en nos temps de démocratie, un jeune homme qui tombe sur le pavé de Paris sans un sou. Je l'ai montré tout à l'heure, ce jeune homme, vivant du journal plutôt mal que bien, arrivant, par un effort de volonté, à écrire des œuvres, en dehors de sa besogne quotidienne. Dix années de son existence se passent dans cette lutte terrible. Puis, le succès arrive ; il n'a pas fait seulement sa gloire, il a fait sa fortune ; le voilà à l'abri, ayant sauvé les siens de la misère, ayant quelquefois payé les dettes laissées par sa famille. Désormais, il est libre, il dira tout haut ce qu'il pense. N'est-ce pas beau ? L'argent a ici sa grandeur.

La question a donc toujours été très mal posée. Il faut partir de ce point que tout travail mérite salaire. On fait un livre, naturellement le véritable écrivain ne se mettra pas à sa table chaque matin avec la pensée de gagner la plus grosse somme possible ; mais, le livre fait, l'éditeur est là qui bat monnaie avec cette marchandise qu'on lui cède, et rien de plus naturel, si l'écrivain touche les droits fixés par son traité. Dès lors, on ne comprend plus les grandes indignations contre l'argent. L'affaire est d'un côté, la littérature est d'un autre.

Dans toute grande évolution, il faut faire la part du mal. Fatalement, des spéculateurs devaient se produire. J'ai parlé des feuilletonistes qui encombrent les trottoirs. Selon moi, ils gagnent très légitimement leur argent, puisqu'ils travaillent, et quelques-uns avec beaucoup de verve ; mais il est

bien certain que la littérature n'est pas ici en jeu.
C'est même là ce qui devrait trancher la question.
Les débutants ont tort de crier contre les feuilletonistes, car ceux-ci ne bouchent en réalité aucune
voie littéraire ; ils se sont créé un public spécial qui
lit uniquement les feuilletons, ils s'adressent à ces
lecteurs nouveaux, illettrés, incapables de sentir une
belle œuvre. Dès lors, il faudrait plutôt les remercier,
car ils défrichent les terrains incultes, comme les
journaux à un sou qui pénètrent jusqu'au fond des
campagnes. Regardez, d'ailleurs, dans l'ordre politique, il n'y a pas de mouvement sans excès ; chaque
pas, dans une société, est marqué par des luttes et
des effondrements. De même, il a bien fallu que
l'émancipation de l'écrivain, le triomphe de l'intelligence appelée à la fortune et devenue une aristocratie, entraînât des faits regrettables. C'est tout le
vilain côté des choses. Des hommes trafiquent honteusement avec leur plume, un flot de bêtise coule
au rez-de-chaussée des journaux, nous sommes
inondés de livres ineptes. Mais qu'importe ! c'est la
part de l'ordure humaine, aux heures de crise sociale. Il faut voir uniquement le progrès qui s'accomplit en haut, l'effort des grands talents qui dégagent de nos batailles contemporaines une beauté
nouvelle, la vie dans sa vérité et dans son intensité.

Une conséquence plus grave, et qui m'a toujours
troublé, c'est l'effort continu auquel l'écrivain est
condamné de nos jours. Nous ne sommes plus au
temps où un sonnet, lu dans un salon, faisait la réputation d'un écrivain et le conduisait à l'Académie.
Les œuvres de Boileau, de La Bruyère, de la Fontaine, tiennent en un ou deux volumes. Aujourd'hui,

il nous faut produire et produire encore. C'est le labeur d'un ouvrier qui doit gagner son pain, qui ne peut se retirer qu'après fortune faite. En outre, si l'écrivain s'arrête, le public l'oublie ; il est forcé d'entasser volume sur volume, tout comme un ébéniste par exemple entasse meuble sur meuble. Voyez Balzac. Cela est terrible, car une question se pose tout de suite : comment la postérité se conduira-t-elle devant une œuvre si considérable que la *Comédie humaine* ? Il semble peu croyable qu'elle garde tout, et dès lors pourra-t-elle choisir ? Remarquez que les œuvres léguées par les siècles sont toutes relativement courtes. La mémoire de l'homme hésite devant les gros bagages. Elle ne retient guère, d'ailleurs, que les livres devenus classiques, j'entends ceux qu'on nous impose dans notre jeune âge, lorsque notre intelligence ne peut encore se défendre. Aussi ai-je toujours été pris d'inquiétude devant notre production fiévreuse. Si réellement chaque écrivain n'a qu'un livre en lui, nous faisons une besogne bien dangereuse pour notre gloire, en répétant ce livre à l'infini, sous le fouet des nécessités nouvelles. Là, selon moi, est la seule conséquence troublante de l'état de choses actuel. Et encore ne faut-il jamais juger l'avenir sur le passé. Balzac restera évidemment dans d'autres conditions que Boileau.

J'arrive ainsi au souffle scientifique qui pénètre de plus en plus notre littérature. La question d'argent est simplement un résultat, dans la transformation que l'esprit littéraire a subie de nos jours ; car la cause première de cette transformation vient de l'application des méthodes scientifiques aux lettres, des outils que l'écrivain a empruntés au savant pour reprendre avec lui l'analyse de la nature et de l'homme. Toute la bataille actuelle se livre sur ce terrain : d'un côté, les rhétoriciens, les grammairiens, les lettrés purs qui entendent continuer la tradition; de l'autre, les anatomistes, les analystes, les adeptes des sciences d'observation et d'expérimentation, qui veulent peindre à nouveau le monde et l'humanité, en les étudiant dans leur mécanisme naturel et en poussant leurs œuvres à la plus grande vérité possible. Ceux-ci, en triomphant, depuis le commencement du siècle, ont déterminé le nouvel esprit littéraire; il n'y a pas là une école, je l'ai dit cent fois, il y a une évolution sociale dont les phases sont faciles à préciser. Tout de suite, on voit l'abîme qui sépare Balzac d'un écrivain quelconque du dix-septième siècle. Admettez que Racine ait lu autrefois *Phèdre*, sa tragédie la plus audacieuse, dans un salon ; les dames écoutent, les académiciens approuvent de la tête, tous les assistants sont heureux de la pompe des vers, de la correction des tirades, de la convenance des sentiments et de la langue; l'œuvre est une très belle composition de logique et de rhétorique, faite sur des êtres abstraits et métaphysiques, par un écrivain soumis aux opinions philosophiques de son temps. Prenez maintenant la *Cousine Bette*, et essayez de la lire dans un salon ou dans une Académie; cette lecture paraîtra inconvenante, les dames seront scandalisées ; et cela proviendra uniquement de ce que Balzac a écrit une œuvre d'observation et d'expérimentation sur des êtres vivants, non plus en logicien, non plus en rhétoricien, mais en analyste qui travaille à l'enquête scientifique de son temps. L'abîme est là. Quand Sainte-Beuve poussait ce cri désespéré : « O physiologistes, je vous retrouve partout! » il sonnait le glas de l'ancien esprit littéraire, il sentait bien que le règne des lettrés d'autrefois était fini.

Voilà la situation. Je la résume en répétant que notre époque est grande et qu'il est puéril de se lamenter devant le siècle qui se prépare. En avançant, l'humanité ne laisse derrière elle que des ruines; pourquoi toujours se retourner et pleurer la terre que l'on quitte, épuisée et semée de débris? Sans doute, les siècles passés ont eu leur grandeur littéraire, mais c'est une mauvaise besogne que de vouloir nous immobiliser dans cette grandeur, sous le prétexte qu'il ne saurait en exister une autre. Une littérature n'est que le produit d'une société. Aujourd'hui, notre société démocratique commence à avoir son expression littéraire, magnifique et complète. Il faut l'accepter sans regret ni enfantillage, il faut reconnaître la puissance, la justice et la dignité de l'argent, il faut s'abandonner à l'esprit nouveau, qui élargit le domaine des lettres par la science, qui, au-dessus de la grammaire et de la rhétorique, au-dessus des philosophies et des religions, tâche d'arriver à la beauté du vrai.

V

Comme conséquence et conclusion aux pages que je viens d'écrire, je finirai en traitant brièvement ce qu'on appelle chez nous « la question des jeunes ».

Nos débutants ont des exigences, ce qui est explicable et pardonnable, car la jeunesse est de sa nature pressée de jouir. Je connais beaucoup de garçons de vingt ans qui, à leur seconde pièce refusée par les directeurs, au troisième article qu'ils portent dans les journaux et qu'on ne leur prend pas, gémissent sur la décadence des lettres et demandent à grands cris d'être protégés. Voici ce que notre jeunesse littéraire rêve : un éditeur spécial chargé d'éditer et de lancer tous les livres de débutant qu'on déposera chez lui ; un théâtre qui, grâce à une forte subvention, jouera toutes les pièces de débutant remises au directeur. Et là-dessus des polémiques s'engagent, on fait remarquer que le gouvernement donne beaucoup plus d'argent à la musique qu'à la littérature, on parle des peintres comblés de commandes et de croix, vivant comme des enfants gâtés sous la tutelle paternelle de l'administration. Examinons donc les vœux de la jeunesse.

L'idée d'un encouragement général fait sourire. Il y aura toujours choix ; un comité ou un délégué quelconque sera toujours chargé d'examiner les manuscrits ; et dès lors le règne du bon plaisir recommencera, les jeunes qui seront écartés se remettront à accuser l'État de ne rien faire pour eux, de les étouffer volontairement. D'ailleurs, ils n'auront pas tort : les subventions profitent quand même aux médiocres, jamais une commande ne va à un talent libre et original. Ce système d'encouragement n'a pas été appliqué aux livres ; en effet, il n'existe pas d'éditeur recevant cent ou deux cent mille francs de l'État, contre l'engagement pris par lui de publier dans l'année dix à quinze volumes de jeunes auteurs. Mais, au théâtre, l'épreuve est faite depuis longtemps ; l'Odéon par exemple est ouvert aux débutants dramatiques. Eh bien ! je voudrais qu'on fît une étude sur les auteurs de talent qui ont eu leur première pièce jouée à l'Odéon. Je suis certain qu'ils sont relativement peu nombreux, tandis que la liste des auteurs médiocres et déjà oubliés aujourd'hui doit être formidable. Ceci est simplement pour arriver à cet axiome : la protection en littérature ne sert qu'à la médiocrité.

Souvent de jeunes auteurs, surtout des auteurs dramatiques, m'ont écrit : « Vous ne croyez donc pas qu'il y ait des talents inconnus ? » Naturellement, tant qu'un talent ne s'est pas produit, on ne peut le connaître ; mais ce que je crois et ce qui est, c'est que tout talent de quelque puissance finit par se produire et par s'imposer. La question est là et pas ailleurs. On n'aide pas le génie à accoucher ; il accouche tout seul. Je prends un exemple parmi les peintres. Chaque année, au Salon de peinture, dans ce bazar de la fabrication artistique, nous voyons des tableaux d'élèves, des études de pensionnaires d'une insignifiance parfaite, et qui sont là par encouragement et tolérance ; cela n'importe pas, cela ne compte pas et ne saurait jamais compter, cela n'a que le grand tort de tenir inutilement de la place. Alors pourquoi, en littérature, ferait-on un pareil étalage de choses nulles, grâce à une subvention ? L'État ne doit rien aux jeunes écrivains ; il ne suffit pas d'avoir écrit quelques pages, pour se poser en martyr, si personne ne les imprime ou si personne ne les joue ; un cordonnier, qui a fait sa première paire de bottes, ne force pas le gouvernement à la lui placer. C'est le travailleur qui doit imposer lui-même son travail au public. Et s'il n'a pas cette force, il n'est personne, il reste inconnu par sa faute et en toute justice.

Il faut le déclarer avec netteté : les faibles, en littérature, ne méritent aucun intérêt. Pourquoi, étant faibles, ont-ils l'ambition de vouloir être forts? Jamais le cri : Malheur aux vaincus ! n'a été mieux placé. Personne n'oblige un honnête garçon à écrire; dès qu'il prend une plume, il accepte les conséquences de la bataille, et tant pis s'il est renversé au premier choc et si toute une génération lui passe sur le corps. Les lamentations, en pareil cas, sont puériles, et du reste ne remédient à rien. Les faibles succombent, malgré les protections; les forts arrivent au milieu des obstacles; et toute la morale de l'aventure est là.

Je sais bien que, si l'on demeure dans le relatif, il y a des exemples d'écrivains fort médiocres dont les subventions et les protections ont fait des auteurs à la mode. Mais l'argument est ici honteux. En quoi la France a-t-elle besoin d'écrivains médiocres ? Si l'on encourage les débutants, ce n'est évidemment que dans l'espoir de dégager l'homme de génie qui peut se trouver parmi eux. Les livres et les pièces ne sont pas des objets de consommation courante, comme des chapeaux et des souliers par exemple. Cette consommation, si l'on veut, a bien lieu dans nos librairies et dans nos théâtres; seulement, il ne s'agit plus que d'œuvres inférieures, usées tout de suite, destinées à satisfaire nos appétits du moment. Je ne veux pas même considérer le plus ou le moins de médiocrité qu'on pourrait se flatter d'obtenir dans ces œuvres, si l'État intervenait en les mettant au concours. Alors qu'on ouvre tout de suite une classe dans notre Conservatoire des arts et métiers, qu'on y apprenne à faire des livres et des pièces selon la formule reconnue parfaite, que chaque été on y fabrique le nombre de comédies et de romans dont Paris a besoin pour passer son hiver. Non, en tout ceci, le génie seul importe. Il n'y a pas d'excuse aux encouragements, s'il n'est pas sous-entendu qu'on cherche à faciliter la venue des hommes supérieurs qui se trouvent confondus et qui souffrent dans la foule.

Dès ce moment, la question se simplifie. Il n'y a plus qu'à laisser aller les choses, car on ne donne du talent à personne, et le talent apporte justement avec lui la puissance nécessaire à son développement complet. Voyez les faits. Prenez un groupe de jeunes écrivains, vingt, trente, cinquante, et suivez-les dans la vie. Au début, tous partent du même pied, avec une égale foi et une égale ambition. Puis, tout de suite, des distances s'établissent, les uns semblent courir, tandis que les autres piétinent sur place. Mais il ne faut pas se prononcer encore. Enfin, le résultat s'affirme : les médiocres, soutenus, poussés, acclamés, sont restés des médiocres, malgré leurs premiers succès ; les faibles ont complètement disparu ; quant aux forts, ils ont lutté dix ans, quinze ans au milieu de la haine et de l'envie, mais ils triomphent, ils montent et resplendissent au premier rang. C'est l'éternelle histoire. Et il serait bien fâcheux qu'on voulût épargner aux forts leurs dures années de noviciat, ces premières batailles qui les ensanglantent. Tant mieux s'ils souffrent, s'ils désespèrent, s'ils se fâchent. L'imbécillité de la foule et la rage de leurs rivaux achèvent de leur donner du génie.

Donc, pour moi, la question des jeunes n'existe pas. C'est un lieu commun dont on berce les fâcheuses espérances des faibles. Comme je l'ai dit, en aucun temps la porte des éditeurs et des directeurs n'a été plus largement ouverte; on joue tout, on imprime tout; et tant mieux d'ailleurs pour ceux qu'on fait attendre, car ils mûrissent. Le pire des malheurs, pour un débutant, est d'arriver et de réussir trop vite. Il faut savoir que, derrière toute réputation solide, il y a vingt ans d'efforts et de travail. Quand un jeune homme, qui a écrit une demi-douzaine de sonnets, jalouse un écrivain connu, il oublie que cet écrivain meurt de sa célébrité.

Depuis quelque temps, il est bien porté de paraître s'intéresser aux jeunes. Des conférenciers aimables se répandent en effusions, des chroniqueurs somment l'État de songer aux débutants, et l'on finira par rêver une librairie modèle. Eh bien! tout cela est creux. Ces gens flattent la jeunesse, pas davantage, dans un intérêt plus ou moins immédiat; les uns songent à une exploitation théâtrale, les autres soignent leur réputation d'hommes sympathiques, d'autres veulent faire croire que la jeunesse est à eux et qu'ils sont l'avenir. J'admets aussi volontiers qu'il y a, dans le nombre, des gens naïfs, assez simples pour croire que la grandeur de notre littérature est dans la solution de cette prétendue question des jeunes. Moi, qui aime volontiers à dire les vérités brutales, et qui mets mon intérêt dans la franchise, je dirai simplement aux débutants, pour conclure:

« Travaillez, tout est là. Ne comptez que sur vous. Dites-vous que si vous avez du talent, votre talent vous ouvrira les portes les mieux fermées, et qu'il vous mettra aussi haut que vous mériterez de monter. Et surtout, refusez les bienfaits de l'administration, ne demandez jamais la protection de l'État ; vous y laisseriez de votre virilité. La grande loi de la vie est la lutte, on ne vous doit rien, vous triompherez nécessairement si vous êtes une force, et si vous succombez, ne vous plaignez même pas, car votre défaite est juste. Ensuite, ayez le respect de l'argent, ne tombez pas dans cet enfantillage de déblatérer en poètes contre lui ; l'argent est notre courage et notre dignité, à nous écrivains, qui avons besoin d'être libres pour tout dire ; l'argent fait de nous les chefs intellectuels du siècle, la seule aristocratie possible. Acceptez votre époque comme une des plus grandes de l'humanité, croyez fermement en l'avenir, sans vous arrêter à des conséquences fatales, le débordement du journalisme, le mercantilisme de la basse littérature. Enfin, ne pleurez pas l'ancien esprit littéraire qu'une société morte a emporté avec elle. Un autre esprit se dégage de la société nouvelle, un esprit qui s'élargit chaque jour dans la recherche et dans l'affirmation du vrai. Laissez le mouvement naturaliste se poursuivre, les génies se révéler et achever la besogne. Vous tous qui naissez aujourd'hui, ne luttez donc pas contre l'évolution sociale et littéraire, car les génies du vingtième siècle sont parmi vous. »

DU ROMAN

DU ROMAN

LE SENS DU RÉEL

Le plus bel éloge que l'on pouvait faire autrefois d'un romancier était de dire : « Il a de l'imagination. » Aujourd'hui, cet éloge serait presque regardé comme une critique. C'est que toutes les conditions du roman ont changé. L'imagination n'est plus la qualité maîtresse du romancier.

Alexandre Dumas, Eugène Sue, avaient de l'imagination. Dans *Notre-Dame de Paris*, Victor Hugo a imaginé des personnages et une fable du plus vif intérêt; dans *Mauprat*, George Sand a su passionner toute une génération par les amours imaginaires de ses héros. Mais personne ne s'est avisé d'accorder de l'imagination à Balzac et à Stendhal. On a parlé de leurs facultés puissantes d'observation et d'analyse; ils sont grands parce qu'ils ont peint leur époque, et non parce qu'ils ont inventé des contes. Ce sont eux qui ont amené cette évolution, c'est à partir de leurs œuvres que l'imagination n'a plus compté dans le roman. Voyez nos grands romanciers contemporains, Gustave Flaubert, Edmond et Jules de Goncourt, Alphonse Daudet : leur talent ne vient pas de ce qu'ils imaginent, mais de ce qu'ils rendent la nature avec intensité.

J'insiste sur cette déchéance de l'imagination, parce que j'y vois la caractéristique même du roman moderne. Tant que le roman a été une récréation de l'esprit, un amusement auquel on ne demandait que de la grâce et de la verve, on comprend que la grande qualité était avant tout d'y montrer une invention abondante. Même quand le roman historique et le roman à thèse sont venus, c'était encore l'imagination qui régnait toute-puissante, pour évoquer les temps disparus ou pour heurter comme des arguments des personnages bâtis selon les besoins du plaidoyer. Avec le roman naturaliste, le roman d'observation et d'analyse, les conditions changent aussitôt. Le romancier invente bien encore; il invente un plan, un drame; seulement, c'est un bout de drame, la première histoire venue, et que la vie quotidienne lui fournit toujours. Puis, dans l'économie de l'œuvre, cela n'a plus qu'une importance très mince. Les faits ne sont là que comme les développements logiques des personnages. La grande affaire est de mettre debout des créatures vivantes, jouant devant les lecteurs la comédie humaine avec le plus de naturel possible. Tous les efforts de l'écrivain tendent à cacher l'imaginaire sous le réel.

Ce serait une curieuse étude que de dire comment travaillent nos grands romanciers contemporains. Ils établissent presque tous leurs œuvres sur des notes, prises longuement. Quand ils ont étudié avec un soin scrupuleux le terrain où ils doivent marcher, quand ils se sont renseignés à toutes les sources et qu'ils tiennent en main les documents multiples dont ils ont besoin, alors seulement ils se décident à écrire. Le plan de l'œuvre leur est apporté par ces documents eux-mêmes, car il arrive que les faits se classent logiquement, celui-ci avant celui-là ; une symétrie s'établit, l'histoire se compose de toutes les observations recueillies, de toutes les notes prises, l'une amenant l'autre, par l'enchaînement même de la vie des personnages, et le dénoûment n'est plus qu'une conséquence naturelle et forcée. On voit, dans ce travail, combien l'imagination a peu de part. Nous sommes loin, par exemple, de George Sand, qui, dit-on, se mettait devant un cahier de papier blanc, et qui, partie d'une idée première, allait toujours sans s'arrêter, composant au fur et à mesure, se reposant en toute certitude sur son imagination, qui lui apportait autant de pages qu'il lui en fallait pour faire un volume.

Un de nos romanciers naturalistes veut écrire un roman sur le monde des théâtres. Il part de cette idée générale, sans avoir encore un fait ni un personnage. Son premier soin sera de rassembler dans des notes tout ce qu'il peut savoir sur ce monde qu'il veut peindre. Il a connu tel acteur, il a assisté à telle scène. Voilà déjà des documents, les meilleurs, ceux qui ont mûri en lui. Puis, il se mettra en campagne, il fera causer les hommes les mieux renseignés sur la matière, il collectionnera les mots, les histoires, les portraits. Ce n'est pas tout : il ira ensuite aux documents écrits, lisant tout ce qui peut lui être utile.

Enfin, il visitera les lieux, vivra quelques jours dans un théâtre pour en connaître les moindres recoins, passera ses soirées dans une loge d'actrice, s'imprégnera le plus possible de l'air ambiant. Et, une fois les documents complétés, son roman, comme je l'ai dit, s'établira de lui-même. Le romancier n'aura qu'à distribuer logiquement les faits. De tout ce qu'il aura entendu se dégagera le bout de drame, l'histoire dont il a besoin pour dresser la carcasse de ses chapitres. L'intérêt n'est plus dans l'étrangeté de cette histoire; au contraire, plus elle sera banale et générale, plus elle deviendra typique. Faire mouvoir des personnages réels dans un milieu réel, donner au lecteur un lambeau de la vie humaine, tout le roman naturaliste est là.

Puisque l'imagination n'est plus la qualité maîtresse du romancier, qu'est-ce donc qui l'a remplacée? Il faut toujours une qualité maîtresse. Aujourd'hui, la qualité maîtresse du romancier est le sens du réel. Et c'est à cela que je voulais en venir.

Le sens du réel, c'est de sentir la nature et de la rendre telle qu'elle est. Il semble d'abord que tout le monde a deux yeux pour voir et que rien ne doit être plus commun que le sens du réel. Pourtant, rien n'est plus rare. Les peintres savent bien cela. Mettez certains peintres devant la nature, ils la verront de la façon la plus baroque du monde. Chacun l'apercevra sous une couleur dominante; un la poussera au jaune, un autre au violet, un troisième au vert. Pour les formes, les mêmes phénomènes se produiront; tel arrondit les objets, tel autre multiplie les angles. Chaque œil a ainsi une vision particulière. Enfin, il y a des yeux qui ne voient rien du tout. Ils ont sans doute quelque lésion, le nerf qui les relie au cerveau éprouve une paralysie que la science n'a pu encore déterminer. Ce qui est certain, c'est qu'ils auront beau regarder la vie s'agiter autour d'eux, jamais ils ne sauront en reproduire exactement une scène.

Je ne veux nommer ici aucun romancier vivant, ce qui rend ma démonstration assez difficile. Les exemples éclairciraient la question. Mais chacun peut remarquer que certains romanciers restent provinciaux, même après avoir vécu vingt ans à Paris. Ils excellent dans les peintures de leur contrée, et, dès qu'ils abordent une scène parisienne, ils pataugent, ils n'arrivent pas à donner une impression juste d'un milieu, dans lequel pourtant ils se trouvent depuis des années. C'est là un premier cas, un manque partiel du sens du réel. Sans doute, les impressions d'enfance ont été plus vives, l'œil a retenu les tableaux qui l'ont frappé tout d'abord; puis, la paralysie s'est déclarée, et l'œil a beau regarder Paris, il ne le voit pas, il ne le verra jamais.

Le cas le plus fréquent est, d'ailleurs, celui de la paralysie complète. Que de romanciers croient voir la nature et ne l'aperçoivent qu'à travers toutes sortes de déformations! Ils sont d'une bonne foi absolue, le plus souvent. Ils se persuadent qu'ils ont tout mis dans un tableau, que l'œuvre est définitive et complète. Cela se sent à la conviction avec laquelle ils ont entassé les erreurs de couleurs et de formes. Leur nature est une monstruosité, qu'ils ont rapetissée ou grandie, en voulant en soigner le tableau. Malgré leurs efforts, tout se délaie dans des teintes fausses, tout hurle et s'écrase. Ils pourront peut-être écrire des poèmes épiques, mais jamais ils ne mettront debout une œuvre vraie, parce que la lésion de leurs yeux s'y oppose, parce que, lorsqu'on n'a pas le sens du réel, on ne saurait l'acquérir.

Je connais des conteurs charmants, des fantaisistes adorables, des poètes en prose dont j'aime beaucoup les livres. Ceux-là ne se mêlent pas d'écrire des romans, et ils restent exquis, en dehors du vrai. Le sens du réel ne devient absolument nécessaire que lorsqu'on s'attaque aux peintures de la vie. Alors, dans les idées où nous sommes aujourd'hui, rien ne saurait le remplacer, ni un style passionnément travaillé, ni la vigueur de la touche, ni les tentatives les plus méritoires. Vous peignez la vie, voyez-la avant tout telle qu'elle est et donnez-en l'exacte impression. Si l'impression est baroque, si les tableaux sont mal d'aplomb, si l'œuvre tourne à la caricature, qu'elle soit épique ou simplement vulgaire, c'est une œuvre mort-née, qui est condamnée à un oubli rapide. Elle n'est pas largement assise sur la vérité, elle n'a aucune raison d'être.

Ce sens du réel me semble très facile à constater chez un écrivain. Pour moi, c'est une pierre de touche qui décide de tous mes jugements. Quand j'ai lu un roman, je le condamne, si l'auteur me paraît manquer du sens réel. Qu'il soit dans un fossé ou dans les étoiles, en bas ou en haut, il m'est également indifférent. La vérité a un son auquel j'estime qu'on ne saurait se tromper. Les phrases, les alinéas, les pages, le livre tout entier doit sonner la vérité. On dira qu'il faut des oreilles délicates. Il faut des oreilles justes, pas davantage. Et le public lui-même, qui ne saurait se piquer d'une grande délicatesse de sens, entend cependant très-bien les œuvres qui sonnent la vérité. Il va peu à peu à celles-là, tandis qu'il fait vite le silence sur les autres, sur les œuvres fausses qui soument l'erreur.

De même qu'on disait autrefois d'un romancier : « Il a de l'imagination, » je demande donc qu'on dise aujourd'hui : « Il a le sens du réel. » L'éloge sera plus grand et plus juste. Le don de voir est moins commun encore que le don de créer.

Pour mieux me faire entendre, je reviens à Balzac et à Stendhal. Tous deux sont nos maîtres. Mais j'avoue ne pas accepter toutes leurs œuvres avec la dévotion d'un fidèle qui s'incline sans examen. Je ne les trouve vraiment grands et supérieurs que dans les passages où ils ont eu le sens du réel.

Je ne connais rien de plus surprenant, dans *le Rouge et le Noir*, que l'analyse des amours de Julien et de madame de Rénal. Il faut songer à l'époque où le roman fut écrit, en plein romantisme, lorsque les héros s'aimaient dans le lyrisme le plus échevelé. Et voilà un garçon et une femme qui s'aiment enfin comme tout le monde, sottement, profondément, avec les chutes et les sursauts de la réalité. C'est une peinture supérieure. Je donnerai pour ces pages toutes celles où Stendhal complique le caractère de Julien, s'enfonce dans les doubles fonds diplomatiques qu'il adorait. Aujourd'hui, il n'est vraiment grand que parce que, dans sept ou huit scènes, il a osé apporter la note réelle, la vie dans ce qu'elle a de certain.

De même pour Balzac. Il y a en lui un dormeur éveillé, qui rêve et crée parfois des figures curieuses, mais qui ne grandit certes pas le romancier. J'avoue ne pas avoir d'admiration pour l'auteur de la *Femme de trente ans*, pour l'inventeur du type de

Vautrin dans la troisième partie des *Illusions perdues* et dans *Splendeur et misère des courtisanes*. C'est là ce que j'appelle la fantasmagorie de Balzac. Je n'aime pas davantage son grand monde, qu'il a inventé de toutes pièces et qui fait sourire, si l'on met à part quelques types superbes devinés par son génie. En un mot, l'imagination de Balzac, cette imagination déréglée qui se jetait dans toutes les exagérations et qui voulait créer le monde à nouveau, sur des plans extraordinaires, cette imagination m'irrite plus qu'elle ne m'attire. Si le romancier n'avait eu qu'elle, il ne serait aujourd'hui qu'un cas pathologique et qu'une curiosité dans notre littérature.

Mais, heureusement, Balzac avait en outre le sens du réel, et le sens du réel le plus développé que l'on ait encore vu. Ses chefs-d'œuvre l'attestent, cette merveilleuse *Cousine Bette*, où le baron Hulot est si colossal de vérité, cette *Eugénie Grandet* qui contient toute la province à une date donnée de notre histoire. Il faudrait encore citer le *Père Goriot*, la *Rabouilleuse*, le *Cousin Pons*, et tant d'autres œuvres sorties toutes vivantes des entrailles de notre société. Là est l'immortelle gloire de Balzac. Il a fondé le roman contemporain, parce qu'il a apporté et employé un des premiers ce sens du réel qui lui a permis d'évoquer tout un monde.

Cependant, voir n'est pas tout, il faut rendre. C'est pourquoi, après le sens du réel, il y a la personnalité de l'écrivain. Un grand romancier doit avoir le sens du réel et l'expression personnelle.

L'EXPRESSION PERSONNELLE

Je connais des romanciers qui écrivent proprement, et auxquels on a fait à la longue un bon renom littéraire. Ils sont très laborieux, ils abordent tous les genres avec une même facilité. Les phrases coulent toutes seules de leurs plumes, ils ont pour tâche de lâcher cinq ou six cents lignes chaque matin avant déjeuner. Et, je le répète, c'est de la besogne convenable, la grammaire n'est point estropiée, le mouvement est bon, la couleur apparaît parfois dans des pages qui font dire au public, pris de respect : « C'est joliment écrit. » En un mot, ces romanciers ont toute l'apparence d'un véritable talent.

Le malheur est qu'ils n'ont pas l'expression personnelle, et c'en est assez pour les rendre à jamais médiocres. Ils auront beau entasser volumes sur volumes, user et abuser de leur incroyable fécondité, il ne se dégagera jamais de leurs livres qu'une odeur fade d'œuvres mort-nées. Plus ils produiront même, et plus le tas moisira. Leur correction grammaticale, la propreté de leur prose, le vernis de leur style, pourront faire illusion pendant plus ou moins longtemps au gros public; mais tout cela ne suffira pas à donner la vie à leurs ouvrages et ne sera finalement d'aucun poids dans le jugement que les lecteurs porteront sur eux. Ils n'ont pas l'expression personnelle, ils sont condamnés; d'autant plus que, presque toujours, ils n'ont pas davantage le sens du réel, ce qui aggrave encore leur cas.

Ces romanciers prennent le style qui est dans l'air. Ils attrapent les phrases qui volent autour d'eux. Jamais les phrases ne sortent de leur personnalité, ils les écrivent comme si quelqu'un, par derrière, les leur dictait; et c'est peut-être pour cela qu'ils n'ont qu'à ouvrir le robinet de leur production. Je ne dis point qu'ils plagient ceux-ci ou ceux-là, qu'ils volent à leurs confrères des pages toutes faites; au contraire, ils sont si fluides et si superficiels qu'on ne trouve chez eux aucune forte impression, pas même celle de quelque illustre maître. Seulement, sans copier, ils ont, au lieu d'un cerveau créateur, un immense magasin empli des phrases connues, des locutions courantes, une sorte de moyenne du style usuel. Ce magasin est inépuisable, ils peuvent y prendre à la pelle pour couvrir le papier. En voici, et en voici encore! Toujours, toujours des pelletées de mêmes matières froides et terreuses, qui comblent les colonnes des journaux et les pages des livres.

Au contraire, voyez un romancier qui a l'expression personnelle, voyez M. Alphonse Daudet, par exemple. Je prends cet écrivain parce qu'il est un de ceux qui vivent le plus leurs œuvres. M. Alphonse Daudet a assisté à un spectacle, à une scène quelconque. Comme il possède le sens du réel, il reste frappé de cette scène, il en garde une image très intense. Les années peuvent passer, le cerveau conserve l'image, le temps ne fait souvent que l'enfoncer davantage. Elle finit par devenir une obsession, il faut que l'écrivain la communique, rende ce qu'il a vu et retenu. Alors a lieu tout un phénomène, la création d'une œuvre originale.

C'est d'abord une évocation. M. Alphonse Daudet se souvient de ce qu'il a vu, et il revoit les personnages avec leurs gestes, les horizons avec leurs lignes. Il lui faut rendre cela. Dès ce moment, il joue les personnages, il habite les milieux, il s'échauffe en confondant sa personnalité propre avec la personnalité des êtres et même des choses qu'il veut peindre. Il finit par ne plus faire qu'un avec son œuvre, en ce sens qu'il s'absorbe en elle et qu'en même temps il la revit pour son compte. Dans cette union intime, la réalité de la scène et la personnalité du romancier ne sont plus distinctes. Quels sont les détails absolument vrais, quels sont les détails inventés? C'est ce qu'il serait très difficile de dire. Ce qu'il y a de certain, c'est que la réalité a été le point de départ, la force d'impulsion qui a lancé puissamment le romancier; il a continué ensuite la réalité, il a étendu la scène dans le même sens, en lui donnant une vie spéciale et qui lui est propre uniquement à lui, Alphonse Daudet.

Tout le mécanisme de l'originalité est là, dans cette expression personnelle du monde réel qui nous entoure. Le charme de M. Alphonse Daudet, ce charme profond qui lui a valu une si haute place dans notre littérature contemporaine, vient de la saveur originale qu'il donne au moindre bout de phrase. Il ne peut conter un fait, présenter un personnage sans se mettre tout entier dans ce fait ou dans ce personnage, avec la vivacité de son ironie et la douceur de sa tendresse. On reconnaîtrait une page de lui entre cent autres, parce que ses pages ont une vie à elles. C'est un enchanteur, un de ces conteurs méridionaux qui jouent ce qu'ils content, avec des gestes qui créent et une voix qui évoque. Tout s'anime sous leurs mains ouvertes, tout prend une couleur, une odeur, un son. Ils pleurent et ils rient avec leurs héros, ils les tutoient, les rendent si réels, qu'on les voit debout, tant qu'ils parlent.

Comment voulez-vous que de pareils livres n'émotionnent pas le public? Ils sont vivants. Ouvrez-les et vous les sentirez qui palpitent dans vos mains. C'est le monde réel : et c'est même davantage, c'est le monde réel vécu par un écrivain d'une originalité exquise et intense à la fois. Il peut choisir un sujet plus ou moins heureux, le traiter d'une façon plus ou moins complète, l'œuvre n'en sera pas moins précieuse, parce qu'elle sera unique, parce que lui seul peut lui donner ce tour, cet accent, cette existence. Le livre est de lui, cela suffit. On le classera un jour, mais il n'en est pas moins un livre à part, une véritable créature. On se passionne, on l'aime ou on ne l'aime pas, personne ne reste indifférent. Il ne s'agit plus de grammaire, de rhétorique, et on n'a plus seulement sous les yeux un paquet de papier imprimé; un homme est là, un homme dont on entend battre le cerveau et le cœur à chaque mot. On s'abandonne à lui, parce qu'il devient le maître des émotions du lecteur, parce qu'il a la force de la réalité et la toute-puissance de l'expression personnelle.

Comprenez maintenant l'impuissance radicale des romanciers dont j'ai parlé plus haut. Jamais ils ne prendront et ne garderont les lecteurs, car ils ne sentent pas et ne rendent pas d'une façon originale. On chercherait vainement dans leurs œuvres une impression neuve, exprimée en un tour de phrase inventé. Quand ils font du style, quand ils ramassent ici ou là des phrases heureuses, ces phrases, si vivantes chez un autre, chez eux sonnent le néant ; il n'y a pas dessous un homme qui a véritablement senti et qui traduit par un effort de sa création ; il n'y a qu'un bâcleur de prose, ouvrant les robinets de sa production. Et ils auront beau s'appliquer, vouloir bien écrire, croire que l'on fait un beau livre comme on fait une belle paire de bottes, avec plus ou moins de soin, ils n'accoucheront jamais d'une œuvre vivante. Rien ne remplace le sens du réel et l'expression personnelle. Quand on n'apporte pas ces dons, autant vaudrait-il vendre de la chandelle que de se mêler d'écrire des romans.

J'ai cité tout à l'heure M. Alphonse Daudet, parce qu'il m'offrait un exemple saisissant. Mais j'aurais pu nommer d'autres romanciers qui sont loin d'avoir son talent. L'expression personnelle n'est pas nécessairement d'une formule parfaite. On peut mal écrire, incorrectement, à la diable, tout en ayant une véritable originalité dans l'expression. Le pis, selon moi, est au contraire ce style propre, coulant d'une façon aisée et molle, ce déluge de lieux communs, d'images connues, qui fait porter au gros public ce jugement agaçant : « C'est bien écrit. » Eh ! non, c'est mal écrit, du moment où cela n'a pas une vie particulière, une saveur originale, même aux dépens de la correction et des convenances de la langue !

Le plus grand exemple de l'expression personnelle dans notre littérature, est celui de Saint-Simon.

Voilà un écrivain qui a écrit avec son sang et sa bile, et qui a laissé des pages inoubliables d'intensité et de vie. J'ai tort même de l'appeler un écrivain; il était mieux que cela, car il ne semble pas s'être soucié d'écrire, et il est arrivé du coup au plus haut style, à la création d'une langue, à l'expression vivante. Chez nos plus illustres auteurs, on sent la rhétorique, l'apprêt de la phrase; une odeur d'encre se dégage des pages. Chez lui, rien de ces choses ; la phrase n'est qu'une palpitation de la vie, la passion a séché l'encre, l'œuvre est un cri humain, le long monologue d'un homme qui vit tout haut. Cela est bien loin de notre façon romantique d'entendre une œuvre, où nous nous épuisons en toute sorte d'efforts artistiques.

De même pour Stendhal. Celui-là affectait de dire que, pour prendre le ton, il lisait chaque matin quelques pages du Code civil, avant de se mettre au travail. Il faut voir là une simple bravade jetée à l'école romantique. Stendhal voulait dire que le style, pour lui, n'était que la traduction la plus claire et la plus exacte possible de l'idée. Il n'en a pas moins eu l'expression personnelle à un très haut degré. Sa sécheresse, sa courte phrase, si incisive et si pénétrante, devient entre ses mains un merveilleux outil d'analyse. On ne saurait se l'imaginer écrivant avec des grâces. Il avait le style de son talent, un style tellement original, dans son incorrection et son apparente insouciance, qu'il est resté typique. Ce n'est plus la coulée énorme de Saint-Simon, charriant des merveilles et des débris, superbe de violence; c'est comme un lac glacé à la surface, peut-être bouillonnant dans ses profondeurs, et qui réfléchit avec une vérité inexorable tout ce qui se trouve sur ses bords.

Balzac a été, comme Stendhal, accusé de mal écrire. Il a pourtant, dans les *Contes drôlatiques*, donné des pages qui sont des bijoux de ciselure ; je ne sais rien de plus joliment inventé comme forme, ni de plus finement exécuté. Mais on lui reproche les lourds débuts de ses romans, les descriptions trop massives, surtout le mauvais goût de certaines exagérations dans la peinture de ses personnages. Il est évident qu'il a la patte énorme et qui écrase, par moments. Aussi faut-il le juger dans l'ensemble colossal de son œuvre. On voit alors un lutteur héroïque, qui s'est battu avec tout, même avec le style, et qui est sorti cent fois victorieux du combat. D'ailleurs, il a beau s'embarquer dans des phrases fâcheuses, son style est toujours à lui. Il le pétrit, le refond, le refait entièrement à chacun de ses romans. Sans cesse il cherche une forme. On le retrouve, avec sa vie de producteur géant, dans les moindres alinéas. Il est là, la forge gronde, et il tape à tour de bras sur sa phrase, jusqu'à ce qu'elle ait son empreinte. Cette empreinte, elle la gardera éternellement. Quelles que soient les bavures, c'est là du grand style.

J'ai eu simplement l'intention, en donnant quelques exemples, de mieux expliquer ce que j'entends par l'expression personnelle. Un grand romancier est, de nos jours, celui qui a le sens du réel et qui exprime avec originalité la nature, en la faisant vivante de sa vie propre.

LA FORMULE CRITIQUE APPLIQUÉE AU ROMAN

—

Dernièrement, je lisais un article de bibliographie, où un romancier était assez dédaigneusement traité de critique. On niait ses romans, on admettait ses études littéraires, sans s'apercevoir que les facultés du critique tendent à se confondre aujourd'hui avec les facultés du romancier. Il y a là une question qu'il me parait intéressant de traiter.

On sait ce que la critique est devenue de nos jours. Sans faire l'histoire complète des transformations qu'elle a éprouvées depuis le siècle dernier, — histoire qui serait des plus instructives et qui résumerait le mouvement général des esprits, — il suffit de citer les noms de Sainte-Beuve et de M. Taine pour établir à quelle distance nous sommes des jugements de la Harpe et même des commentaires de Voltaire.

Sainte-Beuve, un des premiers, comprit la nécessité d'expliquer l'œuvre par l'homme. Il replaça l'écrivain dans son milieu, étudia sa famille, sa vie, ses goûts, regarda en un mot une page écrite comme le produit de toute sorte d'éléments, qu'il fallait connaître, si l'on voulait porter un jugement juste, complet et définitif. De là les études profondes qu'il écrivit, avec une souplesse d'investigation merveilleuse, avec un sens très fin des mille nuances, des contradictions complexes de l'homme. On était loin des critiques jugeant en pédagogues d'après les règles de l'École, faisant abstraction complète de l'homme dans l'écrivain, appliquant à tous les ouvrages la même commune mesure, et les toisant simplement en grammairiens et en rhétoriciens.

M. Taine vint à son tour et fit de la critique une science. Il réduisit en lois la méthode que Sainte-Beuve employait un peu en virtuose. Cela donna une certaine raideur au nouvel instrument de critique; mais cet instrument acquit une puissance indiscutable. Je n'ai pas besoin de rappeler les admirables travaux de M. Taine. On connaît sa théorie des milieux et des circonstances historiques, appliquée au mouvement littéraire des nations. C'est M. Taine qui est actuellement le chef de notre critique, et il est à regretter qu'il s'enferme dans l'histoire et la philosophie, au lieu de se mêler à notre vie militante, au lieu de diriger l'opinion comme Sainte-Beuve, en jugeant les petits et les grands de notre littérature.

Je voulais simplement en arriver à constater comment procède la critique moderne. Par exemple, M. Taine veut écrire la belle étude qu'il a faite sur Balzac. Il commence par réunir tous les documents imaginables, les livres et les articles qu'on a publiés sur le romancier; il interroge les gens qui l'ont connu, ceux qui peuvent donner sur lui des renseignements certains; et cela ne suffit pas, il s'inquiète encore des lieux où Balzac a vécu, il visite la ville où il est né, les maisons qu'il a occupées, les horizons qu'il a traversés. Tout se trouve ainsi fouillé par le critique, les ascendants, les amis, jusqu'à ce qu'il possède Balzac absolument, dans ses plus intimes replis, comme l'anatomiste possède le corps qu'il vient de disséquer. Dès lors, il peut lire l'œuvre. Le producteur lui donne et lui explique le produit.

Lisez l'étude de M. Taine. Vous verrez le fonctionnement de sa méthode. L'œuvre est dans l'homme; Balzac poursuivi par ses créanciers, entassant les projets extraordinaires, passant des nuits pour payer ses billets, le crâne toujours fumant, aboutit à la *Comédie humaine*. Je n'apprécie pas ici le système, je l'expose, et je dis que la critique actuelle est là, avec plus ou moins de parti pris. Désormais, on ne séparera plus l'homme de son œuvre, on étudiera celui-ci pour comprendre celle-là.

Eh bien ! nos romanciers naturalistes n'ont eux-mêmes pas d'autre méthode. Lorsque M. Taine étudie Balzac, il fait exactement ce que Balzac fait lui-même, lorsqu'il étudie par exemple le père Grandet. Le critique opère sur un écrivain pour connaître ses ouvrages comme le romancier opère sur un personnage pour connaître ses actes. Des deux côtés, c'est la même préoccupation du milieu et des circonstances. Rappelez-vous Balzac déterminant exactement la rue et la maison où vit Grandet, analysant les créatures qui l'entourent, établissant les mille petits faits qui ont décidé du caractère et des habitudes de son avare. N'est-ce pas là une application absolue de la théorie du milieu et des circonstances? Je le répète, la besogne est identique.

On dira que M. Taine marche sur le terrain du

vrai, qu'il n'accepte que les faits prouvés, les faits qui ont eu lieu réellement, tandis que Balzac est libre d'inventer et use certainement de cette liberté. Mais on accordera toujours que Balzac base son roman sur une première vérité. Les milieux qu'il décrit sont exacts, et les personnages qu'il plante debout ont les pieds par terre. Dès lors, peu importe le travail qui va suivre, du moment que la méthode de construction employée par le romancier est identiquement celle du critique. Le romancier part de la réalité du milieu et de la vérité du document humain; si ensuite il développe dans un certain sens, ce n'est plus de l'imagination à l'exemple des conteurs, c'est de la déduction, comme chez les savants. D'ailleurs, je n'ai pas prétendu que les résultats fussent complètement semblables dans l'étude d'un écrivain et dans l'étude d'un personnage; celle là, à coup sûr, serre le réel de plus près, tout en laissant pourtant une large part à l'intuition. Mais, je le dis encore, la méthode est la même.

Bien plus, c'est là un double effet de l'évolution naturaliste du siècle. Au fond, si l'on fouillait, on arriverait au même sol philosophique, à l'enquête positiviste. En effet, aujourd'hui, le critique et le romancier ne concluent pas. Ils se contentent d'exposer. Voilà ce qu'ils ont vu; voilà comment tel auteur a dû produire telle œuvre, et voilà comment tel personnage a dû en arriver à tel acte. Des deux côtés, on montre la machine humaine en travail, pas davantage. De la comparaison des faits, on finit, il est vrai, par formuler des lois. Mais, moins on se hâte de formuler les lois, et plus on est sage; car M. Taine lui-même, pour s'être un peu pressé, a pu être accusé de céder au système. Nous en sommes, pour le quart d'heure, à collectionner et à classer les documents, surtout dans le roman. C'est déjà une bien grosse besogne que de chercher et de dire ce qui est. Il faut laisser la science pure formuler des lois, car nous ne faisons encore que dresser des procès-verbaux, nous autres romanciers et critiques.

Donc, pour me résumer, le romancier et le critique partent aujourd'hui du même point, le milieu exact et le document humain pris sur nature, et ils emploient ensuite la même méthode pour arriver à la connaissance et à l'explication, d'un côté de l'œuvre écrite d'un homme, de l'autre des actes d'un personnage, l'œuvre écrite et les actes étant considérés comme étant les produits de la machine humaine soumise à certaines influences. Dès lors, il est évident qu'un romancier naturaliste est un excellent critique. Il n'a qu'à porter dans l'étude d'un écrivain quelconque l'outil d'observation et d'analyse dont il s'est servi pour étudier les personnages qu'il a pris sur nature. On a tort de croire qu'on le diminue comme romancier, lorsqu'on dit légèrement de lui : « Ce n'est qu'un critique. »

Toutes ces erreurs viennent de l'idée fausse qu'on continue à se faire du roman. Il est fâcheux d'abord que nous n'ayons pu changer ce mot « roman », qui ne signifie plus rien, appliqué à nos œuvres naturalistes. Ce mot entraîne une idée de conte, d'affabulation, de fantaisie, qui jure singulièrement avec les procès-verbaux que nous dressons. Il y a quinze à vingt ans déjà, on avait senti l'impropriété croissante du terme, et il fut un moment où l'on tenta de mettre sur les couvertures le mot « étude ». Mais cela restait trop vague, le mot « roman » se maintint quand même, et il faudrait aujourd'hui une heureuse trouvaille pour le remplacer. D'ailleurs, ces sortes de changements doivent se produire et s'imposer d'eux-mêmes.

Pour mon compte, le mot ne me blesserait pas, si l'on voulait bien admettre, tout en le conservant, que la chose s'est complètement modifiée. Nous trouverions cent exemples dans la langue de termes qui exprimaient autrefois des idées radicalement contraires à celles qu'ils expriment aujourd'hui. Notre roman de chevalerie, notre roman d'aventures, notre roman romantique et idéaliste est donc devenu une véritable critique des mœurs, des passions, des actes du héros mis en scène, étudié dans son être propre et dans les influences que le milieu et les circonstances ont eues sur lui. Comme je l'ai écrit, au grand scandale de mes confrères, l'imagination ne joue plus là un rôle dominant ; elle devient de la déduction, de l'intuition, elle opère sur les faits probables qu'on n'a pu observer directement, et sur les conséquences possibles des faits qu'on tâche d'établir logiquement d'après la méthode. C'est ce roman-là qui est une véritable page de critique, qui met le romancier devant un personnage dont il va étudier une passion, dans les conditions exactes où se trouve un critique devant un écrivain dont il veut démonter le talent.

Ai-je besoin de conclure? La parenté du critique et du romancier vient uniquement de ce que tous les deux, comme je l'ai déjà dit, emploient la méthode naturaliste du siècle. Si nous passions à l'historien, nous le verrions, lui aussi, faire dans l'histoire une besogne identique, et avec le même outil.

De même pour l'économiste, de même pour l'homme politique. Ce sont là des faits faciles à prouver et qui montrent le savant à la tête du mouvement, menant aujourd'hui l'intelligence humaine. Nous valons plus ou moins, selon que la science nous a touchés plus ou moins profondément. Je laisse à part la personnalité de l'artiste, je n'indique ici que le grand courant des esprits, le souffle qui nous emporte tous au vingtième siècle, quelle que soit notre rhétorique individuelle.

DE LA DESCRIPTION

—

Il serait bien intéressant d'étudier la description dans nos romans, depuis Mlle de Scudéri jusqu'à Flaubert. Ce serait faire l'histoire de la philosophie et de la science pendant les deux derniers siècles ; car, sous cette question littéraire de la description, il n'y a pas autre chose que le retour à la nature, ce grand courant naturaliste qui a produit nos croyances et nos connaissances actuelles. Nous verrions le roman du dix-septième siècle, tout comme la tragédie, faire mouvoir des créations purement intellectuelles sur un fond neutre, indéterminé, conventionnel ; les personnages sont de simples mécaniques à sentiments et à passions, qui fonctionnent hors du temps et de l'espace ; et dès lors le milieu n'importe pas, la nature n'a aucun rôle à jouer dans l'œuvre. Puis, avec les romans du dix-huitième siècle, nous verrions poindre la nature, mais dans des dissertations philosophiques ou dans des partis-pris d'émotion idyllique. Enfin, notre siècle arrive avec les orgies descriptives du romantisme, cette réaction violente de la couleur ; et l'emploi scientifique de la description, son rôle exact dans le roman moderne, ne commence à se régler que grâce à Balzac, Flaubert, les Goncourt, d'autres encore. Tels sont les grands jalons d'une étude que je n'ai pas le loisir de faire. Il me suffit d'ailleurs de l'indiquer, pour donner ici quelques notes générales sur la description.

D'abord, ce mot description est devenu impropre. Il est aujourd'hui aussi mauvais que le mot roman, qui ne signifie plus rien, quand on l'applique à nos études naturalistes. Décrire n'est plus notre but; nous voulons simplement compléter et déterminer. Par exemple, le zoologiste qui, en parlant d'un insecte particulier, se trouverait forcé d'étudier longuement la plante sur laquelle vit cet insecte, dont il tire son être, jusqu'à sa forme et sa couleur, ferait bien une description; mais cette description entrerait dans l'analyse même de l'insecte, il y aurait là une nécessité de savant, et non un exercice de peintre. Cela revient à dire que nous ne décrivons plus pour décrire, par un caprice et un plaisir de rhétoriciens. Nous estimons que l'homme ne peut être séparé de son milieu, qu'il est complété par son vêtement, par sa maison, par sa ville, par sa province; et, dès lors, nous ne noterons pas un seul phénomène de son cerveau ou de son cœur, sans en chercher les causes ou le contre-coup dans le milieu. De là ce qu'on appelle nos éternelles descriptions.

Nous avons fait à la nature, au vaste monde, une place tout aussi large qu'à l'homme. Nous n'admettons pas que l'homme seul existe et que seul il importe, persuadés au contraire qu'il est un simple résultat, et que, pour avoir le drame humain réel et complet, il faut le demander à tout ce qui est. Je sais bien que ceci remue les philosophies. C'est pourquoi nous nous plaçons au point de vue scientifique, à ce point de vue de l'observation et de l'expérimentation, qui nous donne à l'heure actuelle les plus grandes certitudes possibles.

On ne peut s'habituer à ces idées, parce qu'elles froissent notre rhétorique séculaire. Vouloir introduire la méthode scientifique dans la littérature paraît d'un ignorant, d'un vaniteux et d'un barbare. Eh! bon Dieu! ce n'est pas nous qui introduisons cette méthode; elle s'y est bien introduite toute seule, et le mouvement continuerait, même si l'on voulait l'enrayer. Nous ne faisons que constater ce qui a lieu dans nos lettres modernes. Le personnage n'y est plus une abstraction psychologique, voilà ce que tout le monde peut voir. Le personnage y est devenu un produit de l'air et du sol, comme la plante; c'est la conception scientifique. Dès ce moment, le psychologue doit se doubler d'un observateur et d'un expérimentateur, s'il veut expliquer nettement les mouvements de l'âme. Nous cessons d'être dans les grâces littéraires d'une description en beau style; nous sommes dans l'étude exacte du milieu, dans la constatation des états du monde extérieur qui correspondent aux états intérieurs des personnages

Je définirai donc la description : Un état du milieu qui détermine et complète l'homme.

Maintenant, il est certain que nous ne nous tenons guère à cette rigueur scientifique. Toute réaction est violente, et nous réagissons encore contre la formule abstraite des siècles derniers. La nature est entrée dans nos œuvres d'un élan si impétueux, qu'elle les a emplies, noyant parfois l'humanité, submergeant et emportant les personnages, au milieu d'une débâcle de roches et de grands arbres. C'était fatal. Il faut laisser le temps à la formule nouvelle de se pondérer et d'arriver à son expression exacte. D'ailleurs, même dans ces débauches de la description, dans ces débordements de la nature, il y a beaucoup à apprendre, beaucoup à dire. On trouve là des documents excellents, qui seraient très précieux dans une histoire de l'évolution naturaliste.

J'ai dit parfois que j'aimais peu le prodigieux talent descriptif de Théophile Gautier. C'est que je trouve justement chez lui la description pour la description, sans souci aucun de l'humanité. Il était le fils direct de l'abbé Delille. Jamais, dans ses œuvres, le milieu ne détermine un être; il reste peintre, il n'a que des mots comme un peintre n'a que des couleurs. Cela met dans ses œuvres un silence sépulcral; il n'y a là que des choses, aucune voix, aucun frisson humain ne monte de cette terre morte. Je ne puis lire cent pages de Gautier à la file, car il ne m'émeut pas, il ne me prend pas. Quand j'ai admiré en lui l'heureux don de la langue, les procédés et les facilités de la description, je n'ai plus qu'à fermer le livre.

Voyez au contraire les frères de Goncourt. Ceux-là non plus ne restent pas toujours dans la rigueur scientifique de l'étude des milieux, uniquement subordonnée à la connaissance complète des personnages. Ils se laissent aller au plaisir de décrire, en artistes qui jouent avec la langue et qui sont heureux de la plier aux mille difficultés du rendu. Seulement, ils mettent toujours leur rhétorique au service de leur humanité. Ce ne sont plus des phrases parfaites sur un sujet donné; ce sont des sensations éprouvées devant un spectacle. L'homme apparaît, se mêle aux choses, les anime par la vibration nerveuse de son émotion. Tout le génie des Goncourt est dans cette traduction si vivante de la nature, dans ces frissons notés, ces chuchotements balbutiés, ces mille souffles rendus sensibles. Chez eux, la description respire. Sans doute, elle déborde, et les personnages dansent un peu dans des horizons trop élargis; mais, si même elle se présente seule, si elle ne demeure pas à son rang de milieu déterminant, elle est toujours notée dans ses rapports avec l'homme et prend ainsi un intérêt humain.

Gustave Flaubert est le romancier qui jusqu'ici a employé la description avec le plus de mesure. Chez lui, le milieu intervient dans un sage équilibre: il ne noie pas le personnage et presque toujours se contente de le déterminer. C'est même ce qui fait la grande force de *Madame Bovary* et de l'*Éducation sentimentale*. On peut dire que Gustave Flaubert a réduit à la stricte nécessité les longues énumérations de commissaire-priseur, dont Balzac obstruait le début de ses romans. Il est sobre, qualité rare; il donne le trait saillant, la grande ligne, la particularité qui peint, et cela suffit pour que le tableau soit inoubliable. C'est dans Gustave Flaubert que je conseille d'étudier la description, la peinture nécessaire du milieu, chaque fois qu'il complète ou qu'il explique le personnage.

Nous autres, pour la plupart, nous avons été moins sages, moins équilibrés. La passion de la nature nous a souvent emportés, et nous avons donné de mauvais exemples, par notre exubérance, par nos griseries du grand air. Rien ne détraque plus sûrement une cervelle de poète qu'un coup de soleil. On rêve alors toutes sortes de choses folles, on écrit des œuvres où les ruisseaux se mettent à chanter, où les chênes causent entre eux, où les roches blanches soupirent comme des poitrines de femme à la chaleur de midi. Et ce sont des symphonies de feuillages, des rôles donnés aux brins d'herbe, des poèmes de clartés et de parfums. S'il y a une excuse possible à de tels écarts, c'est que nous avons rêvé d'élargir l'humanité et que nous l'avons mise jusque dans les pierres des chemins.

Me sera-t-il permis de parler de moi? Ce qu'on me reproche surtout, même des esprits sympathiques, ce sont les cinq descriptions de Paris qui reviennent et terminent les cinq parties d'*Une page d'amour*. On ne voit là qu'un caprice d'artiste d'une répétition fatigante, qu'une difficulté vaincue pour montrer la dextérité de la main. J'ai pu me tromper, et je me suis trompé certainement, puisque personne n'a compris; mais la vérité est que j'ai eu toutes sortes de belles intentions, lorsque je me suis entêté à ces cinq tableaux du même décor, vu à des heures et dans des saisons différentes. Voici l'histoire. Dans la misère de ma jeunesse, j'habitais des greniers de faubourg, d'où l'on découvrait Paris entier. Ce grand Paris immobile et indifférent qui était toujours dans le cadre de ma fenêtre, me semblait comme le témoin muet, comme le confident tragique de mes joies et de mes tristesses. J'ai eu faim et j'ai pleuré devant lui; et, devant lui, j'ai aimé, j'ai eu mes plus grands bonheurs. Eh bien! dès ma vingtième année, j'avais rêvé d'écrire un roman, dont Paris, avec l'océan de ses toitures, serait un personnage, quelque chose comme le chœur antique. Il me fallait un drame intime, trois ou quatre créatures dans une petite chambre, puis l'immense ville à l'horizon, toujours présente, regardant avec ses yeux de pierre le tourment effroyable de ces créatures. C'est cette vieille idée que j'ai tenté de réaliser dans *Une page d'amour*. Voilà tout.

Certes, je ne défends pas mes cinq descriptions. L'idée était mauvaise, puisqu'il ne s'est trouvé personne pour la comprendre et la défendre. Peut-être aussi l'ai-je mise en œuvre par des procédés trop raides et trop symétriques. Je cite le fait uniquement pour montrer que, dans ce qu'on nomme notre fureur de description, nous ne cédons presque jamais au seul besoin de décrire; cela se complique toujours en nous d'intentions symphoniques et humaines. La création entière nous appartient, nous la faisons entrer dans nos œuvres, nous rêvons l'arche immense. C'est injustement rapetisser notre ambition que de vouloir nous enfermer dans une manie descriptive, n'allant pas au delà de l'image plus ou moins proprement peinturlurée.

Et je finirai par une déclaration : dans un roman, dans une étude humaine, je blâme absolument toute description qui n'est pas, selon la définition donnée plus haut, un état du milieu qui détermine et complète l'homme. J'ai assez péché pour avoir le droit de reconnaître la vérité.

TROIS DÉBUTS

—

LÉON HENNIQUE

Un livre de débutant est une virginité. Avant de couper les pages, on a l'émotion de l'inconnu. Qui sait? peut-être y a-t-il, dans ce volume, le premier cri d'un grand talent. Une femme voilée passe; le cœur bat, on la suit; mon Dieu! si c'était celle qu'on attend! Je sais que les femmes et les livres apportent bien des désillusions; la femme est un laideron, le livre vous endort. N'importe, on a eu le charme de l'espoir.

Cette joie rare, je viens de l'éprouver, en lisant la *Dévouée* de M. Léon Hennique. On va de découverte en découverte; on s'étonne d'un accent nouveau; on dit naïvement : « Comment! ce garçon a déjà tant de talent que ça! » Et c'est là un grand éloge, malgré le tour plaisant de l'exclamation. Quand je reçois le dernier roman d'un écrivain dont je connais les belles qualités, je n'ai que le plaisir de constater une fois de plus ces qualités. Mais ici, c'est une terre inconnue dont mon esprit prend possession.

Voici le sujet en quelques mots. Un certain Jeoffrin, né du caprice d'un étudiant et d'une fille, a grandi dans un ménage ouvrier. Il a voulu être horloger ; puis, après avoir amassé une fortune, il a été pris de la fièvre chaude des inventeurs, il s'est donné tout entier, cœur et intelligence, au problème de la direction des ballons. Ce Jeoffrin est un héros moderne, comme l'appelle M. Hennique avec une terrible vérité ; je veux dire qu'il se bat dans notre société, sans aucun scrupule, très-canaille même, ayant fait ses affaires en homme habile que rien ne saurait arrêter.

Alors, le drame est celui-ci. Jeoffrin a deux filles, Michelle et Pauline, auxquelles un oncle a laissé cent mille francs, cinquante mille à chacune. Cependant, le père se trouve à bout de ressources ; son invention lui a dévoré une fortune, et il vit dans une rage impuissante, en se voyant les mains liées, juste au moment où il croit avoir trouvé la direction des ballons. S'il avait de l'argent, ce serait le succès, le triomphe. Il tâche d'abord d'emprunter à Michelle ses cinquante mille francs. Mais celle-ci refuse ; cet argent est le dernier morceau de pain de la famille. Et le crime pousse dès lors dans le crâne de Jeoffrin, naturellement, comme une plante qui devait y croître un jour. Il commence par empoisonner sa fille Pauline ; puis, il s'arrange pour qu'on accuse Michelle. Elle est arrêtée, jugée, guillotinée. Jeoffrin s'est débarrassé des deux enfants qui le gênaient, et il hérite des cent mille francs. Enfin, il va donc pouvoir faire construire son ballon ! L'histoire s'arrête là. C'est simple et épouvantable.

« Je le dirai, ce sujet m'avait profondément troublé, et il y avait d'abord, dans ce trouble, une sorte d'irritation contre le romancier. Pourquoi un drame si noir? La vie est plus banale, les événements y coulent avec plus de bonhomie. Puis, en acceptant même le drame, Jeoffrin m'inquiétait. Il dérangeait mes idées préconçues sur les inventeurs, que je considérais, je ne sais pourquoi, comme des maniaques doux et inoffensifs. Celui-là, vraiment, tuait ses filles avec trop d'aisance. Je pensais qu'il aurait pu avoir les cent mille francs sans employer des moyens aussi radicaux. Beaucoup d'autres objections se formulaient encore en moi. Bref, le sujet me déplaisait, j'avais de la peine à accepter Jeoffrin.

J'en étais là, je relisais certains passages, lorsque, du fond de mon jugement, une voix, faible d'abord, m'a crié : « Pourquoi pas? » C'était le premier ébranlement. Ce diable de Jeoffrin m'obsédait. Je le discutais avec moi-même à tous les moments du jour. Et il grandissait, et il s'imposait petit à petit, et il prenait une carrure de plus en plus solide. Oui, pourquoi pas? pourquoi ce bonhomme n'aurait-il pas tué ses deux filles, dans sa passion qui tournait tout son être à l'idée fixe? On citerait cent faits de cette nature. D'ailleurs, Jeoffrin est admirablement posé; l'analyse du romancier nous le montre tel qu'il doit être ; le meurtre n'est chez lui qu'un développement naturel. J'en arrivais à penser que, s'il n'avait pas tué, ce gaillard n'aurait pas été complet.

Telles sont les impressions par lesquelles j'ai passé, avant d'être convaincu que Jeoffrin est une création très originale, très osée, mise debout par une main vigoureuse et étudiée ensuite avec une science déjà grande. Remarquez qu'il reste un brave homme. Il n'a rien d'un traître de mélodrame. Il empoisonne en père de famille qui entend faire les choses pro-

prement. C'est un comédien jouant supérieurement
l'hypocrisie. Il aime mieux son ballon que ses filles,
et il sacrifie ses filles. Cela doit lui sembler juste.
Toute la folie humaine est par dessous; on l'entend
qui gronde sous le train-train bonhomme de ce crime.
Et c'est là ce qui fait la profondeur de Jeoffrin. Est-il
un homme de génie? peut-être. Est-il un fou? cela se
pourrait. Il est l'abîme humain, voilà ce que nous en
savons. L'assassinat, chez lui, n'est que l'état aigu de
l'intelligence. On éprouve un frisson, on n'oubliera
plus ce terrible homme qui est un colosse détraqué.

Je me suis appesanti sur Jeoffrin, parce qu'il est
le livre tout entier. Mais, à côté de lui, que de personnages secondaires peints d'un trait! Je citerai le
commissaire de police Barbelet, les demoiselles
Thiry, et des silhouettes enlevées plus vivement
encore, le jeune Guy de Lassalle et le bohème Poupelard. M. Hennique me paraît apporter ce don
de création qui fait vivre un personnage, qui le
place dans son air propre, lui donne le geste naturel
et la voix juste. Il suffit d'une phrase pour créer. Seulement, il faut avoir le sens du réel, et je connais des
écrivains, du plus rare mérite comme stylistes, qui
s'épuiseront pendant des mois sur la perfection d'une
phrase, sans jamais arriver à lui souffler la vie.

Le romancier se contente de dérouler devant nous
des tableaux pris dans l'existence quotidienne. Voilà
ce qu'il a vu; il a noté les détails, il reconstruit l'ensemble. Que le lecteur, à son tour, sente et réfléchisse.
La méthode naturaliste est là tout entière. Une
œuvre n'est plus qu'une évocation intense de l'humanité et de la nature. On tâche de mettre un
coin de la création dans une œuvre. Le public la lit

ensuite comme s'il entrait lui-même dans le milieu décrit et parmi les personnages analysés.

Ainsi, le premier chapitre de la *Dévouée* est simplement le récit d'une promenade de Michelle et de son parrain Barbelet, à travers les champs qui entourent les Moulineaux. Leur conversation est coupée par des descriptions de ce coin de la banlieue parisienne ; peu à peu, le crépuscule tombe, le soleil se couche sur Paris. Il y a certainement de la virtuosité. L'écrivain qui, malgré sa jeunesse, est déjà maître de son style, se complaît dans des difficultés vaincues. Mais qui oserait condamner absolument ce large début, cette conversation qui pose les faits, ces descriptions qui ouvrent la sombre histoire par une bouffée de grand air ? Ne faut-il pas établir solidement le milieu ? Jeoffrin deviendrait impossible, si Paris, derrière lui, ne fumait pas dans les vapeurs du soir.

Le second chapitre est un dîner chez Jeoffrin, dans lequel M. Hennique a réuni tous ses personnages secondaires. Rien de plus mouvementé. Mais je ne puis analyser ainsi chaque chapitre. Je me contenterai d'indiquer ceux qui m'ont le plus vivement frappé, et voici tout d'abord le tableau superbe de la mort et de l'enterrement de Pauline. L'effet est saisissant. Aucune enflure pourtant. Uniquement des petits faits, des observations justes, une réalité impitoyable qui peu à peu vous prend à la gorge et arrive à la plus violente émotion. Il suffit que cela soit vrai.

Pour moi, le morceau le plus étonnant du livre est la journée de Jeoffrin, au lendemain de l'exécution de Michelle. Jeoffrin s'est réfugié à Montmartre, dans un hôtel. Il ne sait rien, il entre chez un marchand de vin, où il commande un bifteck ; et c'est alors seulement qu'en jetant les yeux sur un journal, il voit que sa fille a été guillotinée le matin. Cela lui fait sauter le cœur. « Son aérostat lui apparut vibrant dans un ciel bleu, évoluant sans encombre, montant, descendant à sa fantaisie, volant à gauche, à droite, comme un aigle apprivoisé, sur un geste de lui. » Puis, il mange son bifteck et prend des choux-fleurs. Enfin, le voilà donc libre !

Alors, commence toute une journée de flânerie heureuse. Jeoffrin suit doucement les boulevards, au soleil. Il s'assied devant une table du café Riche, pris de soif. Il boit, mais il a toujours soif. Ses jambes s'alourdissent. Il se lève, il entre dans un autre café. Au bout d'un instant, il lie conversation avec un voisin. Je donne ici quelques lignes :

« La bouche pâteuse, éprouvant la nécessité de déposer une confidence dans le gilet de quelqu'un, après avoir dialogué un instant avec lui-même, il dit :

« — On a guillotiné ma fille ce matin.

« Et comme le gros rougeaud ricanait d'un air incrédule, il ajouta :

« — Parole d'honneur ! »

Cependant, il dîne le soir chez Brébant. Puis, il va aux Folies Bergères. L'ivresse monte. Il ne peut éteindre sa soif. Aucun remords ; seulement, il a l'enfer dans la gorge. La journée a été chaude, un violent orage éclate. Lui, avec l'entêtement des ivrognes, veut aller aux Moulineaux, pour revoir le modèle de son ballon, un joujou qu'il a dans son cabinet. Et il faut lire ce voyage, sous la pluie, dans la boue. Il glisse, il tombe, il se relève. La foudre passe sur sa tête, mais il a l'entêtement d'une brute. Enfin, il arrive. « Dans le même coin que jadis, le modèle de l'aérostat, sous sa couverture, avait un léger balancement singulier; il semblait vivre. Jeoffrin le découvrit. Il s'enleva un peu... »

Je m'arrête, j'espère avoir donné une idée de la *Dévouée*. C'est pour moi un très remarquable début. Il faut que M. Hennique travaille. Il a le sens du réel, il apporte le don de création, il possède en outre un métier déjà très souple et très solide. Quand il aura, par le travail, dégagé davantage sa note personnelle, il sera certainement un des plus vigoureux ouvriers de l'œuvre présente.

II

J.-K. HUYSMANS

Rien ne m'intéresse comme la jeune génération de romanciers qui grandit en ce moment. C'est cette génération qui va être l'avenir. Nous donnera-t-elle raison, en marchant dans la large voie du naturalisme ouverte par Balzac, en poussant toujours plus loin l'enquête ouverte sur l'homme et sur la nature ? Aussi suis-je bien heureux, lorsque je vois l'esprit analytique et expérimental s'emparer de plus en plus de la jeunesse et faire sortir des rangs de nouveaux lutteurs, qui viennent combattre à côté des aînés le bon combat de la vérité.

Je voudrais bien que les faiseurs de romans et de mélodrames ineptes sur le peuple eussent l'idée de lire les *Sœurs Vatard*, de M. J.-K. Huysmans. Ils y verraient le peuple dans sa vérité. Sans doute, ils crieraient à l'ordure, ils affecteraient des mines dégoûtées, ils parleraient de prendre des pincettes pour tourner les pages. Mais c'est là une petite comédie d'hypocrisie qui est toujours amusante. Il est de règle que les barbouilleurs de lettres insultent les écrivains. Je serais même très chagrin, si l'on n'insultait pas M. Huysmans. Au fond, je suis tranquille, on l'insultera.

Rien de plus simple que ce livre. Ce n'est même pas un fait-divers, car un fait-divers exige un drame. Elles sont deux sœurs, Céline et Désirée, deux ouvrières brocheuses, qui vivent entre leur mère hydropique et leur père fainéant et philosophe. Céline « fait la vie ». Désirée, qui se garde prudemment pour son mari, a toute une liaison honnête avec un jeune ouvrier, qu'elle quitte au dénoûment; alors, elle en épouse un autre, et voilà tout, c'est le livre. Cette nudité de l'intrigue est caractéristique. Notre roman contemporain se simplifie de plus en plus, par haine des intrigues compliquées et mensongères; il y a là une revanche contre les aventures, le romanesque, les fables à dormir debout. Une page d'une vie humaine, et c'est assez pour l'intérêt, pour l'émotion profonde et durable. Le moindre document humain vous prend aux entrailles plus fortement que n'importe quelle combinaison imaginaire. On finira par donner de simples études, sans péripéties ni dénoûment, l'analyse d'une année d'existence, l'histoire d'une passion, la biographie d'un personnage, les notes prises sur la vie et logiquement classées.

Voyez la puissance du document humain. M. Huysmans a dédaigné tout arrangement scénique. Aucun effort d'imagination, des scènes du monde ouvrier, des paysages parisiens, reliés par l'histoire la plus ordinaire du monde. Eh bien! l'œuvre a une vie intense; elle vous empoigne et vous passionne; elle soulève les questions les plus irritantes, elle a une chaleur de bataille et de victoire. D'où vient donc cette flamme qui en sort? de la vérité des peintures et de la personnalité du style, pas davantage. Tout l'art moderne est là.

Et d'abord le milieu. Il est d'une terrible odeur, ce milieu, ces ouvrières brocheuses que M. Huysmans peint avec une intensité effroyable. « Ces filles qui ne cherchent guère de liaisons en dehors de leur monde, ne s'enflamment véritablement qu'au souffle des haleines vineuses, ramassis de chenapans femelles, écloses pour la plupart dans un bouge et qui ont, dès l'âge de quatorze ans, éteint les premiers incendies de leurs chairs derrière le mur des abattoirs ou dans le fond des ruelles. » Sans doute on va crier encore à l'exagération. Osez donc entrer dans un atelier de brochure. Questionnez, faites une enquête, et vous verrez que M. Huysmans est encore resté au-dessous de la vérité, parce qu'il est impossible d'imprimer certaines choses. Tout ce milieu ouvrier, ce coin de misère et d'ignorance, de tranquille ordure et d'air naturellement empesté, a été traité dans les *Sœurs Vatard* avec une scrupuleuse exactitude et une rare énergie de pinceau.

Puis, viennent les personnages. Ce sont des portraits merveilleux de ressemblance et d'accent. Soyez certains qu'ils ont été pris sur nature.

Voici le père Vatard, qui n'a que deux chagrins, la maladie de sa femme et les amours de sa fille Céline. La première faute de celle-ci l'émotionna. Je cite :

« Il eut un moment de tristesse, mais il se consola vite. Désirée était en âge de soigner et de remplacer sa mère, et quant à Cécile, le meilleur parti qu'il eût à prendre était de fermer les yeux sur ses cavalcades. Il avait agi comme un père, d'ailleurs; il lui avait reproché, en termes de cours d'assises, la crapule de ses mœurs; mais elle s'était fâchée, avait jeté la maison sens dessus dessous, menaçant de tout saccager si on l'embêtait encore. Vatard avait alors adopté une grande indulgence; puis, le terrible bagout de sa fille le divertissait pendant sa digestion, le soir. » Cela est complet. Voilà le père de nos faubourgs, tel que le font le plus souvent les promiscuités de la misère, les dégradations morales du milieu. On ne veut pas comprendre que le sens moral n'a pas d'absolu. Il se déforme et se transforme, selon les conditions ambiantes. Ce qui est une abomination dans la bourgeoisie, n'est plus qu'une nécessité fâcheuse dans le peuple.

Et cette Céline, est-elle puissamment campée, dans sa réalité! Elles sont comme cela des milliers. Il ne s'agit pas d'une exception, mais d'une majorité. Allez donc voir, au lieu de protester. C'est la fille tombée à quatorze ans par curiosité charnelle. L'approche de l'homme la surprend d'abord. Puis, elle flambe, elle se donne à droite et à gauche, battue encore plus que caressée. Les coups tombent sur elle dru comme grêle; mais, au fond, si elle rage, si elle pleure, elle aime ça; c'est son plaisir. Lorsque, à l'exemple de Céline, elle quitte quelque voyou pour se mettre avec un homme bien, un monsieur qui porte des chapeaux de soie, il est certain qu'elle retournera tôt ou tard à son voyou. Lui seul la contente. On a tort de la mépriser; elle n'est en somme que le vice d'en bas, la femelle lâchée avec ses appétits, dans un milieu libre. Le vice d'en haut n'est pas plus propre, s'il est mieux mis, et s'il ferme les portes pour raffiner, en inventant des monstruosités dans sa débauche secrète et savante.

Désirée est plus rare. Mais elle existe, et elle consolera un peu les âmes pures. Non pas qu'au fond elle obéisse à des idées sur la vertu, car elle ne suit réellement que son instinct. C'est une fillette lymphatique, qui n'est pas poussée vers l'homme, et que l'exemple de sa sœur tient en garde. Elle rêve de se marier. Rien n'est adorable comme son idylle avec Auguste, une idylle des boulevards extérieurs qui dîne au cabaret, s'en va dans la nuit vague des longues avenues, se donne des baisers d'adieu derrière les palissades de quelque maison en construction. Aucune saleté d'ailleurs. A peine une tentative de l'amant, qui échoue. Lui, ne voudrait pas épouser, mais il est pris, et ce sont des projets d'avenir, de longues causeries d'une bêtise touchante, l'éternel duo que les idéalistes ont promené dans la nue et que les naturalistes remettent au bord des trottoirs. Cet amour sur le pavé est d'autant plus attendrissant qu'il est vécu et qu'on le coudoie sur chaque boulevard de nos faubourgs.

J'arrive au dénouement, une des pages les plus profondément émues que j'aie lues depuis longtemps. Peu à peu, les deux amoureux se sont refroidis. Désirée, retenue près de sa mère, manque plusieurs rendez-vous, et, lorsqu'elle retrouve Auguste, ils restent tous les deux embarrassés. Le jeune homme songe déjà à se marier ailleurs. La jeune fille, maintenant que son père consent à son mariage, écoute sa sœur qui lui parle d'un autre homme. Et c'est Céline qui brusque les choses, en provoquant une explication, un dernier adieu. La scène se passe à la porte d'un café, au coin du quai de la Tournelle et du boulevard Saint-Germain. Je n'en connais pas de plus poignante, remuant plus à fond le cœur humain. Toutes nos amours, tous nos bonheurs rêvés et lâchés, tous nos espoirs sans cesse détruits et sans cesse renaissants, ne sont-ils pas dans ces deux êtres simples qui se quittent après s'être adorés et qui vont, loin l'un de l'autre, mener une vie qu'ils se sont jurés de vivre ensemble? Ils causent une dernière fois, doucement, mollement; ils se donnent des détails sur leurs mariages, en se tutoyant encore; et tout d'un coup ils évoquent les souvenirs, ils se souviennent de ce qu'ils ont fait, à tel jour, à telle heure; des larmes leur montent aux yeux, ils renoueraient peut-être, si Céline ne se hâtait de les séparer. C'est fini, voilà deux étrangers.

Je voudrais citer tout l'épisode, pour faire passer chez mes lecteurs le frisson qui m'a traversé en le lisant. Quelle misère et quelle infirmité que la nôtre! Comme tout s'échappe de nos doigts et se brise! Ces deux galopins ouvrent un abîme sur notre fragilité et notre néant.

La seule critique que je ferai à M. Huysmans, c'est un abus de mots rares qui enlèvent par moments à ses meilleures analyses leur air vécu. Ces mots dominent surtout dans la première moitié du livre. Aussi je préfère de beaucoup la seconde, qui est plus simple et plus humaine. M. Huysmans a un style merveilleux de couleur et de relief. Il évêque les choses et les êtres avec une intensité de vie admirable. C'est même là sa qualité maîtresse. J'espère qu'on ne le traitera pas de photographe, bien que ses peintures soient très exactes. Les gens qui ont fait la naïve découverte que le naturalisme n'était autre chose que de la photographie, comprendront peut-être cette fois que, tout en nous piquant de réalité absolue, nous entendons souffler la vie à nos reproductions. De là le style personnel, qui est la vie des livres. Si nous refusons l'imagination, dans le sens d'invention surajoutée au vrai, nous mettons toutes nos forces créatrices à donner au vrai sa vie propre, et la besogne n'est pas si commode, puisqu'il y a si peu de romanciers qui aient ce don de la vie.

Je signale des merveilles de description, dans les *Sœurs Vatard* : la rue de Sèvres, la rue de la Gaieté, tout ce quartier de Montrouge si caractéristique, l'atelier de brochure, un bal de barrière, une foire au pain d'épice, des échappées sur une gare où manœuvrent des locomotives. Le cadre a la même vérité que les personnages.

Évidemment, on va prétendre que M. Huysmans insulte le peuple. Je connais l'école politique qui spécule sur le mensonge, ces hommes qui encensent l'ouvrier pour lui voler son vote, qui vivent des plaies auxquelles ils ne veulent pas qu'on touche. Et pourquoi donc ne ferions-nous pas le plein jour, pourquoi n'assainirions-nous pas nos faubourgs à coup de pioche, en y faisant entrer le grand air? Nous avons bien dit la vérité sur les hautes classes, nous dirons la vérité sur le peuple, pour qu'on s'épouvante, pour qu'on le plaigne et qu'on le soulage. C'est une œuvre d'hommes courageux. Oui, telle est la vérité, une grande partie du peuple est ainsi. Et tous le savent bien ; ils mentent par intérêt de boutique, voilà tout. Mais notre mépris est encore plus haut que leur hypocrisie.

Je souhaite à M. Huysmans de se voir traîner dans les ruisseaux de la critique, d'être dénoncé à la police par ses confrères, d'entendre tout le troupeau des envieux et des impuissants hurler sur ses talons. C'est alors qu'il sentira sa force.

III

PAUL ALEXIS

La fin de Lucie Pellegrin m'est dédiée, et je ne cacherai pas que l'auteur, M. Paul Alexis, est un de mes vieux amis, un garçon de grand talent que j'aime beaucoup. Voici une dizaine d'années que je l'ai vu débarquer à Paris, un beau matin, dans un de ces coups de tête littéraire qui désolent les familles. Il arrivait de cette Provence où j'ai grandi, il avait ces larges espoirs et ces belles paresses des tempéraments latins, dont le sommeil est plein de rêves de batailles et de triomphes. Le premier jour, Paris semble leur appartenir, et beaucoup s'y endorment ; ils ont laissé les fenêtres ouvertes, mais le succès n'est pas entré. J'étais tranquille avec M. Paul Alexis, je savais bien qu'il aurait son heure, parce qu'il avait une nature. Et voici son premier livre ; il s'est fait sans doute un peu attendre, mais il est d'une saveur qui indique l'analyste et le peintre de race. Maintenant, le pavé de Paris est à lui, il n'a plus qu'à marcher.

Les volumes de nouvelles sont bien délaissés à cette heure. Le goût n'est plus à ces courts récits, si délicats parfois, d'un art si achevé. C'est comme au théâtre, chaque débutant veut du premier coup donner sa pièce en cinq actes, sachant bien que les appétits du public vont aux gros morceaux. Si M. Paul Alexis avait dépensé dans un roman le talent qu'il vient de mettre dans les quatre nouvelles qui composent son volume, nul doute que le succès aurait été très grand. C'est pourquoi je veux insister sur ces nouvelles, pour qu'on les lise et qu'on en sente avec moi tout le haut mérite.

La première, celle qui a donné son titre au recueil, est certainement la meilleure, au point de vue du style et de l'arrangement artistique. C'est comme une série de petites eaux fortes, de courts chapitres, déroulant l'agonie d'une fille qui meurt dans un dernier besoin de plaisir, au milieu des bavardages imbéciles de quatre femmes, accourues à son chevet par une curiosité de la mort. Rien de plus simple comme sujet, et rien de plus fort comme observation nette et vigoureuse. Tout un bout de notre trottoir parisien se trouve là, analysé et réduit avec un relief étonnant. La petite salle du marchand de vin où l'action se pose, la conversation des quatre femmes, avec leur curiosité qui monte, puis la scène chez Lucie, cet appartement vidé par les créanciers, tandis que la malheureuse tousse dans son lit, cette moribonde buvant un dernier verre d'absinthe et rêvant d'une dernière noce, tout ce tableau a un accent de vérité et une puissance de rendu qui en font la peinture inoubliable et définitive d'un coin de notre Paris.

Voilà la grande force du vrai. Il reste éternel. Tout document apporté est incontestable, la mode ne peut rien contre lui. Ajoutez qu'un artiste est derrière l'observateur, donnant sans cesse aux faits observés la flamme de sa nature, l'arrangement de son goût. Ce n'est point une idéalisation, une déformation, c'est une composition logique classant les faits et les faisant valoir. L'imagination, comme je l'ai dit souvent, n'est plus ici l'invention baroque se lançant dans une fantaisie folle, mais un ressouvenir des vérités entrevues et un rapport des idées entre elles. Par exemple, l'imagination dans la *Fin de Lucie Pellegrin*, c'est cette chienne pleine qui traverse l'action et qui fait ses petits sur le lit, pendant que sa maîtresse achève de mourir par terre. Toute la nouvelle est ainsi d'un art très travaillé, dans une simplicité apparente.

La nouvelle qui suit, l'*Infortune de M. Fraque*, est comme le plan développé, et achevé dans certaines parties, d'un grand roman d'observation. M. Paul Alexis qui a grandi dans une ville de province, à Aix, a évoqué les souvenirs de son enfance et nous a donné une étude très curieuse de la petite ville de Noirfond. Rien de joli et d'original comme le sujet, une histoire vraie, à peine arrangée dans les détails. Il s'agit du grand duel de M. Fraque et de sa femme, Zoé de Grandval, duel terrible où cette dernière, après avoir accablé son mari d'une série enragée d'adultères, finit par le battre définitivement, en se jetant dans la religion et en laissant toute sa fortune à un jeune prêtre aimable, qui fait bâtir des chapelles.

M. Fraque, pour se protéger, n'a d'autres ressources que de se jeter passionnément dans l'élevage des porcs et d'exagérer une surdité naissante. Plus tard, quand sa femme se livre à l'abbé de la Mole, M. Fraque se donne au pasteur protestant Menu : belle bataille de religions qui termine la nouvelle.

Nous ne sommes plus ici dans les petits tableaux parfaits de la *Fin de Lucie Pellegrin*. On sent que le souffle est venu à l'auteur. Ce sont de grands morceaux d'analyse très pénétrants, fouillant la province. L'unique défaut est, je le répète, que le sujet n'a pas été développé suffisamment partout ; il y avait matière à un roman, et certaines scènes seulement ont toute la largeur voulue. Mais c'est surtout dans cette œuvre incomplète qu'on peut prévoir les belles qualités du romancier, le souffle, l'ampleur, la volonté des sujets vastes et la puissance pour les réaliser. Il est de la forte famille de Balzac, il s'attaquera certainement aux grandes analyses sociales, il ne s'attardera pas dans les tableaux exquis, des bijoux d'art, que tous les débutants finissent par réussir aujourd'hui. C'est aux puissantes études de la nature et de l'homme que va notre jeune littérature.

Avec *Les Femmes du père Lefèvre*, nous revenons à ce que je nommerai la fantaisie du vrai. Mais le sujet est si joli, que cette nouvelle est peut-être la plus heureuse du livre. Imaginez un simple fait, à peine une anecdote, les étudiants d'une ville de province rêvant de donner un bal, le jeudi de la Mi-Carême, arrêtés un instant par l'absence absolue de femmes, puis sauvés par un ancien sous-officier qui se charge d'embaucher des femmes à Marseille et qui jette sur le pavé de la petite ville treize laiderons, dont la présence révolutionne les habitants. Voilà tout ; ce n'est rien, et c'est d'un comique excellent, d'une ironie charmante, dans la justesse de l'observation et du rendu. Aucune exagération pour forcer le rire ; à peine une moquerie qui s'égaie discrètement. Le comique est dans la vérité, dans les impatiences et les terreurs de ces jeunes gens, privés de femmes, allant vainement attendre à chaque train le père Lefèvre qui n'arrive plus, puis dans le déballage de ces dames au milieu des cris d'enthousiasme de la jeunesse, des sourds appétits des bourgeois stationnant devant le café des Quatre-Billards, du bouleversement de la ville où la queue des femmes, après le bal, s'égrène et traîne pendant des mois.

J'ai prononcé les mots de fantaisie du vrai. Nous avons, dans le courant naturaliste actuel, des poëmes de la vérité qui marquent l'époque. Ce ne sont plus des constructions absolument en l'air, des sylphes et des fées, des imaginations flottant dans un monde immatériel ; ce sont des faits vrais et des créatures réelles, mais présentés dans un envolement de verve mélancolique ou railleuse, arrangés pour obtenir la plus grande somme d'effet possible, sans que l'observation et l'analyse sortent jamais de la nature. On peut même dire que toute la génération des romanciers qui procèdent aujourd'hui de Balzac et de Victor Hugo, sont ainsi des poëtes de la vérité. Et je signale encore les *Femmes du père Lefèvre* comme une de ces fantaisies charmantes, faites strictement de réalités, allumées par la flamme même de l'observation et de l'analyse.

La dernière nouvelle, le *Journal de M. Mure*, nous ramène à l'analyse sévère. Le sujet est encore des plus simples, car il s'agit ici d'une étude psychologique et physiologique. M. Mure, un magistrat de petite ville, a vu grandir Hélène, la fille du capitaine Derval. Il a été peu à peu envahi d'un amour inconscient, qu'il ne s'avouera jamais d'une façon nette; et toute sa vie va se passer à ne pas posséder cette femme, que d'autres posséderont devant lui, indéfiniment. D'abord, il la marie à un substitut imbécile, M. Moreau; ensuite, il a la douleur de la voir s'enfuir en compagnie d'un M. de Vandeuilles, avec qui elle va se réfugier à Paris; puis, elle tombe plus bas, jusqu'au ruisseau, il la retrouve aux bras du saltimbanque Fernand; enfin, il la réconcilie avec son mari, il s'endort dans la joie dernière de son retour et de son triomphe, au milieu de la société de la petite ville qu'elle a scandalisée autrefois. Ce pauvre M. Mure est un avortement perpétuel. C'est comme une étude de la paternité dans l'amour. Il fait le bonheur des autres, sans jamais se satisfaire lui-même; et là se trouve la grande originalité de l'œuvre, une analyse d'une délicatesse infinie, le plaisir de travailler à la félicité d'Hélène, attristé par la jalousie de la savoir à d'autres, toutes sortes de demi-aveux, d'abnégations et de regrets, une pudeur exquise troublée par un désir persistant, jusque dans la vieillesse, puis une résignation finale avec des contentements solitaires. Il y a là une création très personnelle.

Cette dernière nouvelle est un roman d'observation écourté, comme l'*Infortune de M. Fraque.* Seulement, elle est plus nue encore et d'une conception beaucoup plus large, selon moi. En ce moment, l'évolution qui se produit dans le roman semble le porter surtout à cette simplicité de la vie quodidienne, à l'étude de l'avortement humain, si magnifiquement analysé par Gustave Flaubert dans l'*Education sentimentale*. C'est une réaction fatale contre les exagérations passionnées du romantisme ; on se jette dans le train banal de l'existence, on montre le vide et le triste de toutes choses, pour protester contre les apothéoses creuses et les grands sentiments faux des œuvres romantiques. Cela est excellent, car c'est par là que nous retournons à un art simple et vrai, à des sentiments humains et à une langue logique. Je parle ici de méthode, de voie bonne et mauvaise, en sous-entendant toujours la question du tempérament.

Voilà donc le livre de M. Paul Alexis. On va le classer d'un mot : c'est l'œuvre d'un jeune naturaliste, d'un de ces affreux naturalistes qui ne respectent rien et qui se copient les uns les autres. La critique courante, dans sa hâte et son insouciance du juste et du vrai, répète ainsi des jugements tout faits, radicalement faux. La vérité est que les quelques jeunes romanciers que l'on croit écraser sous l'épithète commune de naturalistes, ont précisément les tempéraments les plus opposés qu'on puisse voir ; pas un n'apporte la même personnalité, pas un ne regarde l'humanité sous le même angle, et l'on en fait des disciples fervents d'une même religion, avec cette belle inintelligence qui distingue notre triste critique actuelle. Un jour, sans doute, j'étudierai ces romanciers pour marquer leur dissemblance, car depuis longtemps j'enrage de voir le gâchis des jugements qu'on porte sur eux. Mais, à cette heure, il ne s'agit que de l'auteur de la *Fin de Lucie Pellegrin*.

M. Alexis est avant tout un sensitif. Chez lui, l'analyse procède par la sensation. Il a besoin de voir pour savoir, d'être remué pour peindre. Son livre entier est fait de souvenirs. Il conte des histoires qui se sont passées autour de lui, en les modifiant à peine. Évidemment, il lui faut travailler sur la nature, il ne dissèque bien que les gens qu'il a connus et fréquentés; alors, il arrive à des nuances très fines, très délicates. Je ne crois pas qu'il mette jamais debout de grandes figures typiques, tirées de son cerveau; mais il emploiera avec une véritable puissance de pénétration les documents que la vie lui fournira.

Ajoutez qu'il est artiste, j'entends homme de style et de symétrie latine. Le travail a beau lui être pénible, il ne peut lâcher complètement sa phrase, et il renonce difficilement à un effet. Dans le *Journal de M. Mure*, la dernière nouvelle écrite, la plus large de conception et de facture, il y a un art très compliqué d'arrangement, sous l'apparente confusion de ces notes courtes ou longues, jetées sur le papier à toutes les heures et à toutes les dates. Comme je l'ai dit, ce n'est plus de la composition, c'est du classement. Mais le tempérament de l'écrivain ne s'en affirme pas moins par la sensation très vive des faits et la mise en œuvre des observations recueillies.

Il faut que M. Paul Alexis fasse un roman, car il étouffe dans la nouvelle, il a le souffle des œuvres vastes. Les crudités et les cruautés d'analyse de son premier livre fâcheront peut-être beaucoup de monde; mais je suis certain que tous sentiront là des reins solides et une originalité qui s'impose déjà avec puissance.

LES DOCUMENTS HUMAINS

—

Dans l'étude que j'ai consacrée au remarquable roman de M. Huysmans : les *Sœurs Vatard*, j'ai écrit cette phrase : « On finira par donner de simples études, sans péripéties ni dénoûment; l'analyse d'une année d'existence, l'histoire d'une passion, la biographie d'un personnage, les notes prises sur la vie et logiquement classées. » Certes, je ne me doutais guère que cette phrase allait scandaliser beaucoup de mes confrères. Les uns se sont fâchés, les autres se sont moqués; tous m'ont accusé de nier l'imagination, de tuer l'invention, de poser comme une règle que le roman doit être banal et vulgaire.

Ce qui me stupéfie toujours, c'est la façon dont on me lit. Depuis plus de dix ans, je répète les mêmes choses, et je dois vraiment m'exprimer bien mal, car ils sont encore rares ceux qui consentent à lire « blanc » quand j'ai écrit « blanc ». Quatre-vingt-dix-neuf personnes sur cent s'obstinent à lire « noir ». Je ne prononcerai pas les gros mots de bêtise et de mauvaise foi. Mettons qu'il y ait là un phénomène de la vue.

Par exemple, dit-on assez de sottises sur ce pauvre

naturalisme ? Si je réunissais tout ce qu'on publie sur la question, j'élèverais un monument à l'imbécillité humaine. Écoutez tout ce monde : « Ah! oui, les naturalistes, ces gens qui ont des mains sales, qui veulent que tous les romans soient écrits en argot et qui choisissent de parti pris les sujets les plus dégoûtants, dans les basses classes et dans les mauvais lieux. » Mais pas du tout, vous mentez! Vous faites misérablement du naturalisme une question de rhétorique, lorsque je me suis toujours efforcé d'en faire une question de méthode. J'ai appelé naturalisme le large mouvement analytique et expérimental qui est parti du dix-huitième siècle et qui s'élargit si magnifiquement dans le nôtre. Il est stupide de prétendre que je rétrécis l'horizon, que je relègue la littérature dans nos faubourgs, que je la réduis à l'ordure de la langue, lorsque au contraire je montre le domaine littéraire s'étendant de plus en plus, se confondant avec le domaine des sciences.

L'*Assommoir*, toujours l'*Assommoir!* On veut faire de ce livre je ne sais quel Évangile absurde. Eh! j'ai écrit dix romans avant celui-là, j'en écrirai dix autres. J'ai pris pour sujet la société tout entière; j'ai promené déjà mes personnages dans vingt mondes différents, jusque dans le monde du rêve. Ne dites donc pas que j'ai l'idiote prétention de ne peindre que le ruisseau. Ayez des yeux, voyez clair. Cela ne demande pas même de l'intelligence; il suffit de constater des faits. Et surtout ne m'accusez pas d'inventer une religion littéraire, parce que ce n'est pas vrai, parce que je suis simplement un critique étudiant son époque, remontant jusqu'au siècle dernier pour chercher les sources de Balzac, et descendant jusqu'à nos jours pour dire où en est le mouvement que l'auteur de la *Comédie humaine* a déterminé dans notre littérature. Toute ma besogne est là. Le naturalisme ne m'appartient pas, il appartient au siècle. Il agit dans la société, dans les sciences, dans les lettres et les arts, dans la politique. Il est la force de notre âge.

Me suis-je fait comprendre, cette fois ? Enfermera-t-on encore le naturalisme dans les quatre murs du lavoir de l'Ambigu ? A la fin, c'est irritant.

Je me fâche, et j'ai tort. Je reviens à l'imagination dans le roman. L'idée que le roman tend à devenir une simple monographie, une page d'existence, le récit d'un fait unique, a paru monstrueuse et révolutionnaire. Il faut en vérité que nos conteurs, avec les complications de leurs histoires à dormir debout, aient bien troublé les cervelles. Sans remonter à la *Nouvelle Héloïse*, à *Werther*, à *René*, qui ne sont que des analyses d'un fait psychologique, je citerai surtout MM. de Goncourt, dont *Manette Salomon* et *Madame Gervaisais*, deux romans publiés il y a dix ans, n'offrent aucun intérêt d'intrigue et vivent uniquement de l'étude d'un milieu ou d'un personnage.

Précisément, M. Edmond de Goncourt va publier une œuvre nouvelle : les *Frères Zemganno*. C'est l'histoire de deux clowns. D'ailleurs, pour qu'on ne me soupçonne pas d'analyser le livre à mon point de vue, je préfère en prendre le compte rendu dans un charmant article que M. Alphonse Daudet vient de publier.

« La trame, dit-il, en est simple : une existence
« toute vouée à l'art et à l'amitié. L'aîné devenu à la
« fois le père et le maître du plus jeune. La vie,

« s'agrandissant, des tours nouveaux qui étonnent
« Paris, la fortune, presque la gloire. Puis, un jour,
« la rancune d'une écuyère faisant rater le tour et
« jetant sur le sable du cirque le plus jeune frère,
« les cuisses brisées, et l'aîné, non sans regret et sans
« amertume, renonçant à l'art et jurant à l'infirme,
« pour apaiser ses inquiétudes maladives, que, ni
« avec un autre ni tout seul, plus jamais il ne *travail-*
« *lerait...* Pas de dénouement d'ailleurs : ces réalités
« n'en ont guère. »

Voilà qui est excellemment résumé. Je n'ai pas dit
autre chose pour les *Sœurs Vatard*, de M. Huysmans.
J'avoue même, aujourd'hui, que je songeais aux œuvres de MM. de Goncourt, en écrivant ma phrase
sur les tendances que les romanciers paraissent
avoir à simplifier de plus en plus l'intrigue, à supprimer les coups de théâtre des dénouements, à
ne donner aux lecteurs que leurs notes sur la vie,
sans les relier par un arrangement quelconque.
Personnellement, j'ajouterai que je suis pour les
études plus complètes, embrassant des ensembles
de documents humains plus vastes; sans conclure,
on peut, selon moi, épuiser une matière. Je ne
faisais donc que constater un fait. Et, par suite de
cet étrange phénomène de la vue dont j'ai parlé,
voilà qu'on a lu en toutes lettres dans mon article que
je voulais supprimer l'imagination et faire de la banalité la règle des romans.

Il faudrait s'entendre, avant tout, sur les mots
d'imagination et de banalité. Certes, oui, je repousse
l'imagination, si l'on entend par là l'invention des
faiseurs de romans-feuilletons, que ces faiseurs aient
même le génie du genre, et qu'ils s'appellent

Alexandre Dumas et Eugène Sue. Rien n'est plus monotone, en somme, que leurs aventures. Ils ont une ou deux douzaines de combinaisons dramatiques qui reviennent toujours. C'est un théâtre mécanique dont ils tournent la manivelle dans la coulisse ; les mêmes personnages reparaissent périodiquement, sous d'autres noms et sous d'autres costumes. Je ne parle pas du néant de tout cela. Au fond de ces longs récits, il n'y a que du vide. On les lit comme on joue au tonneau, pour tuer une heure.

L'imagination, la faculté d'imaginer n'est pas toute là. Elle n'a là qu'un emploi très grossier. Inventer un conte de toutes pièces, le pousser jusqu'aux dernières limites de la vraisemblance, intéresser par des complications incroyables, rien de plus aisé, rien de plus à la portée de tout le monde. Prenez au contraire des faits vrais que vous avez observés autour de vous, classez-les d'après un ordre logique, comblez les trous par l'intuition, obtenez ce merveilleux résultat de donner la vie à des documents humains, une vie propre et complète, adaptée à un milieu, et vous aurez exercé dans un ordre supérieur vos facultés d'imaginer. Eh bien ! notre roman naturaliste est justement le produit de ce classement des notes et de l'intuition qui les complète. Voyez, dans Balzac, la *Femme de trente ans* et *Eugénie Grandet*. Un romancier quelconque aurait pu signer la *Femme de trente ans*, tandis qu'il fallait un romancier naturaliste pour écrire *Eugénie Grandet*. C'est que le premier de ces romans est inventé, tandis que l'autre est vu et deviné.

Je passe au reproche de la banalité. C'est d'abord ici une question d'appréciation. Il est difficile de spécifier ce qui est banal. On répondra que ce qu'on voit tous les jours est banal ; et si, en le voyant tous les jours, on ne l'a jamais regardé, et si on en tire des vérités superbes et inconnues ! C'est l'histoire même du grand mouvement scientifique au dix-huitième siècle. Personne ne s'était avisé d'analyser l'air, parce que l'air était banal; Gay-Lussac l'analysa et fonda la chimie moderne. Nous sommes donc accusés de banalité, parce que nous reprenons l'étude de la vérité au commencement, à la nature et à l'homme. Mais il y a ensuite la question de la forme. Dire, bon Dieu ! que des gens ont accusé M. Huysmans d'être banal ! Eh ! il y a en lui un poète outré, un coloriste de l'école hollandaise lâché en pleine débauche de tons violents. C'est même là ce que je lui reproche. Si celui-là est banal comme écrivain, ce seront donc les romanciers de la *Revue des Deux Mondes* qu'on accusera de faire des orgies de style. Hélas ! non, le roman naturaliste contemporain n'est pas banal ; il ne l'est pas assez, et je m'en suis même plaint ; mais on ne m'a pas compris, comme d'habitude. L'idée que je pouvais être un classique a fait beaucoup rire.

Je voudrais pourtant qu'on cessât de me prêter des opinions qui ne sont pas les miennes. Je n'érige pas la banalité en règle, je ne refuse pas l'imagination, surtout la déduction, qui en est la forme la plus élevée et la plus forte. C'est comme l'horreur de la poésie qu'on me prête ; ai-je jamais écrit deux lignes qui aient la bêtise de réclamer la suppression des poètes ? Où et quand m'a-t-on surpris en train de boucher le ciel de la fantaisie, de nier chez l'homme le besoin de mentir, d'idéaliser, d'échapper au réel.

J'accepte tout l'homme, seulement je l'explique par la science. J'ai dit vingt fois qu'il me déplaisait d'être trompé, pas davantage.

Vous êtes un fantaisiste au théâtre, un poète, faites-moi des féeries, j'y prendrai le plus grand plaisir. Mais si, dans un drame, dans une comédie, vous prétendez me donner des hommes et que vos hommes soient des pantins, je me fâche. De même dans le roman ; écrivez franchement des poèmes, si vous éprouvez un jour le besoin d'idéaliser ; ne me donnez pas des histoires grotesques et impossibles, en voulant me faire croire que cela s'est passé ainsi. Pas d'œuvres bâtardes et hypocrites, voilà tout. Pas de mélange inacceptable, pas de monstres moitié réels et moitié fabuleux ; pas de prétention à conclure sur des mensonges, dans une pensée morale et patriotique. Ou vous êtes un observateur qui rassemblez des documents humains, ou vous êtes un poète qui me contez vos rêves, et je ne vous demande que du génie pour vous admirer. J'ajoute que l'évolution contemporaine s'opère évidemment en faveur de l'observateur, du romancier naturaliste, et j'explique cela par des raisons sociales et scientifiques. Mais j'accepte tout, je suis heureux de tout, parce que j'aime la vie en savant qui la note au jour le jour.

Ainsi, par exemple, M. Edmond de Goncourt, dans les *Frères Zemganno*, a eu le caprice original de sortir de la réalité immédiate pour entrer dans le domaine du rêve. Après le roman technique de la *Fille Elisa*, il a voulu montrer qu'il pouvait échapper à l'observation exacte. Son nouveau livre est de la psychologie poétique, si l'on me permet ce terme. Eh bien ! rien de mieux, j'approuve cette tentative. Il sera curieux de savoir comment l'un des auteurs de *Germinie Lacerteux* pense et écrit en prose de poète. Les bourgeois honnêtes que la *Fille Elisa* a effarés, verront que, lorsque nous le voulons, nous faisons pleurer les femmes et rêver les jeunes filles. Est-ce que l'ignoble auteur de l'*Assommoir* n'a pas écrit la deuxième partie de la *Faute de l'abbé Mouret*, une idylle adamique, une sorte de symbole, des amours idéales dans un jardin qui n'existe pas ?

Il y a bientôt quatorze ans, en 1865, j'ai été le seul critique qui ait osé appeler *Germinie Lacerteux* un chef-d'œuvre. Aujourd'hui, j'annonce la prochaine apparition des *Frères Zemganno* comme le grand événement littéraire de la saison. Mais je ne veux pas qu'on se serve de ce dernier livre pour attaquer le premier. Je vais plus loin. Qu'on lise les *Frères Zemganno* et les *Sœurs Vatard* : il n'y a entre ces deux productions que la différence de l'œuvre d'un maître à l'œuvre d'un débutant. Je les aime parce qu'elles partent toutes deux de la même méthode littéraire : l'une dans le rêve, l'autre dans la réalité, et qu'elles ont toutes deux la vie du style.

LES FRÈRES ZEMGANNO

—

I

LA PRÉFACE.

Je m'arrêterai d'abord à la préface dont l'auteur a fait précéder son œuvre. Cette préface, qui a l'importance d'un manifeste, est excellente. Seulement, comme elle m'a paru un peu succincte, je vais me permettre de la commenter ici. Je veux, en développant les idées qu'elle contient, éviter que le public donne aux opinions exprimées par M. de Goncourt un sens qui n'a jamais été certainement dans sa pensée.

La thèse soutenue par l'auteur est que le triomphe décisif de la formule naturaliste aura lieu lorsqu'on appliquera cette formule à l'étude des hautes classes de la société. Je cite : « On peut publier des *Assommoirs* et des *Germinie Lacerteux*, et agiter, et remuer, et passionner une partie du public. Oui, mais pour moi les succès de ces livres ne sont que de brillants combats d'avant-garde, et la grande bataille qui décidera de la victoire du réalisme, du naturalisme, de l'étude d'après nature en littérature, ne se livrera pas sur le terrain que les auteurs de ces deux romans ont choisi. Le jour où l'analyse cruelle que mon ami

M. Zola et peut-être moi-même avons apportée dans la peinture du bas de la société sera reprise par un écrivain de talent, et employée à la reproduction des hommes et des femmes du monde, dans des milieux d'éducation et de distinction, — ce jour-là seulement, le classicisme et sa queue seront tués. »

On ne saurait mieux dire. J'ai exprimé ces idées cent fois. Je me suis exténué à répéter que le naturalisme était une formule, et non une rhétorique, qu'il ne consistait pas dans une certaine langue, mais dans la méthode scientifique appliquée aux milieux et aux personnages. Dès lors, il devient évident que le naturalisme ne tient pas au choix des sujets; de même que le savant applique sa loupe d'observateur sur la rose comme sur l'ortie, le romancier naturaliste a pour champ d'observation la société entière, depuis le salon jusqu'au bouge. Les imbéciles seuls font du naturalisme la rhétorique de l'égout. M. Edmond de Goncourt exprime d'une façon excellente cette pensée très fine que, pour un certain public prévenu, léger, inintelligent si l'on veut, la formule naturaliste ne sera acceptée que lorsque ce public s'apercevra, par des exemples, qu'il s'agit d'une formule, d'une méthode générale, s'appliquant aussi bien aux duchesses qu'aux filles.

Du reste, M. de Goncourt complète et explique sa pensée, en ajoutant que le naturalisme « n'a pas en effet l'unique mission de décrire ce qui est bas, ce qui est répugnant, ce qui pue; il est venu au monde aussi, lui, pour définir dans de l'écriture artiste ce qui est élevé, ce qui est joli, ce qui sent bon, et encore pour donner les aspects et les profils des êtres raffinés et des choses riches; mais cela, en une étude appliquée, rigoureuse, et non conventionnelle et non imaginative de la beauté, une étude pareille à celle que la nouvelle école vient de faire, en ces dernières années, de la laideur. »

Voilà qui est très net. On affecte de ne voir que nos brutalités, on feint d'être convaincu que nous nous enfermons dans l'horrible, et c'est là une tactique d'adversaires de mauvaise foi. Nous voulons le monde entier, nous entendons soumettre à notre analyse la beauté comme la laideur. J'ajouterai que M. de Goncourt aurait pu être un peu moins modeste pour nous. Pourquoi semble-t-il laisser croire que nous avons peint uniquement la laideur? Pourquoi ne nous montre-t-il pas menant la même besogne dans tous les milieux, dans toutes les classes à la fois ? Nos adversaires seuls jouent ce vilain jeu de ne parler que des *Germinie Lacerteux* et des *Assommoirs*, en faisant le silence sur nos autres œuvres. Il faut protester, il faut montrer l'ensemble de nos efforts. Je ne parlerai pas de moi, je ne rappellerai pas que j'ai entrepris, dans une série de romans, le tableau de toute une époque; je ne ferai pas remarquer que l'*Assommoir* restera comme une note unique, au milieu de vingt autres volumes, et je me contenterai de citer la *Curée*, où j'ai déjà tâché de peindre un petit coin de ce qui est « joli » et de ce qui « sent bon ». Mais j'insisterai sur le cas de M. de Goncourt lui-même, et j'aurai de l'ambition pour lui, je le montrerai écrivant *Renée Mauperin* après *Germinie Lacerteux*, abordant les classes d'en haut après le peuple, et laissant un chef-d'œuvre après un chef-d'œuvre.

Quelle étude exquise et profonde que cette *Renée Mauperin!* Nous ne sommes plus dans les rudesses et les sauvageries populaires. Nous montons dans la bourgeoisie, et le milieu se complique terriblement. Je sais bien que ce n'est pas encore l'aristocratie; mais c'est en tout cas « un milieu d'éducation et de distinction ». A cette heure, les classes sont tellement mêlées, l'aristocratie pure tient une place si restreinte dans la machine sociale, que l'étude en est d'un intérêt assez médiocre. M. de Goncourt, lorsqu'il réclame « les aspects et les profils des êtres raffinés et des choses riches », parle évidemment de ce monde parisien si bariolé, si élégant, si moderne. Eh bien ! il a déjà donné une face de ce monde parisien, lorsqu'il a publié *Renée Mauperin*, il y a quatorze ans. On trouve là tout ce que sa modestie trop grande demande aux écrivains de talent qui viendront après lui. Pourquoi donc vouloir rester l'auteur de la *Fille Elisa* et de *Germinie Lacerteux*, lorsqu'on a écrit *Renée Mauperin* et *Manette Salomon*, cet autre chef-d'œuvre de grâce nerveuse et fière?

Il est vrai qu'il faut s'entendre. M. de Goncourt a laissé un point obscur, qu'il est nécessaire de bien établir. Il demande « une étude appliquée, rigoureuse, et non conventionnelle et non imaginative de la beauté »; et plus loin il ajoute que les documents humains font seuls les bons livres, « les livres où il y a de la vraie humanité sur ses jambes »; opinion que je défends depuis des années. Voilà l'outil, la formule naturaliste que nous appliquons à tous les milieux et à tous les personnages. Dès lors, le terrible est que nous arrivons tout de suite à la bête humaine, sous l'habit noir comme sous la blouse. Voyez *Germinie Lacerteux*, l'analyse y est cruelle, car elle met à nu des plaies affreuses. Mais portez la même analyse

dans une classe élevée, dans des milieux d'éducation
et de distinction ; si vous dites tout, si vous allez au
delà de l'épiderme, si vous exposez la nudité de
l'homme et de la femme, votre analyse sera aussi
cruelle là que dans le peuple, car il n'y aura qu'un
changement de décor et des hypocrisies en plus.
Lorsque M. de Goncourt voudra peindre un salon parisien et dira la vérité, il aura certainement de jolies
descriptions à faire, des toilettes, des fleurs, des politesses, des finesses, des nuances à l'infini ; seulement,
s'il déshabille ses personnages, s'il passe du salon à la
chambre à coucher, s'il entre dans l'intimité, dans la
vie privée et cachée de chaque jour, il lui faudra disséquer des monstruosités d'autant plus abominables
qu'elles auront poussé dans un terreau plus cultivé.

Et, d'ailleurs, est-ce que *Renée Mauperin* n'est pas
une preuve de ce que j'avance ? Rappelez-vous Henri
Mauperin, ce jeune homme si correct, si parfaitement
élevé, qui commence par coucher avec la mère pour
se faire donner la fille ; c'est un monstre. Et cette
fille qui sait tout, et cette mère, cette madame Bour-
jot qui ne veut pas vieillir et qui se cramponne à son
adultère ! Tout cela est beaucoup plus sale que les
débordements instinctifs et désespérés de Germinie
Lacerteux, cette pauvre fille malade qui meurt du
besoin d'aimer. Pourtant, M. de Goncourt a prodigué
les teintes délicates dans *Renée Mauperin* ; le milieu
est luxueux, il sent bon ; les personnages sont bien
mis, il ne parlent pas argot et ils gardent toutes les
convenances.

Voilà donc ce qu'il faut constater : notre analyse
reste toujours cruelle, parce que notre analyse va
jusqu'au fond du cadavre humain. En haut, en bas,

nous nous heurtons à la brute. Certes, il y a des voiles plus ou moins nombreux ; mais quand nous les avons décrits les uns après les autres, et que nous levons le dernier, on voit toujours derrière plus d'ordures que de fleurs. C'est pour cela que nos livres sont si noirs, si sévères. Nous ne cherchons pas ce qui est répugnant, nous le trouvons ; et si nous voulons le cacher, il faut mentir, ou tout au moins rester incomplet. Le jour où M. de Goncourt aura le caprice d'écrire un roman sur le grand monde où tout sera joli, où tout sentira bon, ce jour-là il devra se contenter de légers tableaux parisiens, d'esquisses de surface, d'observations prises entre deux portes. S'il descend dans la psychologie et dans la physiologie des personnages, s'il va plus loin que les dentelles et les bijoux, eh bien ! il écrira une œuvre qui empoisonnera les lecteurs délicats et qu'ils traiteront d'affreux mensonges, car rien ne semble moins vrai que la vérité, à mesure qu'on la cherche dans des classes plus élevées.

Une autre remarque de M. de Goncourt m'a beaucoup frappé. Il explique comment un homme du peuple est plus facile à étudier et à peindre qu'un gentilhomme. Cela est très juste. L'homme du peuple se livre tout de suite, tandis que le monsieur bien élevé se cache sous le masque épais de l'éducation. Puis, on peut marquer l'homme du peuple d'un trait plus fort ; cela est amusant comme métier, on obtient des silhouettes vigoureuses, de violentes oppositions de noir et de blanc. Mais je n'admets pas qu'il y ait plus de mérite à laisser un chef-d'œuvre sur le peuple qu'un chef-d'œuvre sur l'aristocratie. L'œuvre ne se juge pas au sujet, mais au talent de l'écrivain. Quant à savoir si le modèle pose mieux ou offre plus de ressources, c'est là une question secondaire; il faut simplement que le modèle soit rendu avec génie. M. de Goncourt parle de la difficulté qu'on éprouve à saisir dans sa vérité le Parisien et la Parisienne ; mais il y a une difficulté tout aussi grande à saisir le paysan. Je connais des livres très étudiés sur Paris, tandis qu'on trouve à peine çà et là quelques notes justes sur les campagnes. Tout est à étudier, voilà la vérité.

Enfin, j'arrive à la phrase capitale de la préface. M. de Goncourt explique pourquoi il a pris la parole, en disant : « Cette préface a pour but de dire aux jeunes que le succès du réalisme est là (dans la peinture des classes d'en haut), seulement là, et non plus dans le *canaille littéraire*, épuisé à l'heure qu'il est par leurs devanciers. » Je suis tout à fait du même avis ; seulement, je demande à commenter la phrase comme je la comprends.

Évidemment, M. de Goncourt n'a pu dire que le peuple était désormais une matière épuisée, parce qu'il a écrit *Germinie Lacerteux*. Cela serait outrecuidant et faux. On n'épuise pas du premier coup un champ d'observations aussi vaste que le peuple. Comment ! nous avons donné droit de cité au peuple dans le domaine littéraire, et derrière nous, tout de suite, il n'y aurait plus rien à dire sur lui ! Mais nous avons pu nous tromper, mais en tout cas nous n'avons pas tout vu !

Aussi M. de Goncourt ne parle-t-il que du « canaille littéraire ». Je ne comprends pas bien cette expression, je ne l'accepte pas pour mon compte. Elle ajoute une idée de « chic », une allure à la Gavarni aux vérités poignantes du pavé parisien, qui me paraît rapetisser beaucoup l'enquête moderne et en faire un bibelot d'étagère. Pour moi, *Germinie Lacerteux* n'est pas du « canaille littéraire »; c'est de l'humanité saignante et superbe. Je veux donc croire que, par cette expression de « canaille littéraire », M. de Goncourt entend désigner une certaine rhétorique où les mots crus sont de rigueur. Dès lors, je suis de son avis, je supplie les jeunes romanciers de se dégager de toutes les rhétoriques. La formule naturaliste est indépendante du style de l'écrivain, comme elle est indépendante des sujets choisis. Elle n'est, je le dis une fois encore, que la méthode scientifique appliquée dans les lettres.

Je reprends la conclusion de M. de Goncourt et je dis aux jeunes romanciers que le succès de la formule n'est pas en effet dans l'imitation des procédés littéraires de leurs devanciers, mais dans l'application à tous les sujets de la méthode scientifique du siècle. J'ajoute qu'il n'y a pas de sujets épuisés, que les procédés littéraires seuls s'épuisent. M. de Goncourt, avec raison, ne veut pas d'élèves. Mais qu'il se rassure, il n'en aura pas; je veux dire que les simples imitateurs mourront vite, tandis que les nouveaux venus, qui apportent un tempérament, se dégageront bientôt de certains ressouvenirs fatals. Il ne faut pas juger définitivement des écrivains sur leurs débuts; il est préférable de les aider à affirmer leur originalité, que la foule ne voit pas, mais qui souvent est très réelle. Nous ne voulons plus de maîtres, nous ne voulons plus d'école. Ce qui nous groupe, c'est une méthode commune d'observation et d'expérience.

Je vais plus loin, je supplie les jeunes romanciers de faire une réaction contre nous. Qu'ils nous laissent patauger dans « l'écriture artiste », selon l'heureuse expression de M. de Goncourt, et qu'ils tâchent d'avoir un style fort, solide, simple, humain. Tous nos marivaudages, toutes nos quintessences de forme ne valent pas un mot juste mis en sa place. Voilà ce que je sens, et voilà ce que je voudrais, si je le pouvais. Mais j'ai grand'peur d'avoir trop trempé, pour ma part, dans la mixture romantique ; je suis né trop tôt. Si j'ai parfois des colères contre le romantisme, c'est que je le hais pour toute la fausse éducation littéraire qu'il m'a donnée. J'en suis, et j'en enrage.

Je reviens à M. de Goncourt, et je trouve justement, dans les *Frères Zemganno*, une dernière preuve de la nécessité de mentir, lorsqu'on veut se consoler et consoler les autres. Il dit que son nouveau roman est une tentative « dans une réalité poétique » ; et il ajoute : « Cette année, je me suis trouvé dans une de ces heures de la vie, vieillissantes, maladives, lâches devant le travail poignant et angoisseux de mes autres livres, en un état de l'âme où la vérité trop vraie m'était antipathique à moi aussi ! — et j'ai fait cette fois de l'imagination dans du rêve mêlé à du souvenir. » C'est là ce que j'aurais pu écrire moi-même en tête de la *Faute de l'abbé Mouret*. Chacun a de ces heures lâches dans sa vie d'écrivain. Je souhaite que M. de Goncourt écrive le roman mondain qu'il annonce. Il ne décidera pas par là la victoire du naturalisme, car cette victoire il l'a déjà gagnée, et un des premiers, dans toutes les classes. Même il se trompe, s'il croit qu'il gagnera des sympathies en portant son scalpel dans des organismes plus compliqués et d'une corruption plus savante. On l'accusera simplement d'insulter l'aristocratie comme on nous a accusés d'avoir insulté le peuple. Ou bien c'est qu'il aura fait de l'imagination dans du rêve.

Quant à moi, je ne souhaite plus qu'un triomphe pour le naturalisme, la réaction contre nos procédés littéraires. Quand on aura mis de côté nos phrases qui compromettent la formule scientifique, quand on appliquera cette formule à l'étude de tous les milieux et de tous les personnages, sans le tralala de notre queue romantique, on écrira des œuvres vraies, solides et durables.

II

LE LIVRE

Voici d'abord le sujet, brièvement.

Deux frères, Gianni et Nello, grandissent dans une troupe de saltimbanques dont leur père, l'Italien Bescapé, est le directeur, et qui bat les villages et les petites villes de France. La mère, une Bohémienne, meurt la première, dans le regret de sa race et de son pays. Le père, à son tour, s'en va. Alors, les deux frères, pris d'ambition, vendent leur matériel roulant, courent quelques années l'Angleterre, où ils sont engagés comme clowns dans plusieurs cirques. Puis, ils finissent par revenir débuter au cirque de Paris, le but de leurs secrets désirs. Gianni, depuis longtemps, cherche un tour qui doit rendre leur nom célèbre. Il le trouve enfin, ils vont l'exécuter pour la première fois devant le public, lorsque une écuyère, dédaignée par Nello, se venge en faisant faire à celui-ci une chute affreuse. Il se casse les deux jambes, il ne peut plus travailler, et Gianni le voit tellement souffrir d'une étrange jalousie, lorsque lui-même touche un trapèze, qu'il renonce de son côté à son art. C'est le dénouement.

Dernièrement, lorsque j'ai constaté que le roman contemporain tendait à simplifier de plus en plus l'action, à se contenter d'un fait, en dehors des imaginations compliquées de nos conteurs, on s'est moqué et l'on m'a même injurié, comme il sied quand on s'adresse à ma personne, en disant que si je voulais supprimer l'invention dans le roman, c'était que je manquais d'invention dans mes œuvres. D'abord je n'ai pas la sottise de vouloir supprimer quelque chose, je ne suis qu'un critique dont l'unique besogne est de dresser des procès-verbaux. Ensuite, je parlais sur des preuves. Voici, par exemple, les *Frères Zemganno*, qui m'apportent une preuve très caractéristique.

Remarquez que M. de Goncourt, cette fois, ne s'est pas enfermé dans une analyse strictement exacte. Comme il le dit lui-même, il a fait « de l'imagination dans du rêve mêlé à du souvenir ». Puisqu'on nous demande de l'imagination, en voici. Seulement, voyons un peu ce que devient l'imagination entre les mains d'un romancier naturaliste, le jour où il a le caprice de ne pas serrer de si près la réalité.

Evidemment, M. de Goncourt n'a pas exercé cette imagination dans les faits. Il est impossible de charpenter un drame plus simple. Il n'y a là qu'une péripétie, la vengeance de l'écuyère, substituant un tonneau de bois au tonneau de toile que Nello doit traverser, et amenant ainsi sa chute. Et encore cette péripétie ne tient-elle qu'une toute petite place dans le volume. On sent que l'auteur en a eu besoin, mais qu'il la dédaigne. Il passe vivement, et il prolonge le dénouement; il s'attarde sur la situation obtenue, dès que Nello est blessé. Donc, lorsque M. de Goncourt parle d'imagination, il n'entend pas ce que la critique courante entend par ce mot, l'imagination à l'Alexandre Dumas et à l'Eugène Sue; il entend un arrangement poétique particulier, une rêverie personnelle, faite en face du vrai, mais basée quand même sur le vrai.

Rien de plus typique, je le répète, que les *Frères Zemganno* à ce point de vue. Tous les faits qui s'y passent sont des faits scrupuleusement pris dans la réalité. L'auteur n'invente pas une intrigue; l'histoire la plus banale lui suffit pour mettre debout ses héros; les personnages secondaires se mêlent à peine à l'action; c'est une matière à analyse qu'il lui faut, et non les éléments symétriques et opposés d'un drame. Seulement, quand il a devant lui cette matière à analyse, quand il possède la somme voulue de documents humains, il lâche la bride à son rêve, il bâtit sur ces documents le poème qui lui plaît. En un mot, la besogne de l'imagination n'est pas ici dans les événements, dans les personnages, mais dans l'analyse déviée et symbolisée des événements et des personnages.

Ainsi, il est évident que Gianni et Nello ne font rien que des clowns ne pourraient faire. Ils sont construits d'après des documents exacts. Mais ils s'idéalisent, ils tournent au symbole. Dans leur milieu, d'ordinaire, les choses ne se passent point avec un raffinement de sensations pareil. Ce sont là des esprits trop fins, dans des corps trop forts. M. de Goncourt a enlevé ces clowns de la matérialité des exercices violents, pour les mettre dans une sensibilité nerveuse exquise. Remarquez que je ne nie point la réalité de l'histoire; des brutes pourraient avoir ces aventures et ressentir ces sensations; seulement, des brutes les sentiraient autrement, plus confusément. En un mot, en lisant les *Frères Zemganno*, on entend tout de suite que l'œuvre ne sonne pas la vérité exacte; elle sonne la vérité transformée par l'imagination de l'auteur.

Ce que je dis pour les deux principaux personnages, je pourrais le dire pour les personnages moins importants. Je le dirais aussi pour les milieux. Ces êtres et ces choses tiennent à la réalité par leur base, mais ils s'affinent ensuite; ils entrent dans ce que M. de Goncourt a très heureusement nommé « une réalité poétique ». Il faut donc, je le répète encore, faire une différence profonde entre l'imagination des conteurs, qui bouleverse les faits, et l'imagination des romanciers naturalistes, qui part des faits. C'est là de la réalité poétique, c'est-à-dire de la réalité acceptée, puis traitée en poème.

Certes, cette imagination-là, nous ne la condamnons pas. Elle est une échappée fatale, un délassement aux amertumes du vrai, un caprice d'écrivain que tourmentent les vérités qui lui échappent. Le naturalisme ne restreint pas l'horizon, comme on le dit faussement. Il est la nature et l'homme dans leur universalité, avec leur connu et leur inconnu. Le jour où il s'échappe de la formule scientifique, il ne fait que l'école buissonnière dans des vérités qui ne sont point démontrées.

D'ailleurs, la question de méthode domine tout. Lorsque M. de Goncourt, lorsque d'autres romanciers naturalistes surajoutent leur fantaisie au vrai, ils gardent leur méthode d'analyse, ils prolongent leur observation au delà de ce qui est. Cela devient un poème, mais cela reste une œuvre de logique. Ils avouent, en outre, que leurs pieds ne posent plus sur la terre ; ils n'entendent pas donner leur œuvre comme une œuvre de vérité ; au contraire, ils avertissent le public de l'instant précis où ils entrent dans le rêve, ce qui est tout au moins de la bonne foi.

Maintenant, pour revenir aux *Frères Zemganno*, il serait très facile d'expliquer comment cette œuvre a germé dans l'esprit de M. de Goncourt. Il a eu le besoin, à un moment de sa vie, de symboliser le lien puissant qui les a unis, son frère et lui-même, dans une intimité et une collaboration de toutes les heures. Reculant devant une autobiographie, cherchant simplement un cadre pour y mettre ses souvenirs, il s'est dit certainement que deux gymnastes, deux frères qui risquent leur vie ensemble, qui s'identifient autant dans leur chair que dans leur intelligence, matérialiseraient d'une façon puissante et originale les deux êtres fondus en un seul dont il voulait analyser les sentiments. Mais, d'un autre côté, par une délicatesse qui s'explique, il a reculé devant le milieu brutal des cirques, devant certaines laideurs et certaines monstruosités des personnages qu'il choisissait. Les *Frères Zemganno* sont donc là dans une idée littéraire matérialisée, puis idéalisée.

Le résultat a été une œuvre très émue et d'une

étrangeté saisissante. Comme je l'ai dit, on sent bientôt qu'on n'est pas dans le monde réel; mais, sous le caprice du symbole, il y a là toute une humanité saignante. Je signalerai les morceaux d'analyse qui m'ont frappé : l'enfance des deux frères, leur tendresse qui grandit, leur mutuelle absorption qui commence ; puis, plus tard, leurs deux corps qui ne font plus qu'un corps dans les dangers qu'ils affrontent, cette parfaite union de deux gymnastes entrant de plus en plus l'un dans l'autre, ayant une vie commune; et enfin, lorsque Nello ne peut plus travailler, sa colère à la pensée que son frère travaillerait sans lui, sa jalousie de femme heureuse de savoir que l'être aimé n'aimera jamais ailleurs, ses exigences qui font que les frères Zemganno meurent tous les deux, du moment où l'un est mort pour le Cirque. Ce sont là les pages qui donnent à l'œuvre une vie intense, une vie vécue, en dehors de la réalité des personnages et du milieu. Le document humain est ici si touchant que sa puissance agit même sous le voile poétique.

Dans les descriptions pures, M. de Goncourt a gardé sa touche si exacte et si fine. Il y a, en ce genre, une merveille au début du livre : un paysage à l'heure où le crépuscule tombe, avec une petite ville dont les réverbères s'allument à l'horizon. Je citerai aussi la description du Cirque, le soir où Nello se casse les jambes ; le silence du public, après la chute, est superbe d'effet. Et que d'épisodes merveilleux, la mort de la Bohémienne dans la maison roulante, les représentations foraines, la soirée où Nello convalescent veut revoir le Cirque, s'asseoit aux Champs-Elysées, par une soirée pluvieuse, en face des fenêtres flamblantes, puis s'en va, silencieux, sans vouloir entrer !

Tel est ce livre. Il apporte une note nouvelle dans l'œuvre de M. de Goncourt, et il restera, par son originalité et par son émotion. L'auteur en a écrit de plus nets et de plus complets, mais il a mis dans celui-ci toutes ses larmes, toutes ses tendresses, et cela suffit souvent pour rendre une œuvre immortelle.

DE LA MORALITÉ.

—

Un de mes bons amis avait un roman en cours de publication dans un journal. Le rédacteur en chef le fait appeler un soir et lui parle avec indignation d'un alinéa qui devait passer dans le feuilleton du lendemain ; je ne sais plus, les amoureux s'y conduisaient mal, il y avait par là un baiser trop tendre. Mon ami, très rouge, honteux d'avoir révolté la pudeur de toute une rédaction, consentit à supprimer l'alinéa. Le lendemain, quelle ne fut pas la stupeur du brave garçon, en lisant à la troisième page du journal, dans ce numéro qu'on l'avait forcé à expurger, le compte rendu très long et très détaillé d'une abominable affaire criminelle, telle qu'une imagination romantique peut seule en rêver. Un père, après avoir eu un enfant de sa fille, l'avait fait bouillir dans une marmite, pour le mieux anéantir ; et aucune horreur n'était épargnée, ni l'histoire de l'accouplement monstrueux, ni les circonstances de l'abominable cuisine.

Eh bien ! je déclare ne pas comprendre. La question se pose ainsi : comment les journaux, si pudibonds à leur rez-de-chaussée, sont-ils si malpropres à leur troisième page? Je n'entre pas dans la discussion littéraire de l'imagination et de la réalité, j'examine seulement un fait, je dis qu'il y a un manque absolu de logique à parler de la dignité du journal, du respect dû aux familles, si après avoir fait la police du roman, on publie sans hésitation toutes les infamies des tribunaux. Pourquoi exiger là un mensonge couleur de rose et accepter ici les férocités de l'existence?

Depuis longtemps, je veux faire une étude, et j'ai commencé un dossier. Mon idée est simple : je coupe dans les journaux les plus répandus, ceux qui se piquent d'être lus par les mères et les filles, les épisodes épouvantables, les détails des crimes et des procès qui mettent cyniquement à nu toute l'ordure de l'homme; puis, je me propose, un jour, lorsque j'aurai un joli petit recueil de ces saletés, de publier le dossier, en me contentant d'imprimer, après chaque extrait, le nom et la date du journal. Quand ce travail sera fait, nous verrons de quel air digne les directeurs parleront de leurs abonnés, à la moindre audace d'analyse d'un romancier moraliste.

Et croyez que mon dossier sera riche. J'ai déjà l'histoire du père et de la fille faisant cuire leur fruit incestueux; j'ai l'aventure de la vieille femme jetée à l'eau et retirée trois fois par son meurtrier, pour le plaisir; j'ai l'autre vieille femme tuée par deux jolis garçons, après une orgie dont l'autopsie a révélé les gaietés; j'ai Ménesclou, avec sa chemise tachée de sang et d'autre chose; sans compter toutes sortes d'affaires drôles, les séparations de corps, les procès en adultère, les filles enlevées. Sans doute, les journaux ne font ni les vices ni les crimes ; ils se contentent de les raconter, mais en termes si clairs, avec des périphrases qui aggravent l'obscénité à un tel point, qu'ils sont vraiment bien venus de nous disputer ensuite la liberté de tout dire. Eh! quand on a décrit, avec les raffinements du reportage, la pissotière de M. de Germiny, on n'a plus le droit d'empêcher les amoureux de nos romans de s'aimer librement sous le clair soleil !

Je sais bien ce que répondront les directeurs. Ce sont, pour la plupart, de galants hommes, aimant la gaudriole et faisant leurs farces ainsi que de simples mortels. Seulement, ils ne plaisantent pas avec l'abonné. Au fond, ils se moquent de la dignité de leur journal comme d'une guigne ; ce qu'ils désirent, c'est que l'abonné soit content, et ils lui donneraient de l'arsenic, pour peu qu'il en demandât. Mettons donc, si vous voulez, que l'inconséquence vient du public ; le public qui tolère l'égoût sanglant des tribunaux, demande aux romans des petits oiseaux et des pâquerettes pour se consoler. C'est un contrat, ce qui scandalise à une place devient inoffensif à l'autre. Et, si l'on a le malheur de manquer à la consigne, on est un gredin, toute la presse vous traîne dans le ruisseau. Bon public !

Or, en ce moment, un procès passionne Paris. Je n'entends pas juger à mon tour les personnes mises en cause, et je ne veux même pas savoir quelle sera la décision du tribunal. Ce qui m'occupe, c'est simplement les histoires contées par les journaux, ce qu'ils impriment, le linge sale qu'ils remuent tous avec tant de complaisance. J'en parlerai comme d'un conte inventé. Admettons qu'il n'y ait personne de coupable, ni le mari, ni la femme, ni le père. Voici simplement des phrases.

Je lis dans le *Figaro :* « Madame prenait son bain en présence de son père, et elle poussait des cris de joie et de contentement. » Mon cher Hennique, vous dont la *Dévouée* a été traitée d'œuvre ordurière, vous n'avez pas encore osé risquer cette bonne fille que la présence de son bon papa excite au point de lui faire chanter la *Mère Godichon*. Vous êtes pâle, mon ami, avec la guillotinade qui termine votre roman. Que n'avez-vous mis votre héroïne et son père dans la même baignoire!

Je lis encore dans le *Figaro :* « Un valet avait vu la jeune femme assise sur un canapé, à côté de M. X..., les vêtements relevés, dans une situation inconvenante. » Bigre! cela se corse! Qu'en dites-vous, mon bon Alexis? Voilà votre Lucie Pellegrin joliment enfoncée! Une fille qui meurt de la poitrine en buvant de l'absinthe, quelle panade! Parlez-moi d'une demoiselle qui partage ses jupons avec son père! Fouillez cette situation, si vous voulez qu'on vous prenne votre prochain roman dans un journal honnête.

Je lis encore dans le *Figaro*. « Un domestique n'a-t-il pas déclaré qu'il avait vu, certain jour, M. X... entrer avec sa fille dans les cabinets d'aisance, allégation qui a motivé une enquête contradictoire sur la dimension des cabinets et la possibilité pour deux personnes de s'y tenir à la fois. » Ah! ceci, c'est de la gourmandise! Voilà qui vous regarde, mon brave Huysmans, vous qu'on a appelé « un artiste en ordures ». Vos fameuses « pisses de chat » des *Sœurs Vatard*, dont on a mené tant de tapage, ne sont que de l'eau sucrée, à côté de ces lieux d'aisance. En sentez-vous tout le bouquet ? Voyez-vous l'enquête contradictoire, les messieurs s'enfermant deux par deux, pour essayer? Vous imaginez-vous le papa et la demoiselle installés là-dedans, à se dire des plaisanteries de bon aloi? Du moment où les lectrices distinguées d'un journal ont eu sous les yeux ce tableau d'intérieur, je demande à ce qu'on donne vos *Sœurs Vatard* en prix dans les pensionnats de jeunes filles.

Et vous, mes chers amis, Céard et Maupassant, vous qu'on injurie un peu moins parce que vous avez moins écrit, que pensez-vous de cet alinéa des articulations du mari, que je prends dans l'*Evénement :* « Elle était dans un état d'animation et de désordre évident. Elle se hâtait de se déshabiller, changeait complètement de linge, et ses vêtements les plus intimes portaient les traces irrécusables de ses désordres. » Encore la chemise de Ménesclou! Hein ! cela est honnêtement dit, mais quelle échappée de rêveries pour une lectrice vertueuse! Pesez-moi cela : vêtements intimes, traces irrécusables. Voyez-vous un romancier poussant la description jusqu'à cet examen ? On vous le jetterait en prison. Et, à ce propos, une observation : savez-vous bien que les magistrats osent beaucoup plus que nous, les romanciers. Ils entrent dans des détails vraiment scandaleux; et la liberté de leurs questions est telle parfois, ils analysent l'ordure si à fond, qu'ils sont obligés de faire fermer les portes. Je sais bien que leur mission est de tout savoir et de juger. Mais la nôtre aussi est de tout savoir et de juger Entre les magistrats et les écrivains, il n'y a qu'une différence, c'est que parfois les écrivains laissent des œuvres de génie.

Ainsi donc, mes amis, il faut confesser notre impuissance : nous n'irons jamais à ce degré de vérité dans l'atroce. Les journaux qui s'indignent de nos œuvres et qui publient tout au long de pareilles histoires, estiment sans doute que nous tournons aux berquinades. Ajoutez qu'on est ici en plein scandale, qu'on traîne dans cette boue des personnes vivantes, connues de tous, qu'on se montrera, pendant des mois, le père et la fille accusés d'une idylle dans les cabinets d'aisance ; et vous reconnaîtrez combien nos romans sont plats, petits et naïfs, timides et incolores, de la bouillie pour les enfants au maillot. J'ai honte de cette eau pure.

N'est-ce pas mon grand ami Edmond de Goncourt qui vous conseillait, à vous les jeunes, d'étudier le monde, de porter l'observation et l'analyse dans les classes distinguées, pour faire enfin des romans propres et qui sentissent bon ? Le conseil était excellent, mais où donc est le monde ? Il n'est sans doute pas parmi les fonctionnaires et les millionnaires du procès qui se déroule. S'agit-il du monde, portes ouvertes, ou du monde, portes fermées ? Si nous sommes curieux, si nous regardons par les fentes, je soupçonne que nous verrons, dans les classes distinguées, ce que nous avons vu dans le peuple, car la bête humaine est la même partout, le vêtement seul diffère. Telle est l'opinion que j'ai soutenue autrefois, et les échos du Palais de Justice me donnent raison.

Nous autres, manants, gens de mauvaise tenue et de petite fortune, nous ne connaissons le monde que par les procès scandaleux qui éclatent chaque hiver. Je ne parle pas des salons où nous pouvons

aller ; on est en public dans les salons, on s'y tient
à peu près bien. Je parle de la salle à manger, du boudoir, de l'alcôve. Or, à chaque procès, nous en apprenons de belles. Monsieur jure comme un charretier, appelle sa fille « bougresse » et la dame de
compagnie « cul crotté » ; madame rencontre des
messieurs dans les églises; le beau-père est folichon
et la belle-mère insupportable; on s'allonge des
claques au milieu de gros mots, on se prend aux cheveux devant les domestiques. Grand Dieu ! sommes-nous dans un taudis de la Chapelle ? Nullement, nous
sommes dans le meilleur monde, un monde fréquenté par des princes.

Qu'en pense le public ? Lorsque nous placerons un
juron dans la bouche d'un homme bien mis ; lorsque
nous noterons une conversation ordurière, chuchotée
à quelques pas des dames, dans un salon ; lorsque
nous ouvrirons l'alcôve et montrerons l'adultère
vautré sur des dentelles ; lorsque nous retrouverons
le laquais et la prostituée sous l'habit noir et la robe
de velours : dira-t-on encore que nous mentons,
haussera-t-on les épaules en affirmant que nous ne
connaissons pas le monde, nous accusera-t-on de le
diffamer et de le salir à plaisir ? Le monde, le voilà,
quand une passion le secoue, quand un drame violent le jette en dehors de ses politesses et de ses conventions.

L'ordure est au fond. Parfois, un procès vient crever à la surface, comme un abcès. On s'étonne, on
semble croire le fait exceptionnel, parce que le plus
grand nombre recule devant le scandale ; mais que de
femmes séparées après des scènes de violence, que de
brutalités et d'obscénités ensevelies! Un procès, c'est

simplement un roman expérimental qui se déroule devant le public. Deux tempéraments sont mis en présence, et l'expérience a lieu, sous l'influence des circonstances extérieures. Voilà la vérité, un drame vrai montre brusquement au grand jour le vrai mécanisme de la vie.

DE LA CRITIQUE

DE LA CRITIQUE

POLÉMIQUES

I

A M. CHARLES BIGOT

On m'a signalé une étude : l'*Esthétique naturaliste*, que la *Revue des Deux Mondes* a commandée à M. Charles Bigot. J'ai donc eu la curiosité de savoir ce que M. Charles Bigot, critique lettré et consciencieux, pouvait bien dire du naturalisme, dans le temple grave de la *Revue des Deux Mondes*. Et je me suis mis à lire, avec toute l'attention dont je suis capable. Voici les impressions de ma lecture, telles que je les ai éprouvées.

Une déception première. Le critique débute par les plaisanteries faciles qui courent les petits journaux depuis trois ans. Certes le rire a du bon, mais encore faut-il rire à propos et pour son compte. Ensuite, j'ai été légèrement agacé, en voyant le critique reprendre les vieilles accusations, me traiter de messie, de pontife, de chef d'école, m'accabler parce que je n'ai pas apporté une religion nouvelle dans ma poche, s'écrier que le naturalisme est vieux comme le monde et se fâcher ensuite contre lui en le traitant de nouveauté incongrue. J'avoue que je suis un peu las de répondre. J'ai eu beau répéter que j'étais simplement un greffier dressant le procès-verbal du mouvement des esprits, j'ai eu beau crier bien haut qu'il n'y avait pas d'école, que je n'étais pas un chef, que j'avais horreur de toute révélation et de tout pontificat, les plaisanteries n'en continuent pas moins, la confusion reste complète, la lumière ne se fait pas sur mon compte, ni sur mon véritable rôle. Il semble qu'un mot d'ordre soit donné : chacun refait l'article du voisin, sans tâcher de comprendre, sans avoir même la bonne foi de me citer, pour appuyer l'argumentation. Passe encore lorsque cela se passe dans les petits journaux. Mais voici la *Revue des Deux Mondes* qui, avec sa solennité, ouvre la bouche et laisse tomber les mêmes jugements vides, d'une inutilité et d'une insignifiance parfaites.

Comment faire comprendre à M. Charles Bigot qu'il a écrit une épaisse feuille d'impression pour ne rien dire du tout? C'est pourtant la stricte vérité. Il part d'un terrain radicalement faux, il me donne une attitude que je n'ai pas, il me fait dire ce que je n'ai jamais dit et ne dit pas justement ce que j'ai répété vingt fois. Alors, comment veut-on qu'il fasse de la bonne besogne? Il ne peut que piétiner sur place dans un gâchis continuel. J'ai appelé naturalisme le retour à la nature, le mouvement scientifique du siècle; j'ai montré la méthode expérimentale portée et appliquée dans toutes les manifestations de l'intelligence humaine; j'ai tâché d'expliquer l'évolution évidente qui se produit dans notre littérature, en établissant que désormais le sujet d'étude, l'homme métaphysique, se trouve remplacé par l'homme physiologique. Tout cela est-il si difficile à comprendre, et pourquoi parler d'une religion nouvelle, lorsque précisément nous nous dégageons des religions ?

Mon agacement augmentait donc à chaque page. Imaginez que vous causez avec un sourd et que vous ne puissiez tirer de lui une parole s'appliquant à ce que vous dites. Vous lui parlez du beau temps, et il vous répond qu'il se porte bien ; vous lui demandez de ses nouvelles, et il se désole parce que la vendange ne mûrira pas cette année. C'est exactement ma situation à l'égard de M. Charles Bigot. Pas une de ses phrases ne répond aux miennes. Il s'est fait un petit naturalisme à son usage, ou plutôt il enfourche le naturalisme des plaisantins de la critique ; et le voilà parti, il chevauche tout seul. Certes, monsieur, de cette façon, nous ne nous rencontrerons jamais.

Cependant, les pages succédaient aux pages, je craignais bien d'arriver au bout de l'étude, sans y rien trouver. Cela menaçait d'être un absolu néant. Et pas du tout, je suis enfin tombé sur un passage grave. M. Charles Bigot, qui venait de consacrer dix pages, et Dieu sait quelles pages compactes, à tourner autour de la question sans y entrer, à plaisanter, à se battre contre des moulins à vent, à tout confondre et à juger en l'air ses propres imaginations, M. Charles Bigot tout d'un coup arrive au terrain même de la discussion, au point décisif. Et remarquez qu'il n'a pas même l'air de s'en apercevoir, car il va escamoter ce point, lui si prolixe dans ses grâces du commencement. C'est comme par hasard qu'il s'y arrête pendant un alinéa. Un peu plus, il passait à côté du sujet complètement, et nous n'avions qu'une danse aimable exécutée autour du vide.

Je le citerai, ce qu'il ne fait pas pour moi. Après avoir accordé que les naturalistes ont eu au moins l'originalité « de mêler, dans la peinture des monstres, la physiologie à la psychologie, ou plutôt de supprimer la psychologie au profit de la physiologie », il s'écrie : « Ce n'est pas le moment d'examiner cette grande question philosophique de l'esprit et de la matière, ni celle de la liberté et de la responsabilité humaines ; redoutables problèmes qui ne sont pas faits pour être tranchés en quelques lignes. » Mais si, monsieur, c'est au contraire le moment. Je vous en prie, arrêtez-vous. Je veux bien ne pas nous mettre sur le terrain philosophique qui n'a pas de solidité ; mais plaçons-nous sur le terrain scientifique. Et, dès lors, si vous le voulez bien, ne bougeons plus, car nous sommes ici dans la certitude.

Plus bas, je lis encore : « ... Je répondrai que la physiologie doit être laissée aux physiologistes ; méfions-nous de la physiologie littéraire autant que de la musique d'amateurs. » Or, rien ne m'empêche d'écrire à mon tour : « ... Je répondrai que la psychologie doit être laissée aux psychologues ; méfions-nous de la psychologie littéraire comme de la musique d'amateurs. » Je ne recommencerai pas ici mon étude : *le Roman expérimental*, à laquelle je renvoie M. Bigot. Cette fois, voudra-t-il comprendre que je ne suis pas un messie, que je me contente de chercher quelle sera, selon moi, l'influence décisive des méthodes scientifiques sur nos analyses littéraires de la nature et de l'homme. Je ne lui demande pas de penser comme moi, je le supplie simplement de ne pas dénaturer ma pensée. Qu'il attaque, mais qu'il comprenne d'abord !

Rien n'est stupéfiant, à notre âge d'enquête, comme d'entendre un homme de l'intelligence de M. Bigot écrire les lignes suivantes : « Que m'importe à moi, spectateur, que Phèdre soit ou non atteinte d'une maladie hystérique. C'est l'affaire du médecin chargé de sa santé. Ce qui me préoccupe, moi, c'est de savoir quels effets vont sortir de son amour furieux, quels ravages cet amour exercera sur sa conscience, et si l'innocent Hippolyte périra... L'artiste n'est pas un savant qui cherche les causes ; sa tâche à lui est de peindre les effets, de faire jaillir de son œuvre l'émotion, douce ou terrible... » Alors, monsieur, tenons-nous en aux romans de Ponson du Terrail. Si le domaine de la littérature n'est que dans les effets, si vous lui interdisez la recherche des causes, vous biffez d'un trait de plume toute l'analyse humaine, les conteurs nous suffisent.

Justement, nous voulons recommencer *Phèdre*. Vous êtes en plein dans nos ambitions, ou plutôt dans nos devoirs. Nous trouvons que le terrain métaphysique cédant la place au terrain scientifique, la littérature théologique et classique doit céder la place à la littérature naturaliste. Remarquez que cette transformation a lieu d'elle-même et que je ne fais que la constater. Il n'y a pas ici une fantaisie personnelle de chef d'école, il n'y a qu'un fait établi par un critique. Phèdre est malade, eh bien ! voyons sa maladie, démontons-la, rendons-nous en les maîtres, s'il est possible ; cela vaudra autant que de vous amuser à jouir du spectacle de cette maladie, ce qui n'est pas moral, monsieur.

Je passe le couplet patriotique de M. Charles Bigot, condamnant les peintures vraies, en laissant entendre que M. de Bismarck nous regarde. Ailleurs, j'ai déjà dit que nos défaites sont dues à notre dédain de l'esprit scientifique. Aimons la vérité, et nous vaincrons.

Je passe également la singulière tactique employée par M. Charles Bigot pour anéantir le naturalisme. Il parle de la *Dévouée*, de M. Léon Hennique, et des *Sœurs Vatard*, de M. Huysmans, sans donner d'ailleurs le titre de ces romans, sans nommer les auteurs, comme si la majesté de la *Revue des Deux Mondes* répugnait à s'occuper franchement de deux jeunes romanciers à leurs débuts; et il part de là pour accuser l'école, — toujours l'école ! — de ne pas avoir encore conquis le monde. Oui, il voudrait qu'en deux volumes on eût traité l'humanité entière. Eh! bon Dieu! quelles exigences! Attendez.

Et j'arrive maintenant à cette question : Comment M. Charles Bigot, un homme de mérite assurément, a-t-il pu apporter à une revue d'une importance telle que la *Revue des Deux Mondes* une étude aussi parfaitement confuse et insignifiante, le jour où cette Revue lui a commandé un travail sur le naturalisme? Il y a là un cas des plus curieux.

Remarquez que M. Bigot vaut beaucoup mieux que son étude. Il a été un bon élève de l'École normale ; il a même, je crois, professé à Nîmes. C'est un esprit très cultivé, sachant bien une foule de choses, écrivant des articles politiques remarqués, mettant même d'ordinaire du bon sens et de la conscience dans ses études littéraires. Et, dès qu'il touche à cette question du naturalisme, le voilà qui s'effare, qui perd pied, qui ne se donne même pas la peine d'étudier sérieusement la question sur des textes, tellement il a les préjugés courants, tellement il se laisse emporter par le besoin de pourfendre le monstre.

D'abord, sans qu'il s'en doute, M. Bigot cède à des croyances philosophiques. Il a beau affecter un air plaisant, il sent très bien que ce sont les notions mêmes de la nature et de l'homme qui sont en jeu. Je ne dis point que M. Bigot soit un idéaliste endurci ; je pencherai au contraire à le croire flottant dans un éclectisme fait de pièces et de morceaux. Il a des idées d'école, lui qui voit des écoles partout. Ajoutez l'esprit littéraire. La science pour lui est l'ennemie. Cette pensée d'une littérature déterminée par la science le surprend et le déconcerte. Ce serait toute une éducation à refaire. Il faut voir son indignation, quand il s'étonne qu'on puisse admirer l'attache d'un muscle, le jeu d'un organe, le mécanisme d'un corps !

Mais ce n'est pas tout. M. Charles Bigot manque de tempérament, et c'est chose plus grave qu'on ne croit en critique. Voyez M. Sarcey ; certes, il a des jugements bien gros, il passe plus d'une fois carrément à côté du vrai ; mais il n'en a pas moins conquis une autorité, et légitime souvent, parce qu'il se donne tout entier, tel qu'il est. Au contraire, M. Charles Bigot veut tout ménager ; il cherche l'équilibre parfait entre hier et demain. J'ai personnellement à le remercier des efforts qu'il fait pour me tirer hors de cause, dans son massacre des romanciers naturalistes. Seulement, avec ce désir de justice pédagogique, avec cette ambition de distribuer des prix aux plus méritants, on arrive à ne plus tenir compte des grandes évolutions, à se désintéresser du mouvement général des esprits. J'oserai dire qu'il vaut mieux risquer parfois une exagération et prendre parti, apporter son action personnelle dans le travail du siècle, faire œuvre d'homme. Pas de tempérament, pas d'action.

Voilà sans doute pourquoi l'étude publiée dans la *Revue des Deux Mondes* est un délayage des études sans réflexion et sans portée qui ont paru ailleurs. J'attends toujours un adversaire qui consente à se mettre sur mon terrain et qui me combatte avec mes armes.

II

A M. ARMAND SILVESTRE

Dans la dernière *Revue dramatique* d'un de mes confrères, M. Armand Silvestre, un poète du plus grand talent, qui rame comme nous dans la galère de la critique, j'ai trouvé sur l'indignité du roman et sur l'excellence de la poésie une théorie à laquelle je veux répondre. Cette théorie est que seul un poème est immortel, tandis qu'un roman ne peut aspirer à un succès de plus de cinquante ans. Et M. Silvestre ajoute : « Je cite là un fait purement expérimental, ce que M. Emile Zola ne saurait assurément me reprocher. »

Certes, oui, je base toute science sur les faits. Seulement faut-il encore que les faits soient nettement établis et nettement expliqués. Voyons les faits.

D'abord, je reprocherai à M. Armand Silvestre une

phrase qui a dû lui échapper. Il dit, en comparant Balzac et Flaubert à Victor Hugo et à Théophile Gautier : « Il y aura toujours un abîme entre les artistes qui travaillent pour le temps et ceux qui tentent l'immortalité. » Et voilà Balzac et Flaubert accusés de se soucier de l'immortalité comme d'une guigne, de travailler pour leur unique génération. Je ne conseille pas à M. Armand Silvestre de soutenir cette opinion devant Flaubert, qui met dix ans pour écrire un roman, et qui a la haute et puissante ambition d'en graver chaque mot sur du marbre. Je trouve également un peu risquée cette affirmation sur la disparition prochaine et complète de l'œuvre de Balzac.

En vérité, les poètes auraient tort de nous refuser le désir de l'immortalité. C'est là une noble fièvre dont brûlent tous les écrivains de talent, qu'ils écrivent en vers ou en prose. Il y a une injure à nous dire : « Vous ne rimez pas, donc vous n'êtes que des reporters. » Eh ! bon Dieu ! quel courage aurions-nous à la besogne, si les plus humbles d'entre nous ne se berçaient pas du rêve de vivre dans les siècles ? Notre seule force est là. Peut-être nous trompons-nous, mais il est glorieux de se tromper de la sorte, et le pire malheur qui puisse nous arriver, c'est de penser, après avoir écrit une page : « Voilà une page à laquelle je survivrai. »

Donc, nous travaillons tous pour l'immortalité. L'élan est universel et superbe, et c'est cet élan qui fait la grandeur des lettres. Reste à savoir si, fatalement, par une loi de nature, le roman est condamné à disparaître au bout d'un demi-siècle, lorsque le poème, par une grâce spéciale, serait d'essence immortelle.

M. Armand Silvestre prétend appuyer son opinion sur les faits. Évidemment, il songe à l'antiquité, à Homère, chez les Grecs, et à Virgile, chez les Latins, sans parler des auteurs tragiques. On pourrait citer des noms de grands prosateurs, surtout à Rome. Mais admettons que la poésie épique soit l'expression supérieure des deux langues anciennes qu'on nous apprend dans nos collèges : il y a à cela des circonstances historiques dont il faut tenir compte. Une littérature n'est qu'une logique.

Toute la philosophie païenne aboutit au poème, au culte d'une forme, à l'absolu d'une beauté déterminée. Quant à moi, je nie l'absolu en matière de beauté ; et cela est si vrai, les formules de chaque société et de chaque langue diffèrent tellement, que les nombreuses tentatives de poèmes épiques, chez nous, ont abouti à des monstres. Il a fallu nous rabattre sur la poésie dramatique et sur la poésie lyrique, qui, dans les rhétoriques anciennes, occupaient un rang secondaire.

D'ailleurs, il faut bien que notre orgueil d'écrivains avoue une chose : c'est que notre immortalité tient souvent à des causes secondaires. Ainsi, l'enseignement classique, depuis trois siècles, a plus fait pour la gloire d'Homère et de Virgile que leur génie lui-même. Comment voulez-vous qu'on échappe à l'admiration de ces poètes, quand on vous serine cette admiration dès le bas âge ? On peut même dire qu'il n'y a vraiment d'immortels que les livres qui deviennent classiques. Je voudrais bien savoir où serait aujourd'hui Boileau, par exemple, si nos professeurs n'en cognaient pas de force des morceaux dans nos cervelles. Et, à côté de Boileau, que de poètes oubliés, connus des seuls lettrés, et qui lui sont supérieurs ! Ils ne se trouvent pas entre les mains des écoliers, cela les condamne. Il y a de la sorte des admirations toutes faites qu'une génération transmet à la génération suivante, ainsi que des articles de foi. C'est peut-être, hélas ! la seule immortalité pratique, en attendant qu'un nouveau déluge emporte nos œuvres comme des pailles, nos pauvres œuvres humaines dont nous sommes si vains et qui ne comptent pas dans l'évolution des mondes.

Evidemment, les vers ont chance de vivre plus longtemps, si l'on envisage ainsi l'immortalité comme un simple résultat de l'exercice des mémoires dans nos écoles. On apprend les vers avec plus de facilité, ils ont une musique qui fixe les mots. Puis, généralement, les poèmes sont relativement courts, et il faut remarquer que les générations ne retiennent que les œuvres courtes, qui se lisent et se gardent sans efforts. Homère n'a que deux œuvres, l'*Iliade* et l'*Odyssée;* et encore l'*Odyssée* reste-t-elle un peu à l'écart, parce qu'elle n'entre pas directement dans l'enseignement classique. Toute l'œuvre de Virgile tient dans un mince volume. Ce sont là des choses qui doivent nous faire trembler, nous autres modernes qui produisons avec une si incroyable fécondité. Voyez déjà Voltaire, deux ou trois œuvres maîtresses surnagent seules. Et Victor Hugo ? M. Armand Silvestre, qui le met au sommet, croit-il qu'il vivra avec ses milliers de vers ? Pour moi, je suis certain que la postérité tirera de cet amas de rimes cinquante pièces au plus, un volume qui demeurera le chef-d'œuvre de la poésie lyrique française.

Voilà donc la seule supériorité que je consente à

reconnaître au poème sur le roman : il est plus court et il se retient avec plus de facilité, ce qui le fait choisir de préférence dans les écoles pour exercer la mémoire des élèves. Toute autre idée, surtout l'idée d'absolu, est une plaisanterie esthétique. Les œuvres écrites sont des expressions sociales, pas davantage. La Grèce héroïque écrit des épopées, la France du dix-neuvième siècle écrit des romans : ce sont des phénomènes logiques de production qui se valent. Il n'y a pas de beauté particulière, et cette beauté ne consiste pas à aligner des mots dans un certain ordre; il n'y a que des phénomènes humains, venant en leur temps et ayant la beauté de leur temps. En un mot, la vie seule est belle.

Mais laissons les langues mortes, voyons dans notre littérature française les faits auxquels en appelle M. Armand Silvestre. Quels sont nos poètes? Ronsard, Malherbe, Corneille, Racine, Molière, La Fontaine, puis le groupe des lyriques de notre siècle, Musset, Hugo, Lamartine, Gautier, d'autres encore. Quels sont nos prosateurs? Rabelais, Montaigne, Montesquieu, Pascal, Bossuet, Saint-Simon, Voltaire, Rousseau, Diderot, Balzac, Flaubert, Edmond et Jules de Goncourt, d'autres encore. Eh! mais, voilà qui se balance, je crois ; j'estime même que le plateau où est la prose l'emporte. M. Armand Silvestre me dira peut-être que les prosateurs nommés par moi n'ont pas écrit de romans. S'il me faisait cette objection, ce serait que nous ne nous entendrions pas sur ce mot: roman, chose que je soupçonne d'ailleurs. Pour moi, *Pantagruel*, les *Essais*, les *Lettres persanes*, les *Provinciales* sont des romans, je veux dire des études humaines.

Est-ce que *Pantagruel* n'a pas vécu plus de cinquante ans? M. Armand Silvestre peut-il me citer un poète de l'époque qui, aujourd'hui, après plus de trois siècles, efface la gloire de Rabelais? Il y a Ronsard; mais est-ce que Ronsard, malgré l'exhumation que les romantiques de 1830 ont tentée de ses œuvres, va seulement à la hanche de Rabelais? *Pantagruel*, après avoir été la Bible du seizième siècle, est resté un monument indestructible de notre littérature. La langue a vieilli, et il demeure debout quand même. Donc la poésie, le vers n'est pas indispensable à l'immortalité.

Je pourrais continuer ces comparaisons. Le lecteur les fera aisément lui-même. Pour moi, l'erreur de M. Armand Silvestre est tout entière dans le sens restreint qu'il doit donner au mot de roman. Il voit sans doute, dans le roman, ce qu'y voyaient mademoiselle de Scudéri et Le Sage, un simple amusement de l'esprit; et encore *Gil Blas* se porte-t-il assez bien, après plus de cent cinquante ans. Depuis le dix-huitième siècle, le roman chez nous a brisé le cadre étroit où il était enfermé ; il est devenu l'histoire et la critique, je prouverais même aisément qu'il est devenu la poésie. Avec Balzac, il a absorbé tous les genres, je l'ai dit ailleurs et je le répète ici. Quiconque ne voit pas et ne comprend pas cette grande évolution littéraire, qu'une évolution sociale a déterminée, se trouve du coup jeté en dehors de son époque.

M. Armand Silvestre cite Charles de Bernard, et constate qu'on ne le lit plus. Je le crois bien : Charles de Bernard n'était que la lavure de Balzac, sans aucune note originale. Mais ne va-t-il pas un peu loin, lorsqu'il écrit, après avoir nommé Balzac et

Flaubert : « Je trouverais tout à fait impertinent de rapprocher leur gloire de celle de Victor Hugo, de Lamartine, d'Alfred de Musset et de Théophile Gautier. » Cette impertinence, je me la permets, et gaiement. Il y a plus d'un quart de siècle que Balzac est mort, et sa gloire n'a fait que grandir ; il est aujourd'hui colossal, au sommet. Nous verrons ce qu'on pensera de Victor Hugo vingt-cinq ans après sa mort.

Remarquez que j'ai pour le succès le même dédain que M. Armand Silvestre. Il dit avec raison que l'engouement d'une génération ne prouve rien : on l'a bien vu pour Chateaubriand et pour Lamartine, on le verra encore pour Victor Hugo. Un livre se vend à cinquante éditions, cela n'en constate que la vogue. Seulement, pourquoi M. Armand Silvestre dit-il que les romans ont « le privilège exclusif des éditions accumulées et des bruyants succès » ? Et Béranger, un de ses confrères en poésie, qu'en fait-il ? Et Delille, et Lebrun, et Casimir Delavigne ? Je trouve, au contraire, que les mauvais poètes ont la spécialité des grands succès volés : on les décore, on les met à l'Académie, on les embaume tout vivants. Il n'a fallu qu'un sonnet pour faire pâmer un public. La moindre pièce de vers assure une situation à son auteur, tandis qu'on doit souvent écrire dix volumes de prose avant de se faire prendre au sérieux.

Maintenant, pour conclure, je dirai que l'immortalité est au génie. Peu importe la forme qu'il adopte. La forme est secondaire, elle est la création et ne vient qu'après le créateur. M. Armand Silvestre nous chasse de la postérité, nous autres romanciers qui croyons à la vie et qui nions l'absolu. Je serai plus large que lui, j'ouvrirai les siècles aux poètes. Montons tous ensemble, cela sera plus fraternel, car nos efforts sont les mêmes. Je n'admets pas qu'il m'accuse d'écrire sciemment sur du sable, lorsque je veux bien croire qu'il rime sur le bronze.

LE RÉALISME

—

J'ai eu la bonne chance d'avoir entre les mains la collection d'un journal : *le Réalisme*, qu'Edmond Duranty a publié avec quelques amis dans les premières années de l'empire. J'ai parcouru cette collection, et j'y ai trouvé des notes si curieuses, que je ne puis résister au besoin de lui consacrer quelques pages. Pour moi *le Réalisme* est une date, un document très important et très significatif de notre histoire littéraire.

Remarquez que le journal n'a eu que six numéros. Il paraissait le 15 de chaque mois, dans le format in-quarto, sur seize pages, à deux colonnes. Le premier numéro porte la date du 15 novembre 1856, et le dernier celle d'avril-mai 1857 ; évidemment, les fonds étaient épuisés, il y avait un retard d'un mois, c'était l'agonie. Le journal ne comptait que trois rédacteurs attitrés : M. Edmond Duranty, propriétaire et rédacteur en chef ; M. Jules Assézat, plus tard rédacteur des *Débats*, à qui l'on doit une belle édition de Diderot, et qui est mort il y a quelques années ; enfin M. Henri Thulié, aujourd'hui médecin distingué, auteur de plusieurs ouvrages remarqués, et qui a été dernièrement président du conseil municipal de Paris.

On ne s'imagine pas avec quelle verdeur ces jeunes gens se jetaient dans la lutte. Ils avaient alors de vingt à vingt-cinq ans, ils dormaient bottés, éperonnés, la cravache en main, menant un tapage de tous les diables. J'ai sur mon bureau les six numéros du *Réalisme*, et il s'échappe de ces pages jaunies une odeur de bataille qui me grise. J'ai passé par là moi-même, je connais cet emportement des convictions de la vingtième année, ces belles erreurs et ces belles injustices. On ne sait pas grand'chose, on se cherche encore, et l'on éprouve l'envie de faire place nette, de tout démolir pour tout reconstruire, sans s'effrayer de l'immensité de la besogne, croyant de bonne foi qu'on va accoucher d'un monde. Ce sont les bonnes années. Bien heureux ceux qui les ont connues. Plus tard, quand on est devenu sage, on pleure ces vastes désirs.

Mais faire du bruit n'est rien, la chose stupéfiante est que ces trois jeunes gens apportaient une révolution, formulaient tout un corps de doctrine. Certes, le réalisme est une théorie vieille comme le monde; seulement, elle se rajeunit à chaque période littéraire. Mettons qu'ils n'inventaient rien, qu'ils continuaient le mouvement du dix-huitième siècle. Ils n'en avaient pas moins l'étonnante intuition de lever le drapeau du réalisme, avant que l'agonie du romantisme eût commencé, lorsque personne ne prévoyait encore la grande poussée naturaliste qui allait se faire dans notre littérature, à la suite de Balzac et de Stendhal. Ils étaient les critiques précurseurs, ils annonçaient à grand fracas la période nouvelle; et cela était si audacieux, qu'il y eut contre leur petit journal un déchaînement inouï. Toute la presse littéraire les plaisanta, les foudroya. Personne ne parut comprendre.

Eux-mêmes, je dois l'avouer, ne paraissaient pas bien campés sur leur doctrine. M. Duranty, à plusieurs reprises, explique qu'il a cédé à un entraînement instinctif en fondant son journal. Il a senti là l'avenir il s'est jeté de ce côté à corps perdu, pour aller à la lumière. Comme il le dit dans le dernier numéro : « Au premier numéro, on aura vu la bête *Réalisme* se traîner sur le ventre comme les animaux naissant du chaos, puis peu à peu ses formes se dégager et enfin le loup avec son poil hérissé marcher dans les chemins et montrer ses dents aux passants inquiétés. » C'était de la bonne foi, ces jeunes gens sentaient que les idées leur venaient dans la lutte, qu'ils s'aguerrissaient, qu'ils allaient enfin trouver la formule victorieuse. Mais il était trop tôt sans doute. Je dirai tout à l'heure pourquoi, selon moi, ce premier effort devait avorter.

Une doctrine ne pousse pas toute seule. Il faut des hommes pour remuer les esprits. Nos trois enthousiastes étaient partis en guerre à la suite de Courbet et de M. Champfleury. C'étaient là les pavés qu'ils jetaient au romantisme triomphant. Ils prenaient les exemples qu'ils avaient sous la main, sans même distinguer entre les talents si différents de leurs deux patrons. D'ailleurs, *le Réalisme* contient simplement une étude sur M. Champfleury, où il y a même des restrictions; quant à Courbet, il y règne moins encore, il reçoit seulement çà et là un éloge. M. Duranty et ses amis élargissaient la question, remontaient aux principes, parlaient de rénover tous les arts. On m'a

raconté une histoire bien jolie : il paraît que Courbet
et M. Champfleury furent très effrayés du zèle de
ces jeunes gens qui immolaient tous les puissants de
la littérature sur l'autel du réalisme ; ils eurent peur
d'être compromis, ils lâchèrent publiquement leurs
terribles défenseurs.

En somme, cette furieuse attaque était dirigée
contre le romantisme. Il faut se souvenir qu'on était
en 1856, que Victor Hugo régnait, du fond de son
exil. Là est l'audace des novateurs, la prescience du
mouvement qui devait s'accélérer plus tard. Naturellement, leurs théories restent assez confuses. Les
articles sont un peu lourds, un peu embrouillés. Je
suis loin d'accepter toutes leurs idées. On sent des
esprits qui se cherchent encore, qui se débattent
pour arriver à la formule juste et précise. Je vais indiquer, par deux citations, les points qui m'ont paru
absolument clairs.

D'abord, pas d'école. « Ce terrible mot de Réalisme
est le contraire du mot école. Dire école réaliste est
un non-sens : réalisme signifie expression franche et
complète des individualités ; ce qu'il attaque c'est
justement la convention, l'imitation, toute espèce
d'école. »

Voici maintenant la formule nouvelle :

« Le Réalisme conclut à la reproduction exacte,
complète, sincère, du milieu social, de l'époque où
l'on vit, parce qu'une telle direction d'études est justifiée par la raison, les besoins de l'intelligence et
l'intérêt du public, et qu'elle est exempte de tout
mensonge, de toute tricherie... Cette reproduction
doit donc être aussi simple que possible pour être
comprise de tout le monde. »

Je m'arrête ici, parce que nous touchons du doigt l'esthétique des réalistes de 1856. Songez qu'ils sont perdus en plein romantisme et qu'ils vont forcément accomplir une œuvre de réaction. Aussi le caractère du mouvement qu'ils veulent déterminer, est-il de faire tout le contraire de ce que font les romantiques. Ils exaltent la sincérité, la simplicité, le naturel; ils entendent choisir leurs sujets dans la bourgeoisie, dans le menu peuple. Et comme il s'agit d'exagérer pour se faire entendre, ils restreignent singulièrement le champ littéraire. C'est là une de leurs plus grosses fautes. On ne les écoutera pas, parce que leur révolution est trop radicale et qu'une littérature ne peut s'enfermer dans le monde étroit où ils semblent vouloir la mettre.

Oui, certes, une littérature est plus complexe que cela. Il faut admettre la peinture de toutes les classes. Je ne vois nulle part qu'ils conseillent d'appliquer la méthode naturaliste à tous les personnages, princes ou bergers, grandes dames ou gardeuses de vaches. On dira que cela va de soi. Nullement. Le réalisme de 1856 était exclusivement bourgeois. Par ses théories, par ses œuvres, il ne sortait pas d'un certain cercle limité. Il n'avait pas la largeur qui s'impose.

Une autre faute regrettable était de s'attaquer violemment à notre littérature entière. Jamais on n'a vu pareil carnage. Balzac n'est pas épargné; on le discute et on lui dit son fait, tout en l'admirant beaucoup. Quant à Stendhal, il n'est pas jugé assez bon réaliste. Je ne parle pas de Victor Hugo, contre lequel on lance un article foudroyant. Cela rentrait dans la campagne ouverte par le journal. Il fallait frapper le romantisme à la tête. La note la plus fâcheuse est une courte appréciation de *Madame Bovary*, qui venait de paraître, d'une telle injustice, qu'elle étonne profondément aujourd'hui. Comment les réalistes de 1856 ne sentaient-ils pas l'argument décisif que Gustave Flaubert apportait à leur cause? Eux étaient condamnés à disparaître le lendemain, tandis que *Madame Bovary* allait continuer victorieusement leur besogne par la toute-puissance de son style.

Nier la poésie, nier toute la production contemporaine, cela est d'une belle hardiesse de novateurs. Mais, dans ce cas, il faut pouvoir combler le vide que l'on fait. Or, M. Champfleury n'avait pas les épaules assez larges pour combler ce vide. Il apportait un talent très personnel, très frais et d'une saveur charmante; seulement, l'ampleur lui manquait, la production magistrale qui décide des victoires littéraires. Les soldats furent battus, parce que le général refusait de marcher et ne pouvait les conduire au triomphe. Je mets Courbet à part, je reste dans la littérature. Courbet est un maître.

D'ailleurs, les faits ont jugé la querelle : la bataille n'a été qu'une escarmouche. Mais, en dehors de cette défaite des personnalités mises en cause, reste le programme de ces trois jeunes gens, qui apparaissent un beau jour les mains pleines de vérités. Ils parlent les premiers, et avec une hauteur superbe. Rien ne les effraye, ils attaquent toutes les questions; Duranty se charge de la doctrine et fournit six, sept articles dans chaque numéro; Henri Thulié publie une grande étude révolutionnaire sur le roman; Jules Assézat, le plus calme des trois, fait une charge à fond de train contre le théâtre contemporain. Roman, théâtre, peinture, sculpture, ils réforment tout. Et, quand le journal va disparaître, M. Duranty dans un dernier article indique les sujets qui étaient au programme, une liste sans fin d'études, dont je citerai quelques-unes : la discussion des préfaces littéraires parues depuis 1800; la filiation de l'esprit français dans son afféterie depuis l'hôtel de Rambouillet jusqu'à nos jours; une petite histoire des Variations littéraires ; un travail sur le comique, le tragique, le fantastique et l'honnête, etc.

Lisez ces lignes que M. Duranty écrivait, en s'adressant à ceux qui continueraient sa besogne.

« Je leur conseillerai d'être acerbes et hautains. Pendant un an, on demandera autour d'eux avec colère ou raillerie ce que c'est que ces jeunes gens qui n'ont rien fait et qui veulent régenter tout le monde. Après dix-huit mois, ils seront devenus hommes de lettres. La valeur d'un écrivain n'est jamais constatée dès son début. On commence par essayer de le rayer avec les ongles, avec le bec, avec le fer, le diamant, toutes les matières dures et aiguës usitées dans la critique ; et quand on s'est aperçu, après de longs essais, qu'il n'est pas friable et qu'il résiste, chacun lui ôte son chapeau et le prie de s'asseoir. »

Et lisez encore ce passage : «Toutefois, le journal aura tenu six mois, sans vivres, contre tous, et je considère cela comme une défense suffisante. Tout a été remué. Les gens au-dessous de trente ans, avec la gaieté de l'imprévoyance, nous ont nié, de tout l'esprit que vingt Français quelconques peuvent mettre au service ou à l'attaque d'une cause. Les autres, plus âgés, plus expérimentés, ont reconnu le nuage qui annonce la tempête et la grande marée qui doit les noyer; et ils ont rempli de lamentations irritées les Revues et les grands journaux. Plus il trouvera de résistance, plus invinciblement le réalisme sera vainqueur. Où il n'y a aujourd'hui qu'un homme, il en viendra bientôt cent, quand le tambour aura battu... »

Ces lignes étaient prophétiques. Elles m'ont frappé profondément. Aujourd'hui, le romantisme agonise, le naturalisme triomphe. De toutes parts, la nouvelle génération se lève. La formule s'est élargie, elle va avec le siècle. Ce n'est plus une guerre d'école à école, une querelle de phrases plus ou moins bien construites, c'est le mouvement même de l'intelligence contemporaine.

LES CHRONIQUES PARISIENNES DE SAINTE-BEUVE

—

On sait que ces chroniques sont des notes que Sainte-Beuve envoyait dans le secret le plus strict à la *Revue suisse*. M. Jules Troubat, dans une excellente préface, a expliqué tout le mécanisme de ces envois.

Maintenant que nous avons le recul nécessaire pour juger le grand critique, il nous apparaît surtout comme une intelligence très souple, curieuse de tout, mais goûtant particulièrement le fin et le compliqué des choses. Il se tenait dans un équilibre heureux, ayant horreur des extrêmes, gêné par les éclats des tempéraments trop violents. Aujourd'hui, nous tous qui aimons la vie, nous sommes souvent charmés des pénétrations de Sainte-Beuve, quand nous tombons sur certaines de ses pages où il a formulé avec une hardiesse tranquille la méthode expérimentale que nous mettons en pratique. Puis, à côté, nous sommes désorientés et fâchés, en trouvant un Sainte-Beuve qui ne va pas jusqu'au bout de ses affirmations, qui affiche des goûts et des opinions de bourgeois effaré par les conclusions logiques de ce qu'il a exposé la veille. Evidemment, l'écrivain ne disait pas tout ce que pensait l'homme, et il y avait en outre chez lui un féminin, qui se plaisait au sous-entendu et au vague des choses.

Rien ne le prouve mieux que les *Chroniques parisiennes*. A Paris, toutes sortes de liens le garrottaient, et il rêvait d'être libre quelque part, de dire là ce qu'il pensait réellement. Il envoyait donc des notes à la *Revue suisse*, notes sur lesquelles le directeur de cette Revue rédigeait des articles, toute une correspondance régulière. Selon moi, cela n'était pas très brave. Mais on aurait tort de voir dans ces jugements masqués une trahison. Tout venait de l'opinion que Sainte-Beuve se faisait de la critique, du rôle qu'il lui assignait. Il l'exerçait comme une charge publique, il prenait quelque chose du magistrat qui est tenu à une attitude officielle. De là cette idée que la vérité pouvait être brutale et de mauvais goût. Il croyait avoir charge d'âmes, toutes sortes de considérations extra-littéraires entraient dans ses jugements ; avec lui, on n'avait jamais la vérité vraie, exacte, mais une vérité mise à point pour les besoins du moment ; et si l'on voulait savoir au juste ce qu'il pensait, il fallait lire entre les lignes, être au courant du sujet qu'il traitait, le connaître aussi bien que lui et rétablir alors les faits, grâce aux allusions discrètes. C'était une machine très amusante, mais horriblement compliquée.

Il y aurait une étude nécessaire à tenter sous ce titre : du rôle de la critique et de son emploi. Je crois qu'en somme une franchise absolue est plus saine que toutes ces politesses sournoises. Lorsqu'on doit tuer son homme, autant lui couper tout de suite la tête que de l'assassiner à coups d'épingle. Je sais bien qu'avec ce système brutal de tout dire, il n'est plus de relations mondaines possibles ; en outre, cela a une rigueur scientifique qui inquiète les lettrés. Mais la besogne me paraît plus honnête et plus morale. D'ailleurs, de la part de Sainte-Beuve, il n'y avait pas seulement là prudence, il y avait nature.

Pour en revenir aux *Chroniques parisiennes*, les révélations qu'elles apportent ne sont en somme pas bien terribles. J'ignore si l'éditeur a enlevé les choses trop dures, mais on reste surpris que Sainte-Beuve ait cru devoir se cacher pour porter de pareils jugements. On y retrouve sa désertion du camp romantique, ses critiques contre Hugo, qu'il encensait la veille, puis son horreur instinctive de Balzac ; mais ce sont là des attitudes qu'on connaissait. Il fallait vraiment que la vérité effrayât beaucoup Sainte-Beuve, pour qu'il crût devoir aller en Suisse, lorsqu'il avait des choses si simples à dire.

Ce qui m'a frappé, c'est qu'au lendemain des *Burgraves*, Sainte-Beuve exprimait sur le théâtre à peu près les idées que je défends et qui paraissent révolutionnaires aujourd'hui encore. Ici, je ferai quelques citations.

Voici ce que Sainte-Beuve dit des *Burgraves*, qu'il n'avait d'ailleurs pas vu jouer : « Il paraît bien que c'est beau, mais *surtout solennel*, écrit Janin : en bon français *ennuyeux*. On écoutait, mais sans aucun plaisir. Ce même Janin, qui a loué par nécessité dans les *Débats*, disait tout haut en plein foyer à qui voulait l'entendre « : Si j'étais ministre de l'intérieur, « je donnerais la croix d'honneur à celui qui sifflerait « le premier. » Il y aurait eu quelque courage en effet. Et, plus tard, il écrit encore cette note d'une jolie méchanceté : « *Les Burgraves* n'ont réellement pas réussi; ce n'est pas un succès malgré les bulletins. Trois fois la salle a été pleine d'amis; la quatrième ou la cinquième fois, le public a tant sifflé vers la fin, qu'on a fait baisser la toile. Depuis ce temps, les représentations sont toujours plus ou moins orageuses. Les journaux acquis à Hugo... disent que ce fait est *inqualifiable* et qu'il y a je ne sais quelle cabale. Rien de plus aisé à qualifier. On siffle : Hugo ne veut pas du mot, et dit devant les acteurs : « on *trouble* ma pièce ». Les acteurs, qui sont malins, disent depuis ce jour *troubler* au lieu de *siffler*. Il faut espérer que *Judith* (ou toute autre pièce) réussira, qu'elle ne sera pas *troublée*. Ce mot est curieux venant de l'école du mot propre. »

En somme, Sainte-Beuve salua la *Lucrèce* de Ponsard comme une protestation contre l'école romantique. Il lui était manifestement sympathique, tout en ne criant pas au chef-d'œuvre. Même je suppose qu'il ne s'abusait pas sur la valeur absolue de l'œuvre; elle lui semblait simplement une bonne machine de guerre dont il jouait.

Mais voici le passage qui m'a le plus frappé. « Décidément, l'Ecole finit (l'Ecole romantique); il faut *en percer d'une autre :* le public ne se réveillera qu'à quelque nouveauté bien imprévue. J'espère toujours que ce sera du théâtre que ce coup viendra, et qu'au milieu de notre anarchie, il sortira de par là un 18 Brumaire littéraire. Le théâtre, ce côté le plus invoqué de l'art moderne, est celui aussi qui, chez nous, a le moins produit et a fait mentir toutes les espérances. Car que d'admirables et infructueux préparatifs depuis vingt ans! Traductions des théâtres étrangers, analyses et explications critiques, essais et échantillons de drames écrits : *Barricades, Etats de Blois, Clara Gazul, Soirées de Neuilly,* drames de M. de Rémusat, préfaces modernes, de *Cromwell...*, et puis quoi? *Hernani,* puis rien. Un lourd assommement. Dumas s'est gaspillé, de Vigny n'a jamais pu s'évertuer, Hugo s'est appesanti. C'est par le théâtre qu'il reste tant à faire et à traduire enfin — devant un public blasé qu'on réveillerait — les grandes idées courantes et remuées depuis cinquante ans. »

Remarquez que cela a été écrit en avril 1843, il y a trente-six ans. Or, je ne dis pas autre chose aujourd'hui. Cependant, il s'est passé un fait que Sainte-Beuve n'avait pas prévu. Le réveil qu'il attendait par le théâtre est venu par le roman. C'est Balzac, ce Balzac dont il n'a jamais compris la puissance, qui a accompli le 18 Brumaire littéraire dont il parle. De sorte qu'aujourd'hui la situation, au théâtre, est à peu près la même, on compte toujours sur un coup de génie qui nous tirera de notre anarchie; seulement, il devient évident que le théâtre ne sortira du gâchis qu'en suivant le roman dans la voie naturaliste où il s'est engagé. Sainte-Beuve établit la situation, mais il ne prévoit rien. Les faits, à cette heure, montrent où est la force du siècle, dans Balzac et dans ses continuateurs, qui, pour moi, conquerront prochainement le théâtre par la méthode.

A la fin du volume, Sainte-Beuve se lamente encore sur l'avortement dramatique de son âge. Il ne voit pas nettement pourquoi tout a croulé, mais il constate le désastre. Pour lui, on a pu avoir de l'espoir au lendemain d'*Hernani.* « Au commencement de 1830, dit-il, *Hernani* vint apporter du mouvement, et comme un éveil de prochain espoir ; c'était étrange, c'était peu historique, c'était plus qu'humain et assez surnaturel, mais enfin il y avait éclat, poésie, nouveauté, audace ». Seulement, cet espoir fut bientôt déçu, ce qui suivit *Hernani*, les pièces que l'école romantique produisit ensuite, le fâchent et lui font pousser ce cri : « Le faux historique, l'absence d'étude dans les sujets, le gigantesque et le forcené dans les sentiments et les passions, voilà ce qui a éclaté et débordé ; on avait cru frayer le chemin et ouvrir le passage à une armée chevaleresque, audacieuse, mais civilisée, et ce fut une invasion de barbares. »

Dès lors, Sainte-Beuve reste dérouté. Il ne sait plus où l'on va, il n'ose plus rien prévoir. La besogne du siècle lui échappe totalement. Même il ne sent pas que, si le romantisme croule si vite, c'est qu'il apportait avec lui des causes immédiates d'écroulement. Il ne comprend pas davantage que l'élan de 1830 est un simple cri de délivrance, que le véritable homme du siècle est Balzac, que le romantisme, en un mot, est la période initiale et troublée du naturalisme. De là ses perplexités sur l'époque dramatique. Il parle de tout cela en virtuose de l'intelligence ; il n'a pas jeté une seule clarté sur l'évolution littéraire qui s'est accomplie dans le roman, et qui va s'accomplir au théâtre.

D'ailleurs, pour moi, un critique qui n'a pas compris Balzac, peut être un analyste très fin, une intelligence très souple, mais il n'est pas à coup sûr un de ces esprits supérieurs qui ont la haute compréhension de leur siècle. Je sais bien qu'il y avait ici antipathie de nature ; mais, tout en n'aimant ni l'homme ni l'œuvre, il s'agissait de deviner l'influence décisive que Balzac allait avoir sur la seconde moitié du siècle.

Écoutez la façon dont il parle de Balzac, à propos du succès qu'Eugène Sue venait d'obtenir avec les *Mystères de Paris*. « Ce qu'il y a de mieux dans son avènement (l'avènement d'Eugène Sue), c'est que cela déblaie le terrain et simplifie. Balzac et Frédéric Soulié sont mis de côté. Balzac ruiné, et plus que ruiné, est parti pour Saint-Pétersbourg, en faisant dire dans les journaux qu'il n'allait là que pour sa santé et qu'il était décidé à ne rien écrire sur la Russie. » Cela peut-il se supporter aujourd'hui ? Les *Mystères de Paris* balayant les œuvres de Balzac ! Eugène Sue et Frédéric Soulié mis un instant sur la même ligne que l'auteur de la *Comédie humaine !* Voilà de ces lourdes appréciations que seul un critique à courte vue doit commettre. Quand on ne voit pas plus clair dans l'œuvre et dans la puissance d'un écrivain, on donne des doutes sur la solidité de son jugement et on perd du coup tous les droits qu'on peut avoir à porter des arrêts définitifs.

Je ferai encore une citation : « Le roman de Balzac, *Modeste Mignon*, est dédié à *une étrangère, fille d'une terre esclave, ange par l'amour, démon par la fantaisie*, etc. A-t-on jamais vu un galimatias pareil ? Comment le ridicule ne fustige-t-il pas de pareils écrivains, et par quelle concession un journal qui se respecte leur ouvre-t-il ses colonnes ?... Ce roman de Balzac était annoncé, il y a quelques jours, dans les *Débats*, par une lettre de l'auteur, la plus amphigourique, la plus affectée et la plus ridicule qui se puisse lire, tout cela afin de mettre en goût le public. Ceux

qui insèrent de telles fadaises s'en moquent sans
doute, mais ils croient qu'il faut servir au public ce
qu'il demande. »

Tout le procédé du critique est là. Il s'arrête à
l'allure romantique d'une dédicace, et il ne pénètre
pas la véritable force de Balzac, cette méthode naturaliste qui va s'imposer. Il porte un jugement de
rhétoricien exaspéré, il ne se hausse pas au rôle
d'analyste maître de lui-même qui dégage nettement
la puissance d'un écrivain. La passion l'aveuglait.
Le tempérament exubérant de Balzac le jetait hors
de toute justice. Dans les derniers temps de sa vie, il
en était encore à se montrer stupéfait de l'influence
décisive de Stendhal et de Balzac sur le roman français. Et il est mort, sans vouloir comprendre. C'est
pour moi un fait qui détermine nettement la figure
de Sainte-Beuve. Il était comme un de ces nobles de
l'ancien régime, qui après avoir adopté les idées de la
Révolution, refusèrent d'aller jusqu'au bout, profondément troublés et ne comprenant plus. Lui, appli-
quait en critique la méthode scientifique ; seulement,
toute sa nature d'homme ancien se révoltait, lorsqu'il
voyait cette méthode portée dans le roman, avec une
violence révolutionnaire. De là, ces contradictions
d'une critique qui voulait tout saisir et qui, après
avoir fait la lumière sur mille points secondaires,
refusait de comprendre par quelles nouvelles trouées
allait venir le grand jour.

HECTOR BERLIOZ

—

Je viens de lire un livre qui m'a profondément ému, la *Correspondance inédite d'Hector Berlioz*. Je n'entends pas parler musique, je serais incompétent. Même, je veux me mettre à un point de vue tout particulier, n'étudier chez Berlioz que le génie si longtemps incompris, exaspéré par une lutte ardente de chaque jour, hué et sifflé en France, lorsqu'on l'acclamait à l'étranger, ne triomphant enfin que dans la mort, après avoir traîné pendant six années l'agonie de la chute suprême des *Troyens*.

Mon travail sera simple d'ailleurs, je me bornerai à des citations. Voici la vérité des faits.

Dans une excellente notice biographique, dont M. Daniel Bernard a fait précéder la *Correspondance*, je trouve d'abord de précieux renseignements. Il faut se souvenir des légendes qui s'étaient formées sur Berlioz de son vivant. On faisait de lui un fou et un méchant, un artiste dont l'orgueil démesuré ne pouvait tolérer aucun rival. Les journaux du temps le peignaient ainsi : « Le musicien incompris méprise profondément ce qu'on nomme vulgairement le public; mais, en compensation, il n'a qu'une médiocre estime pour les artistes contemporains. Si vous lui nommez Meyerbeer : — Hum ! hum ! il a quelque talent, je ne dis pas, mais il sacrifie à la mode. — Et M. Auber ? — Compositeur de quadrilles et de chansons. — Bellini ? Donizetti ? — Italiens, Italiens ! musiciens faciles, trop faciles. »

Et ce n'est pas tout. Comme le dit M. Daniel Bernard, on prêtait en critique à Berlioz les opinions les plus saugrenues. Homme de lutte, ayant à combattre pour imposer ses idées, il s'était fortifié dans son feuilleton du *Journal des Débats*, d'où il mitraillait ses adversaires, très nombreux, et qui avaient pour eux la bêtise courante. Mais il avait beau dire blanc, on lui faisait dire noir. C'est là un phénomène stupéfiant qui se produit toujours. La chose écrite que chacun peut lire semble devoir être un fait. Eh bien ! pas du tout. Berlioz, à propos de l'*Idoménée*, de Mozart, écrivait : « Quel miracle de beauté qu'une telle musique ! Comme c'est pur ! Quel parfum d'antiquité ! » Et on lisait : « Mozart n'a aucun talent, personne n'a de talent, moi seul ai inventé la musique. » Explique qui pourra ce phénomène, il a lieu chaque fois qu'un artiste convaincu parle à la médiocrité des foules.

« Une fois pour toutes, dit M. Daniel Bernard, établissons que Berlioz ne prétendait nullement au rôle que certains compositeurs ont tenu depuis. Il ne se vantait pas d'être *le seul* de son espèce et ne croyait point qu'avant lui la musique fût une science ignorée, ténébreuse, inculte; loin de renier les anciens, il se prosternait avec vénération devant les dieux de la symphonie... Son unique prétention (et elle nous paraît justifiée) était de continuer la tradition musicale en l'agrandissant, en l'améliorant grâce aux ressources modernes. »

D'ailleurs, il avait des tendresses ardentes, il défendait Liszt avec une passion extraordinaire. S'il faisait un continuel massacre des opéras-comiques, il était pris de véritables accès de dévotion devant les œuvres qu'il aimait. C'était un croyant, avec une pointe de fanatisme pour ses idées, forcément aigri par l'injustice de ses contemporains. J'emprunte encore à M. Daniel Bernard les lignes suivantes, qui résument très nettement la vie tourmentée de Berlioz.

« Il existait d'excellentes raisons pour que Berlioz fût attaqué, discuté, calomnié par ses concurrents, qui, ayant du talent, ne lui pardonnaient pas d'avoir du génie, et par ceux, beaucoup plus nombreux, qui, ne possédant ni génie ni talent, se ruaient indifféremment à l'assaut de toute réputation sérieuse, sans espoir d'en tirer avantage pour eux-mêmes, et uniquement pour le plaisir de briser. Couvert de lauriers à l'étranger, Berlioz s'irritait de trouver dans les feuilles de ses couronnes triomphales des moustiques parisiens qui le piquaient. Il était plus préoccupé des haines qu'il rencontrait dans son propre pays que des magnifiques ovations qui l'attendaient au delà des frontières, à Londres, à Saint-Pétersbourg, à Vienne, à Weimar, à Lowenberg. »

Une dernière citation de M. Daniel Bernard, une phrase que j'ai trouvée bien jolie : « Certains critiques croyaient l'avoir détruit à tout jamais, ou s'imaginaient qu'ils le croyaient ; car, au fond, ils n'en étaient pas bien sûrs. »

Mais il est temps d'entendre parler Berlioz lui même. Je prends çà et là les passages où coule toute son amertume contre Paris et la France. C'est une blessure sans cesse ouverte, c'est une révolte continuelle contre la sottise, mêlée d'une douleur profonde à se voir ainsi chassé de son pays.

Le 14 janvier 1848, il écrit de Londres à M. Auguste Morel : « Quant à la France, je n'y pense plus... L'évidence est là : comparaison faite des impressions que ma musique a produites sur tous les publics de l'Europe qui l'ont entendue, je suis forcé de conclure que c'est le public de Paris qui la comprend le moins. N'est-il pas grotesque qu'on joue dans les concerts du Conservatoire les œuvres de tout ce qui a un nom quelconque, excepté les miennes ? N'est-il pas blessant pour moi de voir l'Opéra avoir toujours recours à des ravaudeurs musicaux et ses directeurs toujours armés contre moi de préventions que je rougirais d'avoir à combattre, si la main leur était forcée ? La presse ne devient-elle pas ignoble de jour en jour ? Y voyons-nous autre chose maintenant (à de rares exceptions près) que de l'intrigue, de basses transactions et du crétinisme ?... Et croyez-vous que je sois la dupe d'une foule de gens au sourire empressé, et qui ne cachent leurs ongles et leurs dents que parce qu'ils savent que j'ai *des griffes et des défenses* ? Ne voir partout qu'imbécillité, indifférence, ingratitude ou terreur, voilà mon lot à Paris. »

Le 15 mars 1848, il écrit de Londres à M. Joseph d'Ortigue : « Je n'ai plus à songer, pour ma carrière musicale, qu'à l'Angleterre ou à la Russie. J'avais, depuis longtemps, fait mon deuil de la France ; la dernière révolution rend ma résolution plus ferme et plus indispensable. J'avais à lutter, sous l'ancien gouvernement, contre des haines semées par un feuilleton, contre l'ineptie de ceux qui gouvernent nos théâtres et l'indifférence du public ; j'aurais, de plus, la foule des grands compositeurs que la République vient de faire éclore, la musique populaire, philanthropique, nationale et économique. La France au point de vue musical, n'est qu'un pays de crétins et de gredins ; il faut être diablement chauvin pour ne pas le reconnaître. »

Le 21 janvier 1852, il écrivait de Paris à M. Alexis Lwoff : « Rien n'est plus possible à Paris et je crois que, le mois prochain, je vais retourner en Angleterre, où le *désir d'aimer* la musique est au moins réel et persistant. Ici, toute place est prise ; les médiocrités se mangent entre elles et l'on assiste au combat et aux repas de ces chiens avec autant de colère que de dégoût. Les jugements de la presse et du public sont d'une sottise et d'une frivolité dont rien ne peut offrir un exemple chez les autres nations. »

Le 9 janvier 1856, il écrit de Paris à M. Auguste Morel : « On ne voit que tripotages, platitudes, niaiseries, gredineries, gredins, niais, plats et tripoteurs. Je me tiens toujours de plus en plus à l'écart de ce monde empoisonné d'empoisonneurs. »

Le 21 février 1861, il écrivait de Paris à son fils Louis Berlioz : « Les professeurs de chiffres (musique en chiffres) m'ont provoqué dernièrement ; tu as vu dans mon article du 19 à quoi leur instance a abouti et quel coup de poing ils m'ont obligé de leur donner sur la tête. Fais lire cela à Morel, qui fut insulté par eux, il y a quelques années... Jamais je n'eus tant de moulins à vent à combattre que cette année. Je suis entouré de fous de toute espèce. Il y a des instants où la colère me suffoque. »

Je pourrais multiplier ces citations où l'on voit le pauvre grand homme exaspéré se débattre dans les insultes qu'on fait à son génie. La colère l'emporte, les épithètes se pressent, il est continuellement sous les armes pour repousser les attaques ; et l'on sent, dans son cœur, une incurable tristesse, le coup de couteau que la frivolité de son cher et détesté Paris lui a planté en pleine poitrine et dont il mourra. Dans sa douleur, les consolations ne lui viennent que de l'étranger. Quand il sourit, c'est qu'il a triomphé quelque part, au loin, à Berlin ou à Londres.

« J'ai reçu hier une lettre d'un monsieur inconnu sur ma partition des *Troyens*. Il me dit que les Parisiens étaient accoutumés à une musique plus *indulgente* que la mienne. Cette expression m'a ravi. » (Lettre à Mme Ernst, Paris, 14 décembre 1864.)

« Voici encore un bulletin de la grande armée.... La seconde représentation de *Béatrice* à Weimar a été ce qu'on m'avait annoncé qu'elle serait ; j'ai été rappelé après le premier acte et après le deuxième. Je vous fais grâce de toutes les charmantes flatteries des artistes et du grand duc. » (Lettre à M. et Mme Massart, Lowenberg, 19 avril 1863.)

« Je t'écris trois lignes pour que tu saches que j'ai obtenu hier soir un succès pyramidal. Redemandé je ne sais combien de fois, acclamé et tout (*sic*) comme compositeur et comme chef d'orchestre. Ce matin, je lis dans le *Times*, le *Morning Post*, le *Morning Herald*, l'*Advertiser* et autres, des dithyrambes comme on n'en écrivit jamais sur moi. Je viens d'écrire à M. Bertin pour que notre ami Raymond, du *Journal des Débats*, fasse un pot-pourri de tous ces articles et qu'on sache au moins la chose. » (Lettre à M. Joseph d'Ortigue, Londres, 24 mars 1852.)

Ainsi donc, telle a été sa vie jusqu'au dernier jour : hué en France, applaudi à l'étranger. Je terminerai mes citations par une page d'ironie cruelle. On avait annoncé que Berlioz allait partir pour l'Allemagne, où il venait d'être nommé maître de chapelle. C'est alors que, le 22 janvier 1834, il écrit à M. Brandus la lettre suivante :

« Le fait est que je dois quitter la France un jour, dans quelques années, mais que la chapelle musicale dont la direction m'a été confiée n'est point en Allemagne. Et puisque tout se sait dans ce diable de Paris, j'aime autant vous dire maintenant le lieu de ma future résidence : je suis directeur général des concerts particuliers de la reine des Ovas, à Madagascar. L'orchestre de Sa Majesté Ova est composé d'artistes malais fort distingués et de quelques Malgaches de première force. Ils n'aiment pas les blancs, il est vrai, et j'aurais en conséquence beaucoup à souffrir sur la terre étrangère, dans les premiers temps, si tant de gens en Europe n'avaient pris à tâche de me noircir. J'espère donc arriver au milieu d'eux bronzé contre leur malveillance. En attendant, veuillez faire savoir à vos lecteurs que je continuerai à habiter Paris le plus possible, à aller dans les théâtres le moins possible, mais à y aller cependant, et à remplir mes fonctions de critique comme auparavant, plus qu'auparavant. Je veux, pour la fin, m'en donner à cœur joie, puisque aussi bien il n'y a pas de journaux à Madagascar. »

Maintenant, quelle moralité devons-nous tirer de tout cela Berlioz mort, on sait quel a été son triomphe.

Aujourd'hui, on s'incline très bas devant sa tombe, on le proclame la gloire de notre école moderne. Ce grand homme qu'on a vilipendé, qu'on a traîné au ruisseau pendant sa vie, est applaudi dans son cercueil. Tous les mensonges entassés autour de lui, toutes les légendes odieuses et ridicules, toutes les polémiques sottes, tous les efforts de la haine et de l'envie pour le salir, s'en sont allés comme une poussière balayée par le vent ; et il reste seul, debout dans sa victoire. C'est Londres, c'est Saint-Pétersbourg, c'est Berlin, hélas! qui ont eu raison contre Paris. Mais croyez-vous que cet exemple guérisse la foule de sa frivolité et les médiocres de leur rancune, en face des talents personnels? Ah! que non pas! Demain, un musicien original peut naître, il trouvera exactement les mêmes sifflets, les mêmes calomnies, et il recommencera identiquement la même bataille, s'il veut la même victoire. La bêtise et la mauvaise foi sont éternelles.

CHAUDES-AIGUES ET BALZAC.

—

J'ai fait une trouvaille, j'ai découvert un volume intitulé : *les Ecrivains modernes de la France*. Il a paru chez Gosselin, en 1841, et il a pour auteur un critique du nom de Chaudes-Aigues, mort depuis vingt-cinq à trente ans, je crois, et parfaitement oublié aujourd'hui. Je me souviens d'avoir lu, dans la *Revue de Paris*, un article où Asselineau donnait ce Chaudes-Aigues comme un lettré de talent, un esprit fin et sagace. En tous cas, sans être au premier rang, Chaudes-Aigues occupait une place honorable dans la littérature de l'époque, et l'on peut dire qu'il résumait l'opinion moyenne, qu'il tenait alors la place de certains de nos critiques, aujourd'hui très écoutés. D'ailleurs, la preuve que ses études avaient une valeur, c'est qu'il a trouvé un éditeur pour les réunir en un volume.

Or, en feuilletant ce volume, j'ai rencontré une étude sur Balzac, qui est devenue pour notre génération le comble de la drôlerie. Cela est complet, cela résume la bêtise d'une époque. On assiste là à cette éternelle rage de la médiocrité, à cette éternelle négation des aveugles devant les personnalités puissantes. Et ce qui est amusant, c'est que nous sommes déjà la postérité et que le rire nous prend, lorsque nous mettons Balzac en face de ce Chaudes-Aigues, le géant du roman moderne à côté de ce nain ridicule qui tâche de le couvrir de boue, sans arriver à autre chose qu'à se salir lui-même. Quel beau spectacle et quelle leçon ! Mordez, insultez, mentez, soyez bêtes, dénoncez, faites-vous mouchards et gardes-chiourme, traînez les œuvres dans la boue, voilà le résultat : ceux que vous diffamez grandissent et rayonnent dans l'admiration de vos petits-fils, tandis que vos jugements odieux et imbéciles deviennent, quand on les retrouve, un objet de honte et de risée pour vos mémoires.

Je veux ressusciter Chaudes-Aigues. Cela sera d'un bon exemple pour nos aboyeurs d'aujourd'hui. Il faut qu'on mette le nez d'une certaine critique dans ses ordures. Vous allez voir que rien n'est changé. Les accusations sont toujours les mêmes, et le talent ne s'en porte pas plus mal.

Donc, je me contenterai de donner des citations. Il suffit qu'on ait les pièces sous les yeux. D'abord, Chaudes-Aigues triomphe en dix pages, parce que Balzac se permet d'opérer certains changements dans la classification de ses ouvrages. On sait que le grand romancier ne trouva qu'après coup l'idée de réunir ces romans par un lien commun, sous le large titre de la *Comédie humaine*, et il eut alors certaines hésitations, il modifia plusieurs fois l'ordre des différentes parties. Il n'y avait évidemment là rien qui diminuât le talent du romancier; nous ne nous préoccupons plus de ces choses aujourd'hui; mais Chaudes-Aigues exulte, il s'imagine confondre Balzac en lui faisant cette guerre de détails, et quand il a prouvé que certaines œuvres ne sont pas à leur place, il triomphe, il se vante d'avoir mis en poudre la *Comédie humaine*. Pauvre homme ! Il conclut : « Ce recensement sommaire une fois livré aux méditations des admirateurs les plus enthousiastes de M. de Balzac, nous écouterons d'une oreille indifférente M. de Balzac vanter à outrance les merveilles architectoniques dont il rêve. Qui pourrait songer sans rire, désormais, à la future cathédrale de M. de Balzac ? » Certes, on rit aujourd'hui, mais on rit de Chaudes-Aigues.

Ce qui mettait Chaudes-Aigues hors de lui, c'était l'attitude de Balzac. Ecoutez-le : « Chaque fois que M. de Balzac roule sur la place publique une pierre de son édifice, c'est à son de trompe, à grand bruit de préface, et en ayant un soin tout spécial d'annoncer que, si le temple n'est point terminé encore, cela tient uniquement à l'immensité du plan conçu. » Naturellement, Balzac devait être accusé d'être un charlatan; c'est dans l'ordre. Il avait des idées à défendre, il se débattait au milieu d'adversaires très ardents; pur charlatanisme. En outre, ses chefs-d'œuvre avaient le tort de faire du bruit, et ses éditeurs commettaient le crime de vouloir les vendre. D'ailleurs, Chaudes-Aigues hausse les épaules devant la *Comédie humaine*. Il est plein de pitié. « Il y a de cela cinq ou six ans, dit-il, M. de Balzac imagina un singulier moyen de se soustraire à la juridiction souveraine de la critique; il déclara hautement, avec un sang-froid imperturbable, que ses romans ne pouvaient pas être jugés en dernier ressort, ni même d'aucune façon, par la critique existante, attendu que ses romans n'étaient point des œuvres distinctes les unes des autres, rivales pour ainsi dire, procédant chacune d'une inspiration particulière et arrivant à des conclusions essentiellement diverses, mais bien autant de fragments d'un monument gigantesque, autant de pierres indispensables d'un colossale palais où il voulait loger son pays. Médiocrement irritée de cet arrêt d'incompétence dont on la frappait, la critique se contenta de hausser doucement les épaules en signe de pitié indulgente... » Voyez-vous cet homme de génie qui a l'ambition de bâtir un monument et qui prie la critique d'attendre ! Cette prétention peut-elle se supporter ? La bêtise n'attend pas.

Mais ce n'est là que l'entrée en matière. Chaudes-Aigues, d'une chiquenaude, a fait crouler la *Comédie humaine*. Balzac est convaincu de mensonge et d'impuissance ; il n'a pas de plan général, il veut en imposer à la critique, il s'épuise en efforts superflus. Maintenant, il s'agit de prouver que ses romans, pris à part, n'offrent ni originalité, ni intérêt, ni talent, rien, rien du tout, le vide absolu.

D'abord, Balzac n'a rien inventé. Dans toutes ses œuvres, il n'y a que deux types, un homme de génie méconnu et luttant, une femme de cœur vouée à tous les sacrifices. « Louis Lambert et madame de Vieumesnil. dit Chaudes-Aigues, pour continuer une comparaison très juste, sont des épreuves avant la lettre des deux seuls portraits qu'ait gravés M. de Balzac. Malheureusement pour M. de Balzac, l'invention de ces deux portraits lui est tout à fait étrangère ; il n'a que le mérite de reproducteur habile, en cette occasion. Comme le graveur imprimant sur la planche de bois ou d'acier l'idée du peintre, ou comme l'élève dirigeant un crayon timide sur les traces qu'a laissées le pinceau du maître, il a imité des images créées par d'autres cerveaux que le sien. » Et plus loin : « M. de Balzac n'a pas été aussi soigneux de dissimuler ses larcins, quand, au lieu de caractères principaux, il s'est agi de personnages secondaires et de détail. Pour ne le combattre que sur un terrain qui lui soit favorable, nous citerons à l'appui de notre assertion, ses deux livres les plus populaires : *Eugénie Grandet* et le *Lys dans la vallée ;* le premier, où l'*Avare* et *Melmoth*, un peu grimaçants et contrariés, il est vrai, posent constamment devant l'auteur, à tour de rôle; le second qui, comme dispositions générales et comme effets de scène, est fabriqué avec les rognures de *Volupté*. Molière! Mathurin! Hoffman! Sainte-Beuve! Il faut être juste, M. de Balzac n'y va pas de main morte, et ce n'est pas aux pauvres qu'il s'adresse. » Balzac pillant Sainte-Beuve, c'est un comble, comme nous dirions aujourd'hui. D'ailleurs, l'accusation de plagiat est également dans l'ordre. Chaudes-Aigues ne serait pas complet s'il ne traitait pas Balzac de voleur. Les Chaudes-Aigues d'aujourd'hui continuent la tradition.

Passons maintenant au style. Vous allez voir comment Balzac ignore radicalement sa langue. « M. de Balzac est parfaitement étranger aux notions les plus vulgaires de la syntaxe; il n'y a pas, dans l'art d'écrire, de principe si élémentaire dont il paraisse avoir même une vague idée. Selon son bon plaisir, il met au régime de l'activité les verbes de la nature la plus passive, et réciproquement; ou bien il range dans la catégorie des irréguliers ou des absolus des verbes dont la condition est de rester neutres. Presque tous les mots sont forcés, sous sa plume, à des associations impossibles. Avec une audace et une assurance vraiment fabuleuses, il établit violemment, entre des substantifs dont il ne connaît ni la signification précise ni l'origine, et des adjectifs dont il ignore les obligations particulières, des alliances que réprouvent tout à la fois la tradition, le vocabulaire et le goût. Quant aux pronoms, relatifs ou possessifs, et aux adverbes, le romancier s'en sert comme de ces détachements de cavalerie légère qu'on lâche au milieu d'une armée en déroute, pour accroître le désordre et le carnage : c'est son corps de réserve destiné, aux heures décisives, à rendre le massacre de la langue plus complet. » Ceci est de l'ironie. Chaudes-Aigues ne se doute pas d'une chose, c'est qu'une page de Balzac, même incorrecte, a plus d'accent que tout son volume d'articles. Notre langue se transforme depuis le commencement du siècle, au milieu de nos luttes littéraires, et c'est faire une singulière besogne que de vouloir juger le style de Balzac avec les règles de La Harpe. Chaudes-Aigues nie tout simplement l'évolution moderne, en matière de style, cet enrichissement considérable de la langue, ce flot d'images nouvelles, cette couleur et je dirai cette odeur introduites dans la phrase. Sans doute il faudra plus tard une police pour régler tout cela. Mais ricaner et s'indigner devant ce mouvement, c'est ne pas comprendre, c'est faire preuve d'infirmité cérébrale.

Arrivons à la moralité. Ici, Chaudes-Aigues devient superbe. Il me semble que j'entends nos critiques et nos chroniqueurs d'aujourd'hui foudroyant le natulisme. Le comique abonde. Je n'ai que l'embarras des citations. « Une des prétentions de M. de Balzac, pour laquelle nous serons impitoyable, s'écrie-t-il, c'est celle que révèle hautement le titre général de ses œuvres, de connaître à fond les mœurs du siècle et de les peindre avec une rigoureuse vérité. Quelles sont donc les mœurs que peint M. de Balzac? Des mœurs ignobles et dégoutantes, ayant pour seul mobile un intérêt sordide et crapuleux. S'il faut en croire le prétendu historien philosophe, l'argent et le vice sont le moyen et le but uniques pour tous les hommes d'aujourd'hui; les passions perverses, les goûts dépravés, les penchants infâmes animent exclusivement la France du dix-neuvième siècle, cette fille de Jean-Jacques et de Napoléon ! Nul sentiment honorable, nulle idée honnête, de quelque côté que se tourne le regard. La France, — car c'est le portrait de la France que l'auteur se propose, — est peuplée de goujats galonnés, de bandits plus ou moins déguisés par un masque, de femmes arrivées aux dernières limites de la corruption ou en train de se corrompre : nouvelle Sodome dont les iniquités appellent le feu du ciel. C'est-à-dire que les cachots, les lupanars et les bagnes seraient des asiles de vertu, de probité, d'innocence, comparés aux cités civilisées de M. de Balzac. » Tout y est, comme on le voit, Sodome, Jean-Jacques et Napoléon. Et l'on dit cela de nos œuvres aujourd'hui, et l'on nous jette Balzac à la tête, en déclarant que Balzac au moins faisait la part de la vertu, qu'une haute moralité se dégageait toujours de ses œuvres ! Voyons, il faudrait s'entendre. La vérité est que les Chaudes-Aigues de demain nous jetteront à la tête des romanciers du vingtième siècle, en les accusant à leur tour d'une honteuse immoralité.

Attendez, ce n'est pas fini. Voici le plus beau, on croirait entendre parler les critiques que vous connaissez bien, on croirait lire un article publié hier sur des romans dont vous savez les titres : « Eh! oui, sans doute, il y a dans la société contemporaine des infamies et des hontes, des fortunes dont la source est inavouable, des positions usurpées, des métiers exercés bassement, des industries déshonorantes, des égoïsmes poussés jusqu'à la lâcheté et à la scélératesse, des turpides sans nom. Mais dire qu'il n'y a que cela, voilà l'impardonnable mensonge! Mais se plaire dans la mise en œuvre de pareils éléments, les grandir, les poétiser, les caresser, en composer un éternel spectacle pour la foule, en vouloir faire des sujets d'admiration et d'enthousiasme, voilà le tort criminel! Heureusement, il y a, aujourd'hui plus que jamais, dans le cœur d'une certaine jeunesse dont M. de Balzac ne soupçonne pas l'existence, des instincts désintéressés et nobles, des passions généreuses, des convictions sincères et ardentes, que ne terniront ni ne déracineront les mauvais exemples, non plus que les pernicieuses leçons. Sous ce fumier que M. de Balzac remue de deux mains amoureuses, au sien d'une terre vierge et féconde, se développent en silence, à cette heure même, des germes précieux... Mais, à qui parlons-nous? et l'auteur de *la Fille aux yeux d'or* peut-il nous comprendre? Tout ce que nous devons dire à M. de Balzac, c'est qu'il n'a rien de plus à démêler avec l'esprit philosophique de son siècle qu'avec la littérature sérieuse... Placé, de son vivant même, entre mademoiselle Scudéry, dont il a la fécondité maladive, et le marquis de Sade, qu'il continue, dans un autre ordre d'idées, avec un bonheur rare, il pourra voir avant peu, de ses fenêtres, le cadavre de sa réputation traîné aux gémonies. »

Cette fois, c'est complet. Voilà le marquis de Sade arrivé. Je l'attendais. Il devait être de la fête. On ne saurait croire quelle consommation la critique fait du marquis de Sade. Il est la « tarte à la crême » des Chaudes-Aigues passés, présents et futurs. Un romancier ne peut risquer une plaie humaine sans qu'on le salisse avec cette comparaison inepte, qui prouve une seule chose, l'ignorance parfaite de ceux qui l'emploient. Mais laissez-moi m'égayer sur la clairvoyance extraordinaire du prophète Chaudes-Aigues. Où est-elle, ta jeunesse qui devait traîner Balzac aux gémonies, ô Chaudes-Aigues? Aujourd'hui, les fils et les petits-fils de Balzac triomphent; ce romancier de génie, qui n'avait rien à démêler avec la littérature sérieuse, ni avec l'esprit philosophique du siècle, a justement laissé la formule scientifique de notre littérature actuelle. Si tes pareils de l'heure présente, ô Chaudes-Aigues, prophétisent avec la même certitude, ceux qu'ils condamnent à l'égout peuvent se réjouir, car c'est à coup sûr une haute et noble gloire qui les attend.

Finissons. Voici encore une longue citation nécessaire : Chaudes-Aigues, dans un dernier paragraphe de deux pages, croit achever Balzac d'un coup de massue. Il s'en prend aux excès de sa personnalité, il parle de son orgueil, il le traite carrément de fou. Lisez et méditez ces pages.

« Nous aurions volontiers assisté en témoin aussi

impassible que peu curieux à la décadence de M. de Balzac, faux météore prêt à replonger silencieusement dans la mare d'in-octavos sinistres d'où il est sorti, si M. de Balzac, à mesure qu'il décline, ne prenait à tâche de lasser la patience publique par l'excès de sa personnalité. M. de Balzac, à force de se trouver semblable, sinon supérieur, à tous les grands personnages anciens et modernes, en est arrivé à se placer si haut dans sa propre estime, qu'il ferait preuve d'une modestie incroyable s'il se mettait, comme on l'assure, sur les rangs pour l'Académie. Consentir à partager ainsi l'empire des lettres avec trente-neuf rivaux, vouloir troquer un trône contre un fauteuil serait, nous en convenons, une abdication véritable... MM. de l'Institut ne donneront pas lieu, nous l'espérons, à l'une de ces bouffonneries dont le public est las... Que M. de Balzac se proclame, par la voie des annonces, un auteur incomparable, le plus excellent des romanciers modernes, le premier fabricant de chefs-d'œuvre en gros ou en détail, c'est un ridicule sans doute qui rappelle la grenouille de La Fontaine, mais que les librairies, à tout prendre, ont le droit de donner à l'auteur pour leur argent. Que M. de Balzac se pose, dans une préface, en écrivain près de qui Richardson, Walter Scott et autres sont une petite monnaie vulgaire ; cela est, jusqu'à un certain point, tolérable, comme sujet précieux d'hilarité. Mais que M. de Balzac, non content d'imposer son nom au public, au moyen de la préface et de la réclame payante, saisisse toutes les occasions de se prodiguer l'encens à lui-même, et fasse naître ces occasions au besoin ; que, sous prétexte, aujourd'hui, d'éclaircir une question de droit littéraire; demain, de signaler le tort fait à la librairie française par la contrefaçon belge ; après-demain, de réfuter une opinion émise sur lui, dans un article critique ; un autre jour, de proposer une modification du code civil ou du code pénal, M. de Balzac, incessamment préoccupé de son importance individuelle, explique le double rôle de maréchal de France et d'empereur qu'il joue tour à tour, sans que la société s'en doute,... voilà qui n'est plus tolérable, voilà qui n'est plus risible ; car ceci est de l'orgueil poussé jusqu'à la folie. Opposer l'exiguité du mérite à l'extravagance de l'ambition était, en pareil cas, un devoir dont la critique philosophique ne pouvait se dispenser. »

Les oreilles me tintent. Est-ce de Balzac qu'il s'agit, est-ce d'un autre ? L'article a-t-il paru il y a trente ans, a-t-il paru ce matin ? Ne serait-il pas de Chaudes-Aigues, serait-il de — mettez un nom ? Pauvre grand Balzac, tombé sous la férule d'un médiocre, parce qu'il travaillait trop, parce que sa personnalité débordait fatalement, parce qu'il emplissait son temps avec la foi des forts travailleurs ! Ah ! quelle vengeance aujourd'hui ! Mais il a souffert, et il n'est plus là.

On me dira : « En voilà assez, vous avez raison : ce Chaudes-Aigues est idiot. Quelle étrange idée avez-vous eue d'exhumer ce tas d'enfantillages ? Ce n'est pas drôle, ça nous ennuie, ça n'a plus le sens commun. A cette heure, tout le monde est d'accord. Balzac est le grand romancier du siècle. Il est inutile, pour le prouver, d'étaler les sottises que des critiques oubliés ont dites sur son compte. Laissez-nous tranquilles avec votre Chaudes-Aigues. »

Et je répondrai : « D'accord, Chaudes-Aigues est idiot ; les citations que je lui ai empruntées sont

devenues bouffonnes et ennuyeuses. Mais il est bon
d'établir que Chaudes-Aigues a été, dans son temps,
un critique distingué, écouté, lu par un public dont
il gâtait l'intelligence et qui pensait comme lui. Son
étude est écrite proprement, sauf quelques incor-
rections et beaucoup de niaiseries. A coup sûr, il
croyait faire œuvre de justice et de morale. Or, il
est arrivé que trente années ont suffi pour le changer
en un fantoche qu'on ne peut plus lire sans s'égayer.
Eh bien ! dites-moi combien nous comptons à notre
époque de Chaudes-Aigues, et songez avec quel
éclat de rire nos petits-fils liront les articles de ces
messieurs. Cela me réjouit, voilà tout. »

JULES JANIN ET BALZAC.

—

Je me suis récréé à donner des extraits d'une incroyable étude, que le critique oublié Chaudes-Aigues avait jadis déposée contre la haute figure de Balzac. Aujourd'hui, je prendrai un nouveau plaisir, je reproduirai certains passages d'un article publié par Jules Janin sur l'auteur de la *Comédie humaine*, dans la *Revue de Paris*, numéro de juillet 1839.

Chaudes-Aigues était presque un inconnu, un homme sans grande autorité, dont l'imbécillité ne tirait pas à conséquence. Mais Jules Janin, diable! cela va devenir grave. Souvenez-vous que Jules Janin a été solennellement sacré prince des critiques, qu'on s'est pendant quarante ans incliné sous sa férule, que rien n'a égalé sa célébrité, si ce n'est l'oubli où il est tombé d'un coup et tout entier. Romancier fécond, critique dramatique acclamé, il semblait de taille à comprendre et à juger Balzac. Eh bien! vous allez l'entendre.

Il faut dire que Balzac venait de malmener la presse dans son roman des *Illusions perdues*. Janin crut devoir prendre la défense du journalisme. En ce temps-là, on s'étonnait déjà qu'un romancier, égorgé par les journaux, traîné chaque matin dans la boue, eût l'audace grande de n'être pas content et d'accuser ses diffamateurs de mauvaise foi et d'ignorance. Balzac ne mâchait pas ses paroles : dans la Revue qui lui appartenait, il avait carrément déclaré que les journaux montraient une attitude « ignoble » à son égard. Jamais, d'ailleurs, il ne leur pardonna. Ce sont des choses qu'on a trop oubliées aujourd'hui, lorsqu'on cherche à écraser les vivants sous le souvenir des grands morts. Ajoutons que Janin, en se faisant le défenseur de la presse, était bassement l'exécuteur des rancunes de la *Revue de Paris*, qui venait de perdre son fameux procès contre Balzac.

Mais arrivons aux citations. Je les donne simplement dans l'ordre où elles se présentent.

D'abord, Janin plaisante agréablement. On l'a forcé à lire les *Illusions perdues*, et c'est pour lui un supplice atroce. Un moment, il espère éviter la corvée, il s'écrie : « Aussitôt, tout joyeux, je revenais à ces vieux livres qui ont eu tout de suite un milieu, un commencement, une fin; nobles chefs-d'œuvre dont la contemplation vous rend meilleur. Au contraire, toutes ces misères modernes, écrites au hasard, sans plan, sans but, et comme si l'on traçait sur le papier le plus fantastique des châteaux en Espagne, vous donnent je ne sais quelle impatience que vous avez de la peine à contenir. » Voilà la profession de foi. « Sans plan, sans but » est bien joli. Cela rappelle Sainte-Beuve, qui préférait le *Voyage autour de ma Chambre* à la *Chartreuse de Parme*.

Continuons. « David Séchard s'estima donc fort

heureux de remplacer son père à tout prix, pour pouvoir nommer son ami Lucien prote d'imprimerie, aux appointements de 50 francs par mois : j'oubliais de vous dire que Mme Chardon, la mère, gagnait trente sous par jour chez ses malades, sa fille vingt sous chez la maîtresse blanchisseuse. Ce bruit d'argent et cette horrible odeur de billon reviendront souvent dans mon récit ; mais à qui la faute ! sinon à M. de Balzac, qui fait dépendre la destinée de ses héros, et je dis de presque tous ses héros, d'une pièce de cinquante centimes. » Et plus loin : « Des 2,000 francs qu'il avait apportés à Paris, il ne lui restait plus que 360 francs ; il fut se loger rue de Cluny, près de la Sorbonne, il donna 40 sous au fiacre ; il lui resta donc 358 francs. Pour lire avec fruit les romans de M. de Balzac, il faut savoir au moins un peu d'arithmétique et un peu d'algèbre, sinon ils perdent beaucoup de leur charme. Au reste, je vous prie de croire que ces minutieux détails sont exacts et que je suis incapable de les inventer. » Je le crois pardieu bien ! Il est intelligent, ce Janin. Le prince des critiques n'a pas compris que la grande originalité de Balzac a été de donner à l'argent en littérature son terrible rôle moderne.

Mais le plus amusant des reproches que lui fait Janin, c'est de se répéter, c'est de n'avoir qu'une note. Cela égaie, quand on se rappelle que ledit Janin a refait pendant quarante ans le même article, au rez-de-chaussée des *Débats*. Quarante années du même bavardage vide, quarante années de critique inutile et fleurie ! N'est-ce pas énorme de venir ensuite accuser d'uniformité l'auteur de la *Comédie humaine*, qui a créé tout un monde ?

Enfin, il se risque, il se lance à fond dans la lecture des *Illusions perdues*; et voyez en quels galants termes : « Encore une fois, il le faut ; donc fermons les yeux, retenons notre haleine, mettons à nos jambes les bottes imperméables des égoûtiers et marchons tout à notre aise dans cette fange, puisque cela vous plaît. » Je crois lire un critique d'aujourd'hui parlant de l'égoût du naturalisme.

Au passage, Janin rencontre le nom de Walter Scott, et le voilà parti, il en a pour deux pages de ce style fluide qui coulait comme une eau tiède. Balzac, qui avait pour Walter Scott une admiration difficile à comprendre aujourd'hui, ayant eu le malheur de dire que toutes les héroïnes du romancier anglais se ressemblaient, le critique s'écrie avec indignation : « Quel blasphème! et comment peut-on méconnaître la valeur de ces chefs-d'œuvre que toute l'Europe sait par cœur? Mais c'est justement parce qu'il a placé la femme au second plan de ses histoires, parce qu'il a entouré ses héroïnes des plus douces vertus, parce que leur passion est calme, parce que leur amour est honnête, parce qu'elles restent toujours décentes et réservées, comme il convient à d'honnêtes filles, destinées à devenir d'estimables mères de famille ; c'est justement pourquoi les romans de sir Walter Scott ont été ainsi adoptés à l'infini... » Voilà de la critique profonde. Décidément, le prince des critiques n'avait pas le crâne assez large pour comprendre Balzac.

Il le comprenait si peu qu'il lui comparait et qu'il lui préférait Paul de Kock. Du reste, c'était là une des plaisanteries du temps, dont Balzac enrageait. Janin raille avec perfidie : « Ainsi, par des chemins différents, l'un par la grosse gaieté et par l'exagération du sans-façon, l'autre par le sentiment le plus raffiné et par une politesse un peu plus qu'exquise, M. Paul de Kock et M. de Balzac sont arrivés tout à fait à la même popularité, à la même faveur, au même nombre de lecteurs ; quant à savoir lequel des deux l'emporte sur l'autre, demandez-le aux grandes capitales de l'Europe? Londres choisira M. Paul de Kock ; Saint-Pétersbourg, la plus habile des contrefaçons de Paris, proclamera M. de Balzac ; Paris est pour tous les deux, Paris est pour tous ceux qui l'amusent; il n'aura jamais trop d'amuseurs. » Aujourd'hui, Paris, et l'Europe, et le monde, ne connaissent plus que Balzac, car Paul de Kock, et Jules Janin lui-même, sont morts.

Plus bas, le prince des critiques ne veut pas donner la royauté du roman à Balzac. Il confesse là son tempérament. Je cite toute la page qui en vaut la peine : « Je vous répondrai que M. de Balzac n'est pas le roi des romanciers modernes ; le roi des romanciers modernes, c'est une femme, un de ces grands esprits pleins d'inquiétudes qui cherchent leur voie, et qui même, quand elle écrit ses plus beaux romans, me produit l'effet d'Apollon gardant les troupeaux d'Admète. Viennent ensuite, tantôt à côté, tantôt derrière M. de Balzac, tantôt devant lui, plusieurs romanciers qui, comme lui, regardent avec grand mépris la société telle qu'elle se comporte ; écrivains d'une grande audace, d'une fécondité merveilleuse. Quel ouvrage de M. de Balzac a été plus rempli de mouvements et d'incidents divers que les *Mémoires du Diable* ? Quel conte de M. de Balzac est supérieur à la *Femme de quarante an,* par M. de Bernard? Quand donc M. de Balzac a-t-il poussé l'ironie plus loin que M. Eugène Sue ! A-t-il rien écrit pour la fraîcheur des descriptions, pour la grâce murmurante et printanière du paysage, qui soit préférable aux adorables caprices de M. Alphonse Karr? N'oublions pas, dans un genre plus élevé, le roman de M. Alfred de Vigny et *Notre-Dame de Paris*, et *Volupté*, qui est un livre à part, sans compter tant de beaux petits contes que j'oublie, tous remplis de délire, d'imagination et d'amour... » Tout cela est devenu bien drôle à cette heure. Ce prince des critiques manquait de flair.

Voulez-vous maintenant entendre traiter Balzac comme un infect naturaliste d'aujourd'hui : « Parce que la chose existe, est-ce à dire que le roman et la comédie, le crochet à la main, se puissent occuper de ce pandemonium grouillant sur ce tas d'immondices? Non, non, il y a des choses qu'on ne doit pas voir et qui sont à peine permises au philosophe, à peine permises au moraliste, à peine permises au chrétien. Un écrivain n'est pas un chiffonnier, un livre ne se remplit pas comme une hotte. » Voilà une phrase qui a l'air d'avoir été écrite ce matin. Oh ! ces messieurs ne se mettent pas en frais d'imagination : les mêmes phrases leur servent depuis un demi-siècle. Elles n'ont pas entamé Balzac ; n'importe, on les trouve encore assez bonnes pour tâcher d'écraser les nouveaux venus.

En somme, comme je l'ai dit, Jules Janin feint de croire que Balzac s'attaque aux grandes personnalités du journalisme, à tous ces grands noms : Chateaubriand, Royer-Collard, Guizot, Armand Carrel, Villemain, Lamenais. La vérité était que Balzac parlait des honteuses cuisines dont il était le témoin, des coulisses de la presse, de tous les abus que le brusque succès des journaux faisait naître. Dès lors, admirez le passage suivant : « Lorsque, depuis 1789 seulement, tous les principes sur lesquels repose la société moderne ont été fondés, défendus et sauvés par le journal, cela est triste de voir sa noble et chère profession attaquée, même dans ses ténèbres, même dans ses accessoires les plus futiles et les plus inaperçus, et attaquée par quoi, je vous prie ? Par un livre sans style, sans mérite et sans talent. » Grand Dieu ! est-ce des *Illusions perdues* que parle le prince des critiques ? Mais, vous ne connaissez seulement pas votre principauté, vous barbotez ! Après un jugement pareil, on aurait dû vous asseoir sur votre couronne comme sur une chaise percée.

Attendez, ce n'est pas fini. Il y a une phrase plus forte. La voici : « Heureusement ce livre est du grand nombre de romans, qu'on n'a nul regret de ne pas lire, qui paraissent aujourd'hui pour disparaître le lendemain dans un immense oubli. Jamais, en effet, et à aucune époque de son talent, la pensée de M. de Balzac n'a été plus diffuse, jamais son invention n'a été plus languissante, jamais son style n'a été plus incorrect... » C'est assez, arrêtons-nous, car nous touchons au sublime du comique.

Eh bien ! prince, je crois que c'est vous qui avez disparu le lendemain dans un immense oubli. Personne ne lit plus vos romans, et vos quarante années de critique n'ont pas même laissé une trace dans notre histoire littéraire. Quant à Balzac, il est debout, il grandit chaque jour davantage. Ce sont là des fouilles dans le passé, des lectures saines et rafraîchissantes, qui font du bien. On respire, en constatant l'imbécillité de la critique, même lorsqu'elle est couronnée. Songez donc qu'aujourd'hui il n'y en a pas même un qu'on ait jugé digne d'asseoir sur le trône. Si l'on patauge à ce point lorsqu'on est prince, que penser des jugements portés par le troupeau des critiques ordinaires ?

UN PRIX DE ROME LITTÉRAIRE.

—

Il vient de se produire un étrange projet, celui de fonder un prix de Rome littéraire. Certes, ce projet n'a heureusement aucune chance d'être réalisé, et il serait inutile de le discuter, s'il n'était un symptôme de la laide maladie que nous avons en France d'être protégés et encouragés par l'État.

En vérité, nous ne nous affranchissons jamais de notre vie de bambins au collège. L'art et les lettres continuent à être pour nous une série de compositions en thème latin et en version grecque ; et il faut qu'un maître quelconque distribue des places, soit toujours là pour coller dans le dos des élèves des numéros d'ordre. Si, à la fin de l'année, la distribution des prix, avec des couronnes de laurier en papier peint, venait à manquer, ce serait une consternation générale.

Les gamins de huit ans ont des croix de fer-blanc sur la poitrine. Plus tard, on les inscrit au tableau d'honneur, on les comble de bons points. Plus tard, à leur entrée dans la vie, on les promène de concours en concours, et les diplômes tombent sur eux, drus comme les feuilles en automne. Ce n'est point fini, les médailles, les titres, les croix de tous les métaux continuent de pleuvoir. On est timbré, scellé, apostillé. On porte sur chaque membre le visa de l'administration, déclarant en bonne forme que vous avez du génie. On devient un colis dûment enregistré pour la gloire. Quel enfantillage, et comme il est plus sain d'être seul et libre, avec sa poitrine nue au grand soleil !

Ainsi, voilà les écrivains qui n'étaient point trop protégés. Ils n'avaient pas de concours, seule l'Académie se permettait de distribuer à des dames et à des hommes tranquilles quelques prix timides. Ils ne sentaient point la tutelle de l'État, comme les peintres et les sculpteurs par exemple, qui dépendent absolument de l'administration. De là, une jalousie énorme. Nous voulons des chaînes, nous aussi ! Notre liberté nous gêne, nous ne savons pas en faire des chefs-d'œuvre, et nous tendons les mains pour qu'on nous garotte. Les artistes sont trop gourmands de garder toutes les entraves pour eux. Nous entamerons des polémiques, nous ferons des conférences s'il est nécessaire, mais nous exigeons quand même notre coin de cachot.

Songez donc ! les peintres et les sculpteurs ont une école où des professeurs leur enseignent le beau patenté. Ils passent leur jeunesse au milieu des concours. Ensuite, un jury les admet ou ne les admet pas à la publicité. Chaque année, ils composent, et les premiers ont des médailles. Quand les médailles sont épuisées, il y a des récompenses exceptionnelles. Voilà une carrière enviable, au moins ! Les élèves forts y goûtent toutes les jouissances possibles. Parlez-moi de cette façon de comprendre une existence d'artiste et comprenez combien la vie d'un écrivain est grise à côté ! Le pauvre homme n'a pas la moindre médaille pour s'égayer. Son ménage en reste tout chagrin.

Pour le moment, on ne demande pas encore des médailles, on serait satisfait, si l'État voulait simplement fonder un prix de Rome littéraire. Ce prix consisterait, comme le prix de Rome de peinture, en une certaine rente qu'on servirait pendant quatre années au lauréat. Naturellement, il serait décerné à la suite d'un concours, et le lauréat serait tenu de fournir chaque année un travail quelconque, pour prouver qu'il ne mange pas l'argent de l'administration avec des duchesses. Voilà le projet en gros. Resterait à fixer le genre de la composition. Serait-ce un roman, une étude historique, un poème ? On a parlé, je crois, d'une comédie ou d'un drame en vers. Cela restreint singulièrement le prix de Rome littéraire, qui devient en réalité un prix de Rome dramatique. Je soupçonne les inventeurs du projet d'avoir des tragédies de jeunesse dans leurs tiroirs. Mais, vraiment, ils n'ont pas dû voir tout le côté comique de l'invention.

Quand le prix de Rome a été créé, il s'agissait avant tout de fournir à de jeunes artistes l'occasion de faire un séjour dans la ville que l'on regardait alors comme le tabernacle de l'art. Le voyage coûtait fort cher; d'autre part, on voulait assurer aux lauréats un local, des relations, une direction artistique ; enfin, l'école avait un drapeau et entendait fomer des soldats pour le défendre. Toutes ces raisons expliquent la fondation.

Mais, dans les lettres, à quoi rimerait un pareil prix ? Il ne peut venir à la pensée de personne d'envoyer les lauréats littéraires dans une ville quelconque ; ils devront rester à Paris, dans ce Paris qui attire toutes les intelligences. Je comprendrais à la rigueur les grandes villes de province fondant des prix de Paris. D'un autre côté, les écrivains n'ont aucun frais matériel. Avec une main de papier, trois sous d'encre et un sou de plumes, on écrit un chef-d'œuvre. Enfin, il n'y a plus une littérature d'État, dont on veuille défendre le drapeau. Les deux cas sont donc complètement différents, et je ne saisis pas quels rapports on a pu voir entre eux.

La seule raison qu'on ait donnée, c'est que le prix de Rome littéraire remédierait à de grands désespoirs et à de grands découragements. Et l'on a parlé d'Hégésippe Moreau, de tous les poètes de la légende qui sont morts à l'hôpital, de misère et de génie rentré. Alors, il faut s'entendre. S'il s'agit de servir une rente à un jeune écrivain pauvre, il faudra poser en principe que seuls les jeunes écrivains pauvres auront le droit de concourir. Le maire et le commissaire du quartier délivreront un certificat d'indigence, qu'on devra déposer au secrétariat avec les autres pièces. En effet, les lauréats qui auraient seulement douze cents francs de rente, une petite pension de leur famille, commettraient une très vilaine action, en venant, à mérite égal, disputer le prix au meurt-de-faim. La pauvreté du candidat pèsera plus que son mérite dans la balance du jury.

Si l'on écarte cette raison sentimentale, on ne saurait citer aucun autre argument sérieux en faveur de la fondation. Mais ce n'est point tout, lors même qu'on aurait pour le prix de Rome littéraire les mêmes arguments qui ont décidé la création du prix de Rome de peinture, il serait prudent, avant de se lancer dans une seconde tentative, de se demander si la première a donné de bons résultats.

Aujourd'hui, on peut nettement établir le rôle de notre école de Rome, dans l'art de ce siècle. Ce rôle a été complètement nul. Certes, un grand artiste qui irait à Rome en reviendrait sans doute avec son génie. Seulement, Rome est si peu nécessaire à nos peintres que les plus grands d'entre eux, Eugène Delacroix, Courbet, Théodore Rousseau, Millet, Corot et toute notre grande école de paysagistes, n'y ont point passé. De cette pépinière qui devait être fertile en maîtres, il n'est guère sorti que des médiocrités. Le large mouvement de l'art au XIXe siècle s'est fait en dehors et à côté de la serre chaude administrative.

Cela est si vrai, l'école de Rome est aujourd'hui tellement inutile et dévoyée, que les élèves y vivent dans l'anarchie absolue des doctrines. Chaque année, à l'exposition des envois, on peut constater le tohu-bohu des personnalités. L'École de Rome n'a même plus son entêtement esthétique. Autant envoyer les lauréats à Pontoise, ils seront plus près de la vie moderne. D'ailleurs, leur séjour en Italie est une chose agréable. Il fêle peut-être un peu leur jugement, mais un peintre médiocre de plus ou de moins, cela ne tire pas à conséquence. Quant au génie qui s'égarerait là, il s'en tirerait toujours. Mon avis est donc que notre école de Rome n'est ni nuisible ni utile.

Ainsi, l'expérience est faite, à quoi bon la recommencer en littérature? Il est entendu que l'art et les lettres ne gagnent rien à être patronnés et pensionnés. Cela ne sert qu'à entretenir la médiocrité. Un écrivain médiocre est déjà gênant par lui-même; s'il était patenté, il deviendrait dangereux. Nous sommes trop mangés par les faiseurs de phrases, pour qu'on ouvre une école de rhétorique. Le jour où l'on fonderait le prix de Rome littéraire, je sais bien ce qui se passerait : il n'irait pas à la pauvreté, il n'irait pas au talent original, il irait aux esprits moyens et souples, qui savent cueillir toutes les fleurs du chemin. A quoi bon encourager ces messieurs qui n'ont déjà que trop de courage?

J'ai une théorie un peu barbare en ces matières : c'est que la force est tout, dans la bataille des lettres. Malheur aux faibles ! Ceux qui tombent ont tort de tomber, et c'est tant pis si on les écrase. Ils n'avaient qu'à savoir se tenir debout. Chaque fois qu'un débutant échoue, qu'un vainqueur de la veille est vaincu, je conclus qu'il portait en lui le germe de sa défaite. La victoire est aux reins solides, et cela est juste. Le talent doit être fort; s'il n'est pas fort, il n'est plus le talent, et il mérite que la vérité se fasse sur son compte. Quand on arrive dans l'art, il faut se dire ces choses virilement, pour savoir se conduire en homme dans la chute ou dans le succès.

Je trouve, par exemple, qu'on abuse étrangement d'Hégésippe Moreau, de Chatterton et des autres. Hégésippe Moreau était un médiocre poëte. Sa grande habileté a été de mourir comme il est mort. S'il avait vécu, personne peut-être ne saurait son nom. On peut plaindre les pauvres diables que l'ambition littéraire tue dans les mansardes ; mais il est naïf de regretter leur talent. C'est un crime que d'entretenir l'orgueil des médiocres. L'écrivain qui apporte un monde, accouche toujours de ce monde.

J'ai parlé en commençant de ce vilain besoin de protection que nous avons en France. On s'appuie d'une main sur les dames, de l'autre sur les corps constitués ; on monte ainsi, peu à peu, l'échelle des succès aimables ; on commence par les diplômes et les prix académiques, on finit par les croix et les titres. Pour gravir cette échelle, il suffit d'avoir l'échine souple et de savoir contenter tout le monde ; un salut à droite et un salut à gauche ; une tirade sur la morale de temps à autre ; surtout un choix de phrases qui ne puissent fâcher personne.

Ah ! que le mépris est meilleur ! Mépriser toutes ces convenances, ne sentir aucun de ses besoins de la vanité, c'est peut-être la force suprême, dans notre métier d'écrivain. On est seul, on ne relève que de son talent. Une œuvre est bonne, et on l'écrit, parce qu'on veut l'écrire. Nulle considération ne déterminera le changement d'une phrase. Pourquoi un changement, dès qu'on a renoncé à toutes les récompenses? La grande jouissance est de vouloir et de créer. On va devant soi, jusqu'au bout de sa volonté, et c'est la seule route qui mène à des chefs-d'œuvre.

LA HAINE DE LA LITTÉRATURE (1)

—

Quand je plaçais des articles avec grand'peine, je me souviens de l'émotion que me causait l'apparition d'un nouveau journal : une porte de plus pouvait s'ouvrir, la littérature allait peut-être avoir enfin un petit coin d'hospitalité. Est-ce pour cela, mais j'ai encore parfois la naïveté de me réjouir, lorsque je vois Paris se barioler d'affiches. C'est au moins du pain pour quelques débutants.

Cette année, l'apparition de nouveaux journaux a coïncidé avec le chômage de la belle saison. Plus de

(1) Ce chapitre et le suivant ont une histoire. Ils furent la cause décisive de ma rupture avec le *Voltaire*, dont le directeur, sans me prévenir, s'avisa de protester, en déclarant que je manquais de respect à nos hommes politiques et en affectant de croire que je défendais l'obscénité. C'était provoquer ma démission violemment et devant tous. Un pareil procédé, inusité dans les lettres, venait-il d'un homme qui servait d'instrument plus ou moins conscient aux ratés littéraires dont je dénonçais les appétits politiques ? ou bien cet homme avait-il agi de lui-même, seul pour ce beau coup, étranger à notre monde, et n'ayant réellement pas compris ce que j'écrivais dans son journal ? Tout est possible. Voici mes articles, on les jugera. C'est un beau rôle, de tomber pour la littérature. Je n'ai plus qu'une coquetterie, je veux que ce directeur extraordinaire vive par moi, et je lègue son nom aux peuples futurs : il se nommait M. Jules Laffitte.

Chambres, presque plus de politique, à peine un incident de loin en loin. Puisque le nombre des journaux augmentait juste au moment où la politique faisait relâche, sans doute allait-on se décider à donner une place plus large à la littérature ; car vous n'ignorez pas que la littérature est devenue simplement un bouche-trou. Entre deux séances du parlement, on se sert d'un article de bibliographie pour justifier. Quant aux variétés, aux études littéraires de quelque longueur, elles restent des mois sur le marbre. Les journaux qui passaient pour être hospitaliers aux lettres, les *Débats* et le *Temps*, par exemple, se sont laissés dévorer comme les autres par la politique. Il n'y a plus, dans la presse, que cinq ou six personnalités entêtées qui s'obstinent à parler littérature, et rien que littérature, au milieu du sabbat abominable que les partis déchaînent autour d'elles. Je crois que, plus tard, on leur tiendra compte de cette louable obstination. Pour le moment, j'ignore si on les lit. On leur fait déjà une grâce, en leur laissant prendre chaque semaine trois cents lignes d'un journal, qu'on pourrait si utilement employer à la discussion de la révision ou du scrutin de liste.

Donc, la politique chôme, le nombre des journaux a augmenté, et je rêvais qu'on aurait recours au pis aller de la littérature. Eh bien ! pas du tout. La politique, qui coulait en torrent, s'est simplement étalée en mare stagnante ; elle dort et elle pourrit sur place, voilà tout. Il se créerait vingt feuilles nouvelles, la politique en serait quitte pour s'aplatir et s'envaser davantage ; et les journaux se videraient jusqu'aux annonces, qu'elle se délayerait au point de les emplir du haut en bas de son flot tiède et bourbeux. Elle seule, et c'est assez. Elle est la maladie fatale de notre époque de troubles et de transition.

Je causais un jour avec le directeur d'un nouveau journal. Il me parlait avec amertume de sa rédaction, qui était loin de le contenter, et me demandait si je ne connaissais pas des jeunes gens de talent. Je lui citai plusieurs noms ; mais il haussait les épaules, en murmurant :

— Oh ! un littérateur... Je voudrais un jeune homme qui eût un grand talent et qui s'occupât exclusivement de politique.

— Ah ! ça, finis-je par lui dire impatienté, est-ce que vous croyez qu'un garçon qui a assez de talent pour être un écrivain, consentira jamais à patauger dans la sale cuisine de votre politique ?

C'était brutal, mais c'était et c'est encore l'exacte expression de ma pensée. Certes, j'admets parfaitement que les ambitieux qui se taillent une situation dans la politique, sont parfois des personnalités puissantes et originales. Mais remarquez qu'ils triomphent surtout dans l'action, et qu'il y a souvent au fond d'eux un écrivain médiocre. Les grands poètes et les grands prosateurs ont toujours fait une assez piètre mine dans les gouvernements. Si nous mettons à part les fortunes politiques extraordinaires, si nous nous en tenons à la foule des journalistes et des agitateurs, au troupeau des élus du suffrage universel, depuis les simples conseillers municipaux jusqu'aux députés, nous voyons qu'il y a un artiste ou un écrivain raté chez chacun de ces hommes d'Etat d'occasion. L'observation est presque constante : la politique se recrute aujourd'hui dans la bohême littéraire.

Que j'en connais, et que de bonnes histoires à

raconter! Celui-ci a débuté par un volume de vers, dont on trouve encore les exemplaires chez les bouquinistes; celui-là a promené pendant dix ans des manuscrits dans les cabinets de rédaction et chez les concierges des théâtres; un autre a fait depuis sa jeunesse du journalisme obscur, sans arriver au public, las d'efforts et ne pouvant dépasser une célébrité de brasserie; un autre encore a tenté de tout, de l'histoire et de la critique, de la poésie et du roman, rongé d'ambition, obligé de lâcher un à un ses rêves, jusqu'au jour où il a enfin trouvé dans la politique une mère compatissante à tous les médiocres. Et je ne parle pas des écrivains qui ont eu de l'esprit un jour, puis qui se sont, le lendemain, réveillés si courbaturés, qu'ils n'ont même plus retrouvé leur talent; encore d'excellentes recrues pour la politique, dont la main droite est tendue aux impuissants et la main gauche aux invalides.

Voilà l'hôpital, la ménagerie, et tant pis si l'on se fâche, car je ne sais pas de mot assez fort dans ma révolte. Oui, je suis indigné d'un pareil étalage d'ambitions mauvaises et bêtes. Prenez-moi un scrofuleux, un crétin, un cerveau mal conformé, et vous trouverez quand même dans le personnage l'étoffe d'une homme politique. J'en connais dont je ne voudrais pas pour domestiques. C'est un rut, un assaut de tous les appétits donné à une femme facile et que chacun espère violer. Il n'y faut ni esprit, ni force, ni originalité, mais seulement des alliances et une certaine platitude personnelle. Quand on a échoué en tout et partout, quand on a été avocat médiocre, journaliste médiocre, homme médiocre des pieds à la tête, la politique vous prend et fait de vous un ministre aussi bon qu'un autre, régnant en parvenu plus ou moins modeste et aimable sur l'intelligence française. Voilà les faits.

Mon Dieu! les faits sont encore acceptables, car il s'en passe journellement d'aussi étranges. L'observateur s'habitue et se contente de sourire. Mais où mon cœur se soulève, c'est lorsque ces gens-là affectent de nous mépriser et de nous protéger. Nous ne sommes que des écrivains, nous comptons à peine; on nous limite notre place au soleil, on nous place au bas bout de la table. Eh! puisque les situations sont connues, messieurs, nous entendons passer les premiers, avoir toute la table et prendre tout le soleil. Comprenez donc qu'une seule page écrite par un grand écrivain est plus importante pour l'humanité que toute une année de votre agitation de fourmilière. Vous faites de l'histoire, c'est vrai, mais nous la faisons avec vous et au-dessus de vous; car c'est par nous qu'elle reste. Votre vie, le plus souvent, s'use dans l'infiniment petit d'une ambition personnelle, sans que la nation puisse en rien tirer d'utile ni de pratique; tandis que nos œuvres, par là même qu'elles sont, aident à la civilisation du monde. Et, d'ailleurs, voyez comme vous mourez vite : feuilletez une histoire des dernières années de la Restauration, par exemple, et demandez-vous où sont allées tant de batailles politiques et tant d'éloquence; une seule chose surnage aujourd'hui, après cinquante ans, la grande évolution littéraire de l'époque, ce romantisme dont les chefs sont tous restés illustres, lorsque les hommes d'État sont déjà effacés des mémoires. Entendez-vous, petits hommes qui menez si grand bruit, c'est nous qui vivons et qui donnons l'immortalité.

Il faut que cela soit dit nettement : la littérature est au sommet avec la science; ensuite vient la politique, tout en bas, dans le relatif des choses humaines. En un jour de colère, exaspéré des ambitions ridicules et du tapage odieux qui m'entouraient, j'ai écrit que ma génération finissait par regretter le grand silence de l'empire. Le mot dépassait ma pensée, je puis bien le confesser aujourd'hui. Mais, en vérité, n'ai-je pas toutes les circonstances atténuantes ? Le milieu de vacarme, de secousses, de préoccupations effrayantes et sottes, dans lequel la politique nous fait vivre depuis dix ans, n'est-il pas un milieu intolérable où l'esprit fini par étouffer? Relisez notre histoire. A chaque convulsion, pendant la Ligue, pendant la Fronde, pendant la Révolution française, la littérature est frappée à mort, et elle ne peut ressusciter que longtemps plus tard, après une période plus ou moins longue d'effarement et d'imbécillité. Sans doute, les évolutions sociales ont leur nécessité et leur logique. Il faut les subir. Seulement, c'est un véritable désastre, quand on les prolonge. Aujourd'hui que la République est fondée, qu'elle tâche donc d'avoir la solidité d'un véritable Etat, assurant à la nation le libre usage de son intelligence. Sa durée et sa gloire sont là. Les politiqueurs à outrance la tueront, tandis qu'elle vivrait par les artistes et par les écrivains.

Je parle moins pour ma génération que pour la génération qui nous suit. Nous autres encore, nous avons fait notre trouée tant bien que mal, au milieu des circonstances les plus fâcheuses. Mais combien je plains les débutants d'aujourd'hui ! N'est-ce pas effrayant, ce pullulement de journaux dont je parlais et cette indifférence, ce mépris pour la littérature ? Pas une feuille qui donne un coin à une partie littéraire sérieuse. Tous broient les airs les plus discordants, sur l'orgue de Barbarie politique. Et ils sont mal faits, et ils sont ennuyeux, et ils assomment le public ; car le public, paraît-il, ne mord guère. Je serais enchanté qu'ils périssent par où ils pèchent, qu'ils mourussent d'une indigestion de politique, dans l'abandon final des quelques centaines de lecteurs qu'ils se disputent avec une âpreté de boutiquiers rêvant la nuit de l'Elysée. Vous n'ignorez pas, en effet, qu'il y a un président de la République, au fond de tout nouveau directeur de journal. Après Napoléon, tous les ambitieux voulaient être lieutenants. Aujourd'hui, après MM. Thiers, Grévy et Gambetta, voilà les fêlures qui se déclarent, et il n'y a pas un raté des lettres et de l'art qui ne rêve la magistrature suprême par le barreau ou par la presse.

Folie d'un moment, mais bien tumultueuse et bien gênante. Tout cela passera, et nous resterons : c'est ce qui nous donne un peu d'orgueil. L'orgueil, quoi qu'on en dise, est une santé par les temps d'aplatissement où nous sommes. Quand les directeurs de journaux demandent des garçons de talent, et qu'ils haussent les épaules, si on leur nomme un écrivain, un pur littérateur, il est bon, il est sain que les littérateurs se lèvent et leur disent : « Pardon, vous n'êtes rien, et nous sommes tout. »

LA LITTÉRATURE OBSCÈNE.

—

Nous venons d'assister à un cas bien curieux. Paris a été pris d'un accès de vertu, je parle d'un accès à 'état aigu, d'une de ces jolies crises qui étalent l'ignorance et la bêtise d'un public. Quand le mal se déclare, les plus spirituels sont atteints; ils n'en meurent pas tous, mais tous cèdent à la contagion. C'est comme une mode pendant quinze jours. Cette fois, la presse a fait la brusque découverte de ce qu'elle nomme, dans son indignation, la littérature obscène.

L'histoire est trop drôle pour que je ne la raconte pas tout au long. Un journal s'est fondé, le *Gil-Blas*, qui, dans ses débuts, se vendait assez mal. Parfois, je questionnais curieusement les directeurs des feuilles rivales sur les chances de succès du nouveau venu; et ces directeurs haussaient les épaules avec un sourire de mépris, ils ne craignaient rien, ça ne se vendait pas. Puis, voilà tout d'un coup que j'ai vu le nez des directeurs s'allonger : le *Gil-Blas* se vendait, il avait pris une spécialité de chroniques légères qui lui donnait tout un public spécial, j'entends, si l'on veut, le grand public, les hommes et surtout les dames qui ne détestent pas les aimables polissonneries. De là, en quelques semaines, la grande colère de la presse vertueuse.

Je ne veux nullement défendre le *Gil-Blas*, mais en vérité il me semble que son cas est d'une analyse facile. A coup sûr, il ne s'est pas fondé avec l'intention formelle de corrompre la nation. Il a beaucoup plus simplement tâté son public ; les nouveaux journaux connaissent bien cette période d'hésitation ; le succès ne vient pas, on essaye de tout, jusqu'à ce que le public morde. Eh bien! le *Gil-Blas*, ayant risqué dans le tas quelques articles grivois, a senti que le public mordait ; et, dès lors, il n'a pas boudé contre ce succès, il a donné à ses lecteurs la friandise de leur goût.

Spéculation ignoble, école de perversion, disent les confrères indignés. Mon Dieu ! je voudrais bien voir un journal qui refuse à ses abonnés ce que ceux-ci lui demandent. Par ces temps d'aplatissement aux pieds du public, la presse n'est-elle pas une immense flagornerie à l'adresse des lecteurs? En politique, en en littérature, en art, où est donc la feuille qui se plante carrément au milieu de la route et qui résiste au grand courant de la sottise et de l'ordure humaines ? Puisque toutes les folies, puisque tous les appétits ont des organes, pourquoi donc la polissonnerie n'aurait-elle pas le sien ? Parmi les confrères qui se sont voilé la face, il en est qui ont autrement travaillé à la désorganisation publique. Flatter une aristocratie imbécile, flatter les vols de la finance, l'ambition de la bourgeoisie ou l'ivrognerie du peuple, cela est plus désastreux encore que de flatter la gaudriole de tout le monde. On croirait vraiment que la morale ne réside que dans notre pudendum.

Je me suis donc abonné au *Gil Blas*, pour me

rendre compte. J'y ai lu des articles charmants, par exemple les chroniques de M. Théodore de Banville, d'une grâce lyrique, les nouvelles si fines et si gaies de M. Armand Silvestre, les études colorées de M. Richepin ; voilà trois poètes dont la compagnie est fort honorable. Il est vrai que le reste de la rédaction est moins littéraire. Ainsi, il y a eu des histoires absolument grossières ; non pas que j'en blâme l'inspiration, car je condamnerais par là même Rabelais, La Fontaine et d'autres encore que j'estime ; mais en vérité ces histoires étaient trop mal écrites. Telle est toute ma querelle. On est très coupable, quand on écrit mal ; en littérature, il n'y a que ce crime qui tombe sous mes sens, je ne vois pas où l'on peut mettre la morale, lorsqu'on prétend la mettre ailleurs. Une phrase bien faite est une bonne action.

J'en étais donc là de mon étude sur la question, charmé quand je lisais l'article d'un véritable écrivain, absolument révolté lorsque je tombais sur l'ordure d'un journaliste d'occasion, bâclant sa besogne. Pour moi, l'ignoble commence où finit le talent. Je n'ai qu'un dégoût, la bêtise. Mais mon époque me gardait encore un étonnement. Voilà que l'on m'a appris tout d'un coup que *le Gil Blas* était mon œuvre, le fils de mes entrailles. Ce n'est plus la faute à Voltaire, c'est la faute à Zola. En tout cas, le *Gil Bas* serait un fils bien dénaturé, car il mange son père chaque fois qu'il le nomme. Je n'y ai pas encore trouvé sur moi une ligne, je ne dirai pas aimable, mais simplement polie. On pourrait y compter jusqu'à trois hommes qui font publiquement profession de me détester. Avouez que ce serait là un enfant qui désolerait mes vieux jours, si j'avais la moindre certitude de paternité.

Mais non, je me tâte, j'interroge mon cœur, et la voix du sang ne parle pas. En toute honte de ma stérilité, je dois rendre l'enfant à Boccace et à Brantôme. Je ne me sens pas gai du tout, pas aimable, pas polisson, incapable de chatouiller les dames. Je suis un tragique qui se fâche, un broyeur de noir que le cocuage ne déride pas; et c'est mal connaître les lois de l'hérédité que de vouloir asseoir sur mes genoux d'homme hypocondre cet aimable poupon enrubanné qui fait déjà des farces avec sa nourrice. N'êtes-vous pas stupéfait des jugements extraordinaires de la critique contemporaine, je parle de cette critique courante qui emplit les journaux ? Elle ne met pas un seul écrivain en sa place; elle n'étudie pas, elle ne classe pas ; elle part sur un mot, sur une idée toute faite, sans tenir compte du vrai tempérament et de la vraie fonction de l'écrivain. Le *Gil Blas*, enfant de l'*Assommoir* et de *Nana*, mais grand Dieu! c'est Jérémie accouchant de Piron, — j'ajoute toutes proportions gardées, pour qu'on ne m'accuse pas de me placer au rang des prophètes.

Quels jolis articles mes amis m'envoient ! J'en ai là une douzaine sous les yeux. On m'y accuse carrément de faire mal tourner le siècle. Un surtout est incroyable : il y est dit en toutes lettres que j'ai inventé la littérature obscène. Hélas ! non, monsieur, je n'ai rien inventé, et on me l'a même reproché fort durement. Il faudrait pourtant vous entendre avec vos confrères : si je copie tout le monde, si je ne suis qu'une dégénérescence de mes aînés, mon influence ne saurait être ni si terrible ni si décisive. Pourquoi ne dites-vous pas aussi que j'ai inventé le vice ? Cela me mettrait du coup en tiers avec Adam et Ève, dans le Paradis terrestre. Il est léger, pour un garçon qui se pique d'avoir fait ses classes, d'effacer d'un trait de plume tant d'œuvres fortes et charmantes, écrites dans toutes les langues du monde, et de faire commencer à l'*Assommoir* et à *Nana* ce que vous appelez si naïvement la littérature obscène.

Et remarquez que ces réquisitoires ne vont pas sans un étalage des plus beaux sentiments du monde. On parle surtout au nom de la justice, on réclame des poursuites par amour de l'égalité. Aimable tartuferie qui ne trompe même pas les imbéciles ! Puisqu'on poursuit le journal, pourquoi ne pas poursuivre le livre ? Puisque tel romancier a été appelé au parquet, pourquoi le parquet n'a-t-il pas appelé tel autre ? Sans doute voilà de la logique. Mais elle sent terriblement mauvais, cette logique de la répression. Eh ! monsieur, puisque vous êtes pour la liberté entière, réjouissez-vous donc, le jour où la justice a un caprice de libéralisme ; c'est toujours cela de gagné. Que diriez-vous d'un homme que sa femme battrait et qui voudrait être battu tous les soirs pour le plaisir de la logique ? Quand un de nous fait triompher la liberté de la pensée, en échappant à des juges que vous déclarez incompétents, ne devons-nous pas tous nous réjouir ! Je ne parle point de ceux que le succès trop vif d'un confrère peut gêner.

En somme, on accuse tout un groupe d'écrivains de spéculer sur l'obscénité. On les hue, on ramasse la boue des ruisseaux pour la leur jeter à la face ; et non content de les salir, on tâche de les attaquer dans leur talent, en jurant que leurs livres sont tout ce qu'il y a de plus facile à faire, qu'il suffit d'y entasser des horreurs. Eh bien! essayez, ce sera drôle !

Il est certain qu'il y a des spéculateurs partout. Dans le *Gil Blas*, on trouve des spéculateurs de l'ordure. Ce sont ces journalistes sans talent, qui fabriquent un conte grivois comme ils bâcleraient une chronique sur les prix de vertu, avec des larmes au bout des phrases. Les contes grivois se placent ; ils en font. Demain, ils iront ailleurs défendre les jésuites. Tout notre journalisme, toute la cuisine de nos reporters, je le répète, en est là, avec plus ou moins de scrupule. Dans le roman, le même fait se passe. Des spéculateurs battent monnaie avec des succès voisins, dont ils ne voient que le tapage et dont ils ne prennent que les crudités, en les rendant révoltantes par leur manque de talent. Cela a toujours eu lieu et aura toujours lieu.

Mais si nous parlions aussi des spéculateurs de la vertu. Croyez-vous que le sujet soit moins vaste et le trafic moins condamnable ? Que j'en connais des romanciers et des auteurs dramatiques qui exploitent carrément la vertu, comme une carrière à plâtre! Je n'interroge pas leur vie privée, je dis simplement que ces gaillards nous la baillent belle avec leur moralité, dont ils entendent simplement se faire des rentes. Avec la vertu d'abord, il n'est pas besoin de talent ; on se tape sur la poitrine, devant les dames, en jurant de ne jamais les faire rougir, et cela suffit. Ensuite on est décoré, on a la certitude de l'Académie, on pose pour une statue d'homme pur et de patriote. En avons-nous assez entendu de mauvais drames patriotiques, et nous en pousse-t-on assez de romans médiocres où les beaux sentiment brûlent à la dernière page comme des feux de bengale! Tout cela est-il convaincu? j'en doute, ce serait trop bête. Pur tripotage, gens habiles, nés à l'école de Tartufe, et qui ont compris qu'il y avait encore plus de profits solides à travailler dans la vertu que dans le vice.

Maintenant, entre ceux qui prennent la spécialité de ne pas faire rougir les femmes et ceux qui mettent leur gain à les faire rougir, il y a les véritables artistes, les écrivains de race qui ne se demandent pas une seconde si les femmes rougiront ou non. Ils ont l'amour de la langue et la passion de la vérité. Quand ils travaillent, c'est dans un but humain, supérieur aux modes et aux disputes des fabricants. Ils n'écrivent pas pour une classe, ils ont l'ambition d'écrire pour les siècles. Les convenances, les sentiments produits par l'éducation, le salut des petites filles et des femmes chancelantes, les règlements de police et la morale patentée des bons esprits, disparaissent et ne comptent plus. Ils vont à la vérité, au chef-d'œuvre, malgré tout, par dessus tout, sans s'inquiéter du scandale de leurs audaces. Les sots qui les accusent de calcul, ne sentent pas qu'ils ont l'unique besoin du génie et de la gloire. Et, lorsqu'ils ont mis debout leur monument, la foule béante les accepte dans leur nudité superbe, comprenant enfin.

Je ne souhaite de la morale à personne; mais je souhaite même à mes adversaires beaucoup de talent, ce qui serait plus agréable pour nous. S'ils avaient du talent, cela les calmerait sans doute, et ils réclameraient moins de vertu. En tous cas, qu'ils soient persuadés que l'année 1880 n'est pas plus vicieuse qu'une autre, que la littérature véritablement obscène ne s'y étale pas davantage qu'au dix-huitième siècle, par exemple, et que des années s'écouleront avant que *le Gil Blas* avance sensiblement la pourriture de notre société. Toute cette échauffourée est une crise de pudibonderie ridicule, qui m'inquiète sur le sort de notre fameux esprit français. Il est donc bien malade ? Voyez-vous Rivarol tourner au Grandisson ! C'est le protestantisme qui nous envahit. On barde de fer les urinoirs, on crée des refuges blindés aux amours monstrueuses, lorsque nos pères innocemment se soulageaient en plein soleil.

LA RÉPUBLIQUE ET LA LITTÉRATURE

LA RÉPUBLIQUE ET LA LITTÉRATURE

I

Je ne tiens par aucune attache au monde politique, et je n'attends du gouvernement ni place, ni pension, ni récompense d'aucune sorte. Ce n'est pas ici de l'orgueil ; c'est, au début de cette étude, une constatation nécessaire. Je suis seul et libre, j'ai travaillé et je travaille : mon pain vient de là.

D'autre part, il me faut établir un second point. Je suis un républicain de la veille. Je veux dire que j'ai défendu les idées républicaines dans mes livres et dans la presse, lorsque le second Empire était encore debout. J'aurais pu être de la curée, si j'avais eu la moindre ambition politique. Il suffisait de me baisser pour ramasser les épis, après les avoir fauchés.

Ainsi donc, ma situation est nette. Je suis un républicain qui ne vit pas de la République. Eh bien ! l'idée m'est venue que cette situation est excellente pour dire tout haut ce que je pense. Je sais pourquoi beaucoup évitent de parler : l'un attend une croix, l'autre tient à la place qu'il occupe dans l'administration, un troisième espère de l'avancement, un quatrième compte devenir conseiller général, puis député, puis ministre, puis, qui sait? président de la République. La nécessité du pain quotidien, le prurit des honneurs, sont de terribles liens qui garrottent les plus rudes franchises. Dès qu'on a un besoin ou une ambition, on appartient au premier venu. Si vous jugez trop franchement certains personnages politiques, vous fermez devant vous toutes les portes; si vous osez faire la vérité sur telle question, vous vous mettez à dos un parti puissant. Mais n'ambitionnez rien, n'ayez besoin de personne pour vivre, et tout de suite les entraves tombent, vous marchez librement, comme il vous plaît, à droite, à gauche, avec la joie calme de votre individualité reconquise. Ah! c'est le rêve, vivre dans son coin, des fruits du petit champ qu'on laboure, et ne pas compter sur le voisin, et parler haut au grand air, sans craindre que le vent emporte et sème vos paroles!

Dans les partis politiques, il y a ce qu'on appelle la discipline. C'est une arme puissante, mais c'est une laide chose. Dans les lettres, heureusement, la discipline ne saurait exister, surtout à notre époque de production individuelle. Si un homme politique a besoin de grouper autour de lui une majorité qui l'appuie, et sans laquelle d'ailleurs il ne serait pas, l'écrivain existe par lui-même, en dehors du public; ses livres peuvent ne pas se vendre, ils sont, ils auront un jour le succès qu'ils doivent avoir. C'est pourquoi l'écrivain, que ses conditions d'existence ne forcent pas à la discipline, est particulièrement bien placé

pour juger l'homme politique. Il reste supérieur à
l'actualité, il ne parle pas sous la pression de certains
faits, ni dans le but d'un certain résultat ; il lui est
permis, en un mot, d'être seul de son avis, parce qu'il
ne fait pas corps avec un groupe et qu'il peut tout
dire, sans déranger sa vie ni risquer sa fortune.

Toutefois, je ne me hasarderais pas dans cette ga
lère de la politique, si je n'avais à étudier une question bien grave, selon moi. Cette question est de
savoir quel ménage, bon ou mauvais, vont faire ensemble la République et la littérature ; j'entends
notre littérature contemporaine, cette large évolution naturaliste ou positiviste, comme on voudra,
dont Balzac a donné le branle. Voici longtemps déjà
que j'hésite, car le terrain me semblait brûlant. Puis,
depuis huit années, le tapage était si assourdissant,
les complications se présentaient si rapides, qu'il
était difficile à un homme d'étude de risquer une
enquête sérieuse et surtout de conclure sagement.
Mais, aujourd'hui, bien que le tapage continue, la
période d'incubation a cessé, la République existe en
fait. Elle fonctionne, on peut la juger sur ses actes.
L'heure est donc venue de mettre la République et
la littérature face à face, de voir ce que celle-ci doit
attendre de celle-là, d'examiner si nous autres analystes, anatomistes, collectionneurs de documents
humains, savants qui n'admettons que l'autorité du
fait, nous trouverons dans les républicains de l'heure
actuelle des amis ou des adversaires. La solution de
cette question est d'une gravité extrême. Pour moi,
l'existence de la République elle-même en dépend.
La République vivra ou la République ne vivra pas,
selon qu'elle acceptera ou qu'elle rejettera notre

méthode. La République sera naturaliste ou elle ne sera pas.

Je vais donc étudier le moment politique dans ses rapports avec la littérature. Cela m'amènera forcément, plus que je ne le voudrais, à juger les hommes qui nous gouvernent. Mais, je le répète, mon intention n'est pas de me prononcer sur les destinées de la France, d'ajouter mon opinion à la confusion des autres opinions. Je pars de ce point que la République existe, et je veux simplement, moi écrivain, examiner comment la République se comporte à l'égard des écrivains.

Il me faut pourtant étudier, avant tout, de quelle façon la République vient d'être fondée en France. Rien de plus caractéristique. Sans entrer dans l'histoire si compliquée et si trouble de ces huit dernières années, on peut aisément en résumer les grandes lignes. — C'est d'abord l'écroulement de l'Empire, amené par la pourriture et l'agencement imbécile des charpentes qui soutenaient le régime ; imaginez toute une décoration de pourpre et d'or, élevée sur des piliers trop grêles, mal plantés, piqués des vers, et qu'une secousse doit réduire en poudre ; la guerre de 1870 a été cette secousse, et logiquement l'Empire s'est écrasé à terre, au moment de toute sa pompe. — Ensuite, après nos désastres, c'est Bordeaux et l'essai loyal. J'étais là, j'ai vu arriver cette majorité qui haussait les épaules, quand on parlait de la République ; elle se voyait forte, toute-puissante, elle pensait n'avoir qu'à laisser tomber un vote, pour rétablir la monarchie. Aussi accepta-t-elle la présidence de M. Thiers, sans inquiétude, certaine de rester maîtresse de la France. Cependant, dès le lendemain, le classement des partis s'était fait. Si les républicains étaient en minorité, les monarchistes se divisaient, lorsqu'ils précisaient leurs vœux ; il y avait les légitimistes, les orléanistes, les impérialistes, et aucun de ces partis ne restait le maître, dès qu'il s'isolait. De là une impuissance radicale à rien fonder. — C'est, plus tard, les longues intrigues, les luttes parlementaires, à Versailles. M. Thiers avait dit, avec sa finesse bourgeoise, que la France serait aux plus sages. Au fond, il prévoyait déjà le triomphe définitif de la République ; il comprenait que les trois prétendants se détruiraient les uns par les autres. Le drame de la Commune et la répression violente qui avait suivi, venaient de consolider le gouvernement républicain, au lieu de l'ébranler. Un danger beaucoup plus grave le menaçait : on parlait de réconciliation entre les deux représentants de la maison de France, la fusion des légitimistes et des orléanistes était sur le point de s'accomplir. — C'est enfin la crise du 24 mai, le renversement de M. Thiers, le triomphe des monarchistes. Un instant, on put croire la République perdue. Henri V allait rentrer dans Paris, les voitures de gala étaient déjà commandées. Puis, au moment du vote, il y eut une scission suprême dans le parti royaliste, sur la question du drapeau blanc. La République l'emporta d'une voix.

Certes, ce n'était pas encore là un vote décisif. Mais on pouvait dire que la monarchie était condamnée, car elle devait achever de se tuer elle-même un peu chaque jour. Alors, sous la présidence du maréchal de Mac-Mahon, on assista à ce singulier spectacle d'une majorité monarchique, dont les membres se dévoraient, et qui travaillait malgré elle à la fondation de la République. Ses attaques violentes, ses sourdes menées, ses plans les plus habiles et les plus forts, tout aboutissait à rendre plus solide le gouvernement qu'elle voulait détruire. L'explication de ce phénomène est très simple. Un grand courant républicain s'était déclaré dans le pays, logiquement, parce que la république seule paraissait raisonnable et possible. Pendant que la majorité royaliste s'agitait inutilement dans son impuissance à rétablir la monarchie, elle se rendait de plus en plus impopulaire, et le pays entier se levait pour la chasser du parlement. De là, le travail continu des élections qui remplaçaient tout monarchiste sortant par un républicain; de là, les élections législatives du 14 octobre et les élections sénatoriales du 5 janvier, qui, après l'aventure désespérée du 16 mai, ont fait enfin de la République un gouvernement régulier, fonctionnant comme tous les gouvernements établis. Il faut dire que la gauche de l'Assemblée avait retenu et mis en pratique le mot de M. Thiers : « La France sera aux plus sages. » Sans doute une minorité d'extrême gauche poussait aux décisions extrêmes; mais M. Gambetta, qui était le chef incontesté du parti, avait lancé le mot « d'opportunisme, » pour caractériser tout ce que la situation réclamait de patience, d'habileté et de sagesse. Si M. Grévy est aujourd'hui à la présidence, si les républicains sont les maîtres dans les deux Chambres, c'est que les républicains ont laissé se produire dans la nation l'évolution nouvelle, sans vouloir hâter le dénouement.

Tels sont les faits, brièvement indiqués. Je n'ai pas besoin de descendre dans les détails, je veux en arriver simplement à conclure que la République, pour exister, doit être le résultat logique de certains faits, et non la formule arbitraire d'une école politique. Aux yeux de beaucoup de républicains, la République est de droit divin ; un seul gouvernement est légitime, le gouvernement de tous ; il n'y a qu'un souverain possible, le peuple. Certes, cette opinion est la mienne. Mais nous sommes là dans l'abstraction pure. Un mathématicien peut seul raisonner ainsi, parce que les chiffres n'ont pas de volonté. Avisez-vous de vouloir appliquer la formule théorique de la République à un peuple; aussitôt tout se détraque. C'est que vous introduisez un nouvel élément, le terrible élément humain, qui n'obéit pas comme les chiffres, qui a des soubresauts et des caprices. On ne fait pas d'un peuple une équation. Voyez la France en 89. Elle avait derrière elle des siècles de monarchie ; c'étaient des coutumes, des usages, une façon de penser, une manière d'être, qui déterminaient ce qu'on nommait la société française. La race, le milieu, les institutions, travaillent à la lente formation d'un peuple, lui donnent son génie, le frappent d'une empreinte qui reste la sienne. Eh bien ! on a eu beau vouloir transformer violemment la France de 89, elle s'est retrouvée monarchique, après une des plus terribles secousses qui aient bouleversé un État. Sans doute, le vieux monde n'a pu ressusciter, un nouveau siècle s'ouvrait, les conquêtes de la liberté étaient considérables. Mais l'Empire allait courber toutes les têtes et les revanches de la Restauration devaient suivre. C'était simplement que l'élément humain, depuis si longtemps pétri par les siècles de monarchie, n'avait pu se plier du coup à la République, malgré la violence de la pression révolutionnaire. Les fanatiques, les sectaires, tous ceux qui obéissent à l'exaltation d'une foi et qui sont pressés de jouir de l'État idéal qu'ils rêvent, savent bien ce qu'ils font, lorsqu'ils réclament cent mille têtes, lorsqu'ils veulent établir un régime de terreur. Ils sentent la nécessité de dompter brutalement l'élément humain, d'écraser dans l'homme ce que le passé y a déposé, de purger l'homme par une saignée de tout ce que la race, le milieu, les institutions ont mis dans son sang. Vain espoir, d'ailleurs. Il n'y a pas d'exemple d'une nation ainsi transformée d'un instant à l'autre. Le sang a pu couler sur nos échafauds, on a vu des flaques rouges se dresser Napoléon, qui est venu à son heure arrêter le mouvement révolutionnaire et faire sa besogne. Même deux autres révolutions se sont produites, sans pouvoir encore fonder la République; l'une a abouti à la monarchie de juillet, l'autre, au second Empire. A cela, une seule explication est possible, et il serait aisé de l'établir sur l'histoire : les faits sociaux et historiques ne concluaient pas à la République, l'élément humain en France ne se pliait pas encore au régime républicain. Et voyez les événements actuels, ce que la terreur n'a pu faire, l'évolution lente des esprits est en train de le réaliser aujourd'hui. Posons que l'effroyable secousse donnée par la Révolution à l'ancienne société française, ait été nécessaire pour retourner le champ où allait pousser la société nouvelle. Mais ensuite quelle longue culture il a fallu pour mûrir cette société! Toute notre histoire est là, depuis quatre-vingts ans. Nous voyons grandir le discrédit des dynasties, à chaque tentative de restauration; c'est la branche aînée qui casse, c'est la branche cadette qui ne peut porter de fleurs, c'est l'Empire qui est chassé par une seconde invasion. Pendant ce temps, le peuple fait une étude de la liberté, un travail sourd et continu pousse le pays vers le régime républicain, et comme il arrive toujours, lorsqu'une force historique donne le branle à une nation, les moindres incidents, même ceux qui paraissent devoir arrêter cette nation en marche, la précipitent bientôt avec une impétuosité plus grande. En un mot, quand les faits veulent la République, la République se trouve fondée.

Voilà ce que je voulais nettement établir, au début de cette étude. Je me résume. Dans tout problème politique, il y a deux éléments : la formule et l'homme. Pour moi, la formule républicaine est la seule scientifique, celle à laquelle doit forcément aboutir toute nation. Si les hommes étaient de pures abstractions, des soldats de plomb ou des quilles qu'on pût ranger à son gré, rien ne serait plus commode que de transformer sur l'heure une monarchie en république. Mais dès que les hommes entrent en jeu, ils détraquent la formule, ils compliquent terriblement la question par le chaos d'idées, de volontés, d'ambitions, de folies, qu'ils y apportent. Dès lors, la politique naît, la moindre évolution demande parfois des centaines d'années pour s'accomplir, au milieu de luttes sans cesse renaissantes. Heureusement, les faits marchent, le travail s'accomplit, la formule se réalise suivant certaines lois. Rien ne serait plus intéressant que d'étudier ce jeu de l'élément humain se pliant à une nouvelle formule politique et sociale, en reprenant l'histoire de la société française vers le milieu du siècle dernier. Il y aurait là une bien grosse besogne. Je me suis contenté d'indiquer rapidement comment, depuis la Révolution, nous avons été emportés vers la République, et comment, dans ces dernières années, la République a été fondée par les faits, au milieu d'obstacles qui semblaient à chaque heure devoir lui barrer la route. Maintenant, il me reste à examiner les différents groupes du parti républicain. Ensuite, connaissant notre République actuelle, je pourrai étudier quels sont ses rapports avec la littérature contemporaine.

Certes, je me perdrais vite, si je voulais classer toutes les nuances du parti républicain. Je dois me borner à trois ou quatre types caractéristiques. Naturellement, je choisis les groupes influents. D'ailleurs, je ne fais pas œuvre de polémique, je ne suis qu'un savant et qu'un observateur. On ne trouvera donc ici ni un nom d'homme ni un titre de journal.

Il y a d'abord le républicain doctrinaire. Celui-là tient à une chapelle quelconque. Souvent il est protestant, d'allures puritaines. Il vise l'Académie, se pique de belle langue, d'équilibre heureux. C'est le libéral, avec la pondération d'un homme habile, qui a juré de ne jamais pencher à droite ni à gauche. Quand il est convaincu, il est généralement de crâne dur et de cervelle étroite; c'est alors un formaliste, un bourgeois qui a peur du peuple et qui désespère d'une monarchie à son usage. Mais, lorsqu'il n'est pas convaincu, il montre une intelligence singulièrement souple. Sa gravité, ses grands mots, son attitude correcte, sa phraséologie d'homme sérieux et pudibond, cachent le plus aimable des scepticismes. Au fond, il n'a que son ambition. Il s'est dit en homme pratique que le plus sûr moyen de gouverner, c'est encore de n'effrayer personne et d'ennuyer tout le monde. Aussi a-t-il créé des journaux où triomphe le gris en littérature et en politique, des feuilles de pâte ferme, qui ne sacrifient jamais à l'esprit, qui bourrent leurs lecteurs d'articles fortement indigestes. Cela suffit pour avoir du poids. Il ne s'agit que de mettre une cravate blanche aux lieux communs. Tout un public s'est formé autour de ce vide majestueux, de ce libéralisme vivant de formules académiques. Le mot propre n'y est jamais employé. C'est un salon bourgeois, avec ses préjugés, ses attitudes gourmées, sa religiosité vague, son importance et son ennui. Il s'agit d'exploiter solennellement les classes moyennes ; de là les dogmes, les opinions toutes faites et rassurantes, les adoucissements continuels, les déclarations prudhommesques. Je propose de donner aux républicains doctrinaires le nom de jésuites du protestantisme. Ils ont rêvé le pouvoir dès le premier jour, et leur longue campagne n'a été qu'une marche lente vers les situations convoitées. Ce sont les hommes des expédients. Soyez certain qu'ils n'acceptent de la République que l'étiquette. Toute formule scientifique leur répugne.

Je passe au républicain romantique. Celui-ci, moins dangereux, est plus drôle. Il tient malheureusement beaucoup de place dans le tapage du jour. C'est toute une histoire que l'entrée du romantisme dans la politique. Je l'ai déjà racontée ailleurs. Il est arrivé que certains dramaturges de 1830, voyant leurs recettes baisser au théâtre, ont eu l'idée de se jeter dans le journalisme, avec leur ferraille et leurs panaches. Cela se passait à la fin de l'Empire, au moment où le public dévorait les feuilles d'opposition. Or, à cette heure d'attaques passionnées contre le pouvoir, le romantisme fit merveille dans la presse. Les tirades dont on commençait à sourire sur les planches, parurent toutes neuves, imprimées en tête d'un journal. C'était Hernani qui réclamait la liberté, en relevant fièrement du bout de sa rapière son manteau couleur de muraille; c'était d'Artagnan, c'était Buridan, coiffés de leurs feutres à grandes plumes, qui saluaient le peuple souverain et le traitaient de monseigneur. Jamais carnaval n'eut un succès plus vif. Le peuple ne reconnaissait sans doute pas ses héros favoris de la *Tour de Nesle* et des *Trois Mousquetaires*; il s'était lassé de les applaudir à l'Ambigu et à la Porte-Saint-Martin; mais toutes ses tendresses anciennes se réveillaient, on le chatouillait au cœur, il aurait crié volontiers : « Bravo Melingue! » Dès lors, le romantisme avait cours sur la place, et un cours formidable. Les recettes étaient telles, que les républicains romantiques, satisfaits de cette fortune qui leur arrivait sur le tard, se contentèrent de battre monnaie avec leurs phrases empanachées, sans se soucier de devenir députés ou ambassadeurs, comme tant d'autres. Le procédé offrait une grande simplicité : il s'agissait bonnement de transporter, dans la discussion des affaires publiques, le tralala des grandes phrases creuses, la jonglerie des antithèses, les allures échevelées de l'imagination lâchée à travers toutes les fantaisies. En un mot, il fallait être lyrique, mêler Triboulet à Ruy-Blas, prendre un vol d'hippogriffe au-dessus de la terre étonnée. Vous pensez ce qu'est devenue la politique, cette science des faits et des hommes, en passant par la formule romantique. Du coup, toute base sérieuse d'observation a disparu, la rhétorique a remplacé l'analyse, les mots ont dévoré les idées. Les romantiques sont partis à cheval sur des rêves humanitaires, la fraternité universelle des nations, la fin prochaine des conflits et des guerres, l'égalité et la liberté brillant sur le monde ainsi que des soleils. D'autre part, comme ils battaient monnaie avec le peuple, ils se sont agenouillés devant lui, et il n'est pas de flagorneries dont ils ne l'aient bercé; le peuple est devenu un empereur, un pape, un dieu, enfermé dans un triple tabernacle, et qu'il a fallu adorer à genoux, sous peine des plus grands châtiments. Les ouvriers auraient eu vraiment mauvaise grâce à refuser leurs deux sous. Mais quelle mascarade lamentable, quelle banque éhontée! Les républicains romantiques se moquent du bon sens, des sciences modernes, de l'analyse exacte, de la méthode expérimentale, de ces outils puissants qui sont en train de refondre les sociétés. Ce sont des danseurs de corde, couverts d'oripeaux et de paillons, exécutant des culbutes dans l'idéal pour la plus grande joie de la foule.

A côté des républicains romantiques, il y a les républicains fanatiques, ceux qui ont passé la redingote de Robespierre ou chaussé les bottes de Marat. Ceux-là se sont enfermés dans une figure historique et n'en peuvent sortir; crânes singuliers qui veulent tailler l'avenir dans le passé, sans comprendre que chaque évolution vient à son heure et que l'humanité ne se répète pas. D'ailleurs, je le dis encore, il me serait difficile de classer nettement les républicains, tant les groupes sont nombreux, depuis les impatients de l'extrême gauche jusqu'aux satisfaits de l'opportunisme. Il y a là des sectaires et des habiles, des hommes du passé, des hommes de l'avenir, toute une foule. Je me contenterai d'avoir insisté sur les républicains doctrinaires, sur les républicains romantiques et sur les républicains fanatiques. Ce sont les groupes les plus puissants, ceux en tous cas qui ont des journaux très répandus et qui, par conséquent, ont le plus d'influence. Mon opinion bien nette est qu'ils tueraient la République demain, s'ils étaient les maîtres. Les républicains doctrinaires nous ramèneraient à une monarchie constitutionnelle, et nous aurions une dictature au bout de six mois, avec les républicains romantiques et avec les républicains fanatiques. Cela se déduit mathématiquement. Quiconque ne marche pas avec la vérité, se perd en chemin et va forcément à l'erreur.

Il n'existe donc, à mes yeux, qu'un républicain qui soit le véritable travailleur de l'heure présente, c'est le républicain scientifique ou naturaliste. Si je ne m'étais promis de ne nommer personne, je rendrais ma pensée plus claire, en citant des exemples. Le républicain naturaliste, qui est représenté par des individualités très puissantes, se base surtout sur l'analyse et l'expérience. Il fait en politique la même besogne que nos savants ont faite en chimie et en physique, et que nos écrivains sont en train d'accomplir dans le roman, dans la critique et dans l'histoire. C'est un retour à l'homme et à la nature, à la nature considérée dans son action, à l'homme considéré dans ses besoins et dans ses instincts. Le républicain naturaliste tient compte du milieu et des circonstances; il ne travaille pas sur une nation

comme sur de l'argile, car il sait qu'une nation a une
vie propre, une raison d'existence, dont il faut étudier le mécanisme avant de l'utiliser. Les formules
sociales, comme les formules mathématiques, ont
des raideurs auxquelles on ne peut plier un peuple
d'un jour à l'autre ; et la science politique, telle
qu'elle existe aujourd'hui, est justement d'amener
par les chemins les plus courts et les plus pratiques
un pays à l'état gouvernemental vers lequel le pousse
son impulsion naturelle, accrue par l'impulsion des
faits. Le républicain naturaliste n'a pas les hypocrises
gourmées du républicain doctrinaire ; il ne ménage
pas une classe au profit d'une autre, dit ce qu'il doit
dire, au risque de scandaliser la bourgeoisie. Le républicain naturaliste n'entend rien au galimatias du
républicain romantique, dont la rhétorique affolée
et l'idéal de carton doré lui font hausser les épaules.
Pour lui, tous ces farceurs sont des charlatans, qu'ils
portent la cravate blanche, ou qu'ils se soient affublés d'un justaucorps moyen âge.

Même en admettant qu'il y ait des hommes convaincus parmi les doctrinaires et les romantiques, ceuxlà s'épuisent à construire en l'air un monument qui
n'a pas de fondations ; ils s'agitent dans l'erreur, ils
appliquent des formules fausses à des hommes qui
n'existent point, à de pures abstractions conçues sur
un idéal ; aussi n'est-il pas étonnant que leur œuvre
s'écroule, et qu'après chacune de leurs tentatives, le
pays ait besoin d'un dictateur ou d'un roi pour balayer le sol des décombres dont ils l'ont couvert. Au
contraire, le républicain naturaliste ne bâtit que lorsqu'il a étudié et sondé le sol ; à chaque pierre qu'il
pose, il sait qu'elle sera solide, parce qu'elle porte de

tous les côtés et qu'elle est où la nature du terrain et la construction de l'édifice demandent qu'elle soit. Il est l'homme des faits, il fera de la République, non pas un temple protestant, ni une église gothique, ni une prison s'ouvrant sur une place d'exécution, mais une large et belle maison, logeable pour toutes les classes, pleine d'air, pleine de soleil, et tellement appropriée aux goûts et aux besoins des habitants, qu'ils s'y fixeront pour toujours.

Ceci n'est qu'une étude indiquée à larges traits. Mais il est évident que l'histoire de ce siècle en général, et que les événements de ces huit dernières années en particulier, nous mènent logiquement à cette solution scientifique. Le mouvement naturaliste ne peut avoir mis en branle l'intelligence humaine tout entière, sans se communiquer à la science politique. Il a renouvelé l'histoire, la critique, le roman, le théâtre, il doit prendre une impulsion décisive dans la politique, qui n'est que de l'histoire et de la critique vivantes. La politique, dégagée de la doctrine des empiriques et de l'idéalisme des poètes, basée sur l'analyse et l'expérience, employant la méthode comme outil, se donnant pour but le développement normal d'une nation, étudiée dans son milieu et dans son être, peut seule fonder en France la République définitive. Il faut le dire très carrément, il n'y a pas de principes, il n'y a que des lois. Il existe simplement des êtres organisés vivant sur la terre dans de certaines conditions. La République ne sera, dans un pays, que lorsqu'elle y deviendra la condition même d'existence de ce pays. En dehors de ce fait, toute tentative n'est qu'un arrangement temporaire et factice, qui échouera en provoquant des catastrophes.

II

Voyons maintenant l'attitude des différents groupes du parti républicain vis-à-vis de la littérature contemporaine.

Depuis quelques années, beaucoup d'étrangers viennent me rendre visite, des Russes et des Italiens surtout. J'aime à les écouter, parce qu'ils m'apportent sur nous des jugements originaux, qui presque toujours me frappent vivement. Or tous éprouvent la plus grande surprise à constater que le parti républicain se montre hostile aux nouveautés littéraires, attaquant les écrivains qui se sont dégagés des traditions et qui marchent en avant, discutant violemment les œuvres conçues dans l'esprit analytique et expérimental. Les romanciers naturalistes surtout sont maltraités avec une véritable fureur par les journaux les plus influents du parti. Et les étrangers ne comprennent pas. Pourquoi cela ? Pourquoi cette bizarre contradiction d'hommes politiques nouveaux s'acharnant contre les nouveaux écrivains ? Pourquoi vouloir la liberté en matière de gouvernement et contester aux lettres le droit d'élargir l'horizon ? J'ai tâché plusieurs fois d'expliquer à mes visiteurs une anomalie si singulière. Mais ils ne comprenaient qu'à demi, tellement pour eux la situation restait étrange. Aujourd'hui, je veux en avoir le cœur net.

Il y a d'abord des précédents caractéristiques. Pendant la première Révolution, de 89 à l'Empire, la littérature du temps reste classique ; pas un effort pour briser l'ancien moule ; au contraire, un délayage de plus en plus fade de l'antique formule du dix-septième siècle. N'est-ce pas curieux ? Voilà des hommes qui suppriment le roi, qui suppriment Dieu, qui font table rase de l'ancienne société, et ils conservent la littérature d'un passé qu'ils veulent effacer de l'histoire, ils ne semblent pas soupçonner un instant qu'une littérature est l'expression immédiate d'une société.

Ce fut seulement beaucoup plus tard que le contrecoup de la Révolution se fit sentir dans les lettres. Après l'Empire, pendant la Restauration, l'insurrection romantique éclata comme un 93 littéraire. Et que vit-on alors? le plus étonnant des spectacles. On vit les républicains, ou plutôt les libéraux, ceux qui revendiquaient les conquêtes de la Révolution, ceux qui firent les journées de 1830 au nom de la liberté menacée, on les vit défendre la littérature classique et attaquer furieusement le romantisme triomphant, les drames et les romans de Victor Hugo. Il suffit de lire la collection de l'ancien *National* pour se convaincre à ce sujet. Tels sont les faits. En France, chaque fois que les hommes politiques ont voulu l'affranchissement de la nation, ils ont commencé par se défier des écrivains et par rêver de les enfermer dans quelque formule antique, comme dans un cachot. Ils brisent un gouvernement, mais ils entendent réglementer la pensée écrite. Leur audace s'arrête à la transformation plus ou moins violente du pouvoir; ils n'admettent pas qu'on transforme les lettres. Ils précipitent l'évolution politique, et ils ont l'étrange besoin de nier l'évolution littéraire. Pourtant, je le répète, les deux se tiennent, ne peuvent s'effectuer l'une sans l'autre, vont de compagnie au même but. Qu'y a-t-il donc au fond de cette attitude du parti républicain ?

Remarquez que la loi paraît constante. En 1830, les libéraux refusaient le romantisme; aujourd'hui, les républicains refusent le naturalisme. On peut donc croire qu'il y a un élément fixe dans ce mauvais vouloir, dans cette défiance vis-à-vis des formules littéraires nouvelles. Evidemment, cet élément fixe existe, et je tâcherai tout à l'heure de le déterminer. Mais je crois que les causes accidentelles, les causes du moment sont plus nombreuses et plus puissantes. Je laisserai donc le passé et je n'étudierai que l'heure présente, en examinant de quelle façon se comportent devant le naturalisme les divers groupes républicains dont j'ai parlé plus haut.

Voyons d'abord les républicains doctrinaires. Ceux-là, comme je l'ai dit, sont restés classiques. Un d'eux, homme de poids, journaliste que sa pesanteur solennelle a conduit au Sénat, écrivait dernièrement que Stendhal et Balzac étaient des auteurs louches, indignes de figurer dans la bibliothèque d'un honnête homme. Un autre, ancien professeur dont on a fait un haut dignitaire, distribuait jadis des pensums et des coups de férule dans une Revue, avec la rage blême d'un pion impuissant. Je pourrais en citer vingt. Ils sont tout un groupe de puritains jésuites, boutonnés dans leur redingote, ayant peur des mots, tremblant devant la vie, voulant réduire le vaste mouvement de l'enquête moderne au train étroit de lectures morales et patriotiques. Je ne sais pas d'eunuques mieux rasés. Je comprends que les catholiques pratiquants ne nous aiment pas, car nous portons la hache dans leurs croyances ; je comprends que le vieux monde se débatte sur les cruautés de notre analyse, qui le mettent en poussière ; mais ces hommes qui se disent avec le siècle, ces hommes dont les discours réclament la liberté de la pensée, pourquoi sont-ils donc contre nous, lorsque nous travaillons plus activement qu'eux aux sociétés de demain? Il y a beaucoup d'hypocrisie dans leur cas. Notre besogne est faite trop au grand jour, nous disons trop la vérité, nous les troublons par notre franchise. Ils ont pu être dans l'opposition et voir l'humanité en laid ; mais s'ils entrent au pouvoir, l'humanité devient belle ; c'est assez, ils gouvernent, il faut jeter un voile. La vérité est qu'un abîme les sépare de nous. Hommes d'équilibre ou hommes de doctrine, bourgeois à préjugés ou farceurs jouant la comédie de la vertu, gens habiles qui veulent forcer l'abonnement en publiant des feuilletons pour les familles, mélange d'esprits académiques et de cervelles pédagogiques, tous détestent par instinct ou par intérêt la libre allure des lettres, le style vivant et coloré d'images, les audaces de l'analyse, l'affirmation puissante de la personnalité de l'écrivain. Comme le répète souvent un grand styliste de nos jours, ils ont « la haine de la littérature, » haine qui les fait se cabrer devant une phrase de poète, comme un cheval se cabre devant un obstacle dont il a peur.

Avec les républicains romantiques, le malentendu devient simplement une querelle d'école à école. Naturellement, les romantiques, qui se sont jetés dans la République pour sauvegarder les recettes, se montrent très inquiets du mouvement qui s'opère dans le public en faveur des écrivains naturalistes. Cet amour croissant de la réalité, cette curiosité qui s'attache à toute œuvre d'analyse contemporaine, leur font redouter avec raison que la foule ne se détourne d'eux et de leurs œuvres. Que vont-ils devenir, si les cuirasses et les panaches ne sont plus de mode, si les tirades ne suffisent plus, si les lecteurs demandent des idées nettes et scientifiques, des personnages réels sous les draperies du style? Non seulement leurs romans et leurs drames sont discutés, mais encore on commence à sourire de leur politique, on est sur le point de ne plus les prendre au sérieux. Alors, menacés dans leur orgueil et dans leur bourse, ils se fâchent, ils affectent de se montrer pleins de dédain et de dégoût pour les écrivains nouveaux. Au lieu de convenir que l'évolution romantique n'a été que la période d'impulsion du large mouvement naturaliste, ils nient celui-ci, ils voudraient arrêter les lettres françaises à la production de 1830. Le besoin de s'enfermer dans une époque, d'incarner une littérature dans une formule ou dans un homme unique, de prétendre que désormais l'avenir se trouve fixé, est ici très caractéristique; et l'on ne saurait citer un exemple plus frappant de cette contradiction des hommes qui admettent tous les progrès en politique et qui refusent absolument aux lettres le droit de marcher et de se renouveler. Mais il y a une question plus grave, dans l'attitude hostile des républicains romantiques contre les écrivains naturalistes. Ils tâchent de les déconsidérer en leur jetant de la boue au visage, en les traitant d'égoutiers, de pornographes, de romanciers obscènes. Entendez par là que ces écrivains étudient l'homme sans le costumer, dissèquent et analysent tout, travaillent en savants à l'enquête contemporaine. Au fond, sous les gros mots dont on cherche à les salir, ils sont simplement les ouvriers de la vérité, tandis que les romantiques sont les ouvriers de l'idéal. Il n'y a là qu'une différence de méthode et de philosophie littéraires ; seulement, elle est capitale. Les romantiques croyaient devoir embellir et arranger les documents humains pour le plaisir et le profit de la nation ; nous sommes convaincus, nous autres, qu'il vaut mieux donner les documents humains tels quels, si l'on veut prendre la nation aux entrailles et laisser des œuvres qui resteront d'éternelles leçons. Évidemment, l'entente est impossible ; il faut que ceux-ci tuent ceux-là. Je suis bien tranquille sur l'issue de la querelle. Je fais simplement remarquer que ce sera nous, les savants, qui établirons la République sur des fondations logiques, tandis que les romantiques l'auront compromise, en la promenant dans je ne sais quel carnaval humanitaire.

Enfin, les républicains fanatiques, et je désigne sous ce mot les cerveaux étroits et ardents qui regardent la République comme un État de droit divin qu'on doit imposer violemment aux hommes, les républicains fanatiques traitent les lettres en général avec un certain mépris. Elles ne sont pas loin d'être pour eux un luxe inutile. Ils leur refusent un rôle important dans le mécanisme social, et lorsqu'ils les acceptent, ils entendent les plier à la règle commune et leur assigner un rôle défini par les lois. Proudhon, un des cerveaux les plus puissants de notre époque, n'a pourtant pu se défendre de vouloir traiter l'art comme un point de l'économie politique. Il rêvait d'abattre les personnalités trop hautes, il souhaitait un peuple de dessinateurs bien pensants et bien instruits, pour tenir avec avantage la place de ce rebelle de génie qui s'appelait Delacroix. On comprend donc que ces républicains, si méfiants devant les lettres, se montrent peu disposés à accueillir les nouvelles formules littéraires. Au fond d'eux, ils ont en outre un idéal historique de la République : le brouet noir des Spartiates, la raideur citoyenne de Brutus, la rancune sanglante de Marat ; et cette République qu'ils souhaitent, noire et grave, nivelée et autoritaire, cette République de pure imagination classique, impossible à l'état définitif dans nos temps modernes, s'accommoderait fort mal avec une littérature d'observation et d'analyse, ayant besoin d'une absolue liberté pour se développer. Ceux-là, nous les blessons donc encore, parce que nous ne sommes pas dans le cauchemar qu'ils font tout éveillés, parce que nous nous refusons à nous numéroter, à prendre notre place dans le rang, à obéir aux mots d'ordre, à considérer l'homme comme un bâton qu'on plante où l'on veut et qui doit pousser. Ils sont pour une formule toute faite, nous sommes pour l'enquête continue et pour le respect du document humain. Dès lors, nous ne pouvons nous entendre.

J'ai dit qu'en dehors des causes accidentelles, il y avait des causes générales pour expliquer l'hostilité visible du parti républicain devant la nouvelle formule littéraire. Ces causes agissent sous tous les gouvernements. Dès que les républicains sont arrivés au pouvoir, ils n'ont pas échappé à cette loi commune qui veut que tout homme devenu le maître, se mette à trembler devant la pensée écrite. Quand on est dans l'opposition, on décrète avec enthousiasme la liberté de la presse, la mort de toute censure ; mais, si, le lendemain, une révolution asseoit notre homme dans un fauteuil de ministre, il commencera par doubler le nombre des censeurs et par vouloir régenter jusqu'aux faits divers des journaux Certes, je le sais, il n'est pas de ministre éphémère qui ne semble brûler du beau zèle de rouvrir sous son nom le siècle de Louis XIV ; c'est là un air de musique qu'il joue pour la fête de son avènement, les arts et les lettres au fond ne comptent pas, la politique le possède tout entier. Puis, s'il est tourmenté du besoin de faire parler de son règne, s'il s'occupe réellement des écrivains et des artistes, c'est une véritable calamité, il patauge dans des questions qu'il ne connaît pas, il stupéfie ses administrés par des actes extraordinaires, il distribue des récompenses et des rentes à de telles médiocrités, que la foule elle-même finit par hausser les épaules. Voilà où aboutit tout homme qui entre au pouvoir, quelles que soient d'ailleurs ses bonnes intentions du début: il encourage fatalement les médiocres, tandis qu'il laisse les forts à l'écart, lorsqu'il ne les persécute pas. Il y a peut être là une raison d'État. Les gouvernements suspectent la littérature parce qu'elle est une force qui leur échappe. Un grand artiste, un grand écrivain les gêne, les épouvante, du moment où ils le sentent en dehors de la discipline, armé d'un outil puissant. S'ils acceptent un tableau, un roman, un drame, comme une récréation honnête, ils tremblent lorsque cela sort du plaisir permis en famille, dès que le peintre, le romancier, le dramaturge, apportent une originalité, expriment une vérité qui passionne. Toujours « la haine de la littérature ». Il ne faut pas être seul et fort ; il ne faut pas écrire d'un style vivant qui ait un son, une couleur, une odeur ; il ne faut pas surtout déterminer une évolution nouvelle, autrement on inquiète et on indigne les ministres dans leur cabinet. Royauté, Empire, République, tous les gouvernements, même ceux qui se sont piqués de protéger les lettres, ont repoussé les écrivains originaux et novateurs. Je parle surtout des temps modernes, où la pensée écrite est devenue une arme redoutable.

Telle est la situation, et je la résume. Les écrivains naturalistes ont donc contre eux la République, parce que la République est aujourd'hui un gouvernement définitif, et que, dès lors, elle a été atteinte de ce mal particulier que j'ai nommé « la haine de la littérature ». En outre, ils ont contre eux les républicains doctrinaires, les républicains romantiques, les républicains fanatiques, en un mot les groupes les plus puissants du parti, qu'ils gênent dans leur hypocrisie, dans leurs intérêts ou dans leurs croyances. Ai-je besoin d'insister davantage, et les étrangers ignorant le dessous des cartes, ne pouvant voir que les lignes extérieures, s'étonneront-ils encore en constatant que le parti républicain « éreinte » si furieusement les jeunes écrivains grandis avec lui et faisant une besogne parallèle à la sienne ? J'aurais pu citer des faits plus précis, mais il suffit que j'aie indiqué les raisons générales. Nous n'avons véritablement avec nous que les républicains naturalistes. Ceux qui veulent la République par la science, par la méthode expérimentale, sentent bien que nous marchons avec eux. Ce sont les hommes supérieurs de l'époque ; naturellement, ils ne sont pas nombreux; mais ils commandent ou ils commanderont plus tard, et s'ils doivent employer des soldats médiocres, par ce manque d'hommes qui est général dans tous les partis, ils regrettent au moins les sottises commises, ils espèrent faire entrer chaque jour plus de vérité et plus de force dans le gouvernement.

Je citerai ici un exemple typique, qui montrera la singulière intelligence de certains républicains. Le reproche le plus terrible que l'on adresse à la littérature naturaliste, c'est d'être une littérature de faits, par conséquent une littérature bonapartiste. Cela est un peu vague, je vais tâcher de l'expliquer. Pour les républicains en question, l'Empire se basait sur des faits, tandis que la République se base sur un principe; donc une littérature qui n'admet que les faits, qui repousse l'absolu, est une littérature bonapartiste. Faut-il rire ? Faut-il se fâcher? En réfléchissant, j'ai trouvé la chose très grave, car au fond de cette accusation étonnante, il y a la question de l'existence même de la République.

Il existe beaucoup de républicains qui déclarent de la sorte que la République est l'absolu. Les républicains fanatiques posent cela avec une rigidité d'axiome. Les républicains romantiques poussent droit à l'idéal, agitent leurs panaches, font à la République une apothéose de paradis, Dieu le père coiffé du bonnet phrygien, rayonnant dans un soleil. Selon moi, rien n'est plus enfantin ni plus dangereux. Je veux bien qu'il y ait des principes, comme il y a une police, pour tranquilliser les honnêtes gens.

Seulement, l'absolu est un pur amusement philosophique dont on peut aimer à raisonner entre la poire et le fromage. Quant à le prendre pour base des affaires humaines, c'est vouloir bâtir sur le néant, c'est édifier une construction qui croulera certainement au moindre souffle. Comme je l'ai expliqué, on entre dans le relatif, dès que l'homme apparaît avec ses multiples exigences. Dès lors, les faits seuls gouvernent. Il est imbécile de croire qu'on écrase l'Empire, lorsqu'on le traite de gouvernement des faits accomplis. Est-ce qu'il existe un gouvernement en dehors des faits ? Est-ce que la République n'est pas aujourd'hui le gouvernement des faits accomplis ? Est-ce que ce ne sont pas justement les faits qui l'ont fondée d'une façon définitive ?

Prenons le second Empire. On peut dire hautement la vérité aujourd'hui. Le second Empire a été, parce que la République avait lassé la France. Elle se tenait en dehors des faits, elle ne s'inquiétait pas de répondre à un besoin, elle se perdait dans des déclarations vides, dans des querelles fatigantes, dans les théories les plus nuageuses et les moins pratiques. Rappelez-vous cette période de la République de 48. Tous les essais tentés par elle échouaient, parce que pas un ne posait sur le sol; elle était dévorée par l'humanitairerie, par un socialisme purement spéculatif, par la rhétorique romantique et la religiosité des poètes déistes. Jamais elle n'a eu une idée nette de la France qu'elle voulait gouverner. Elle prétendait expérimenter sur elle comme sur un corps mort. Certes, les mots étaient superbes : la liberté, l'égalité, la fraternité, la vertu, l'honneur, le patriotisme. Mais ce n'étaient que des mots, et il faut des cles pour administrer. Imaginez des hommes, les mieux intentionnés du monde, très dignes et très bons, qui tombent dans un pays dont ils ignorent tout, dont ils veulent tout ignorer, et qui ont l'étrange idée d'y appliquer un régime gouvernemental, purement théorique. Il arrivera forcément que le pays dérangé dans sa vie quotidienne, finira par refuser l'expérience. La dictature est au bout. C'est ce qu'on a vu au 2 décembre. La France a accepté un maître, par lassitude d'être ainsi tournée et retournée depuis trois ans, sans qu'on lui trouvât une position tolérable.

En étudiant les dix-huit années du second Empire, on y remarque de même la toute-puissance des faits. Acclamé comme un expédient, comme un soulagement, il se perd lui-même, il mûrit l'idée républicaine ; et, lorsqu'il tombe, ce sont les faits qui fondent définitivement la République. Je répète ces choses, parce qu'on ne saurait trop insister. Si, aujourd'hui, la République existe, ce n'est pas par l'absolu, ce n'est pas par les principes; c'est uniquement parce que les faits le veulent, font d'elle le seul gouvernement possible en France, trouvent en elle la satisfaction immédiate et exacte des besoins du pays. Sans doute le droit existe, mais le droit n'est qu'un fait supérieur, qui est, si l'on veut, le fait définitif auquel tendent les nations, à travers tous les faits intermédiaires. Mettons que nous ayons atteint la vérité sociale, la République; cette République n'en est pas moins basée sur des faits, comme tous les autres gouvernements qui nous y ont conduits. Il est absurde de vouloir l'enlever du sol, pour la mettre dans le vague idéaldes

Erreur d'imposition

DE LA PAGE 401
A LA PAGE 404

**CAHIER (S) OU PAGE (S) INTERVERTI (S) A LA COUTUR*
RETABLI (S) A LA PRISE DE VUE.

poètes ou dans l'absolu philosophique des sectaires.

On voit donc quelle valeur a l'accusation des républicains qui nous reprochent de nous en tenir simplement aux faits. Oui, les faits ont seuls pour nous une certitude scientifique; nous ne croyons qu'aux faits, parce que c'est uniquement sur les faits que toute la science moderne a grandi. Le document humain est notre base solide. Nous laissons aux rêveurs l'idéal, l'absolu, comme on voudra le nommer, ayant la conviction que c'est précisément cet absolu qui, pendant tant de siècles, a arrêté et égaré les hommes dans la recherche de la vérité. Nous exposons les faits, nous ne les jugeons pas; car juger n'est pas notre besogne à nous, observateurs et analystes. Nous avons exposé le fait de l'Empire, en nous faisant les historiens de cette période historique, comme nous exposerons le fait de la République, lorsqu'elle entrera dans notre histoire et qu'elle déterminera des mœurs nouvelles. Traiter le naturalisme de littérature bonapartiste est une de ces belles sottises qui poussent dans le crâne étroit des rhétoriciens de l'idéal. J'affirme au contraire que le naturalisme est une littérature républicaine, si l'on considère la République comme le gouvernement humain par excellence, basé sur l'enquête universelle, déterminé par la majorité des faits, répondant en un mot aux besoins observés et analysés d'une nation. Toute la science positiviste de notre siècle est là.

Au fond des querelles littéraires, il y a toujours une question philosophique. Cette question peut rester confuse, on ne remonte pas jusqu'à elle, les écrivains mis en cause ne sauraient dire souvent quelles sont leurs croyances ; mais l'antagonisme entre les écoles n'en provient pas moins des idées premières qu'elles se font de la vérité. Ainsi le romantisme est sûrement déiste. Victor Hugo, en qui il s'est incarné, a eu une éducation catholique, dont il ne s'est jamais dégagé nettement ; le catholicisme a tourné en lui au panthéisme, au déisme nuageux et lyrique. Toujours Dieu apparaît à la fin de ses strophes ; et il n'y apparaît pas seulement comme un article de foi, il y apparaît surtout comme une nécessité littéraire, comme la représentation de cet idéal qui résume toute l'école. Passez maintenant au naturalisme, et vous vous sentirez aussitôt sur un terrain positiviste. C'est ici la littérature d'un siècle de science qui ne croit qu'aux faits. L'idéal est sinon supprimé, du moins mis à part. L'écrivain naturaliste estime qu'il n'a pas à se prononcer sur la question d'un Dieu. Il y a une force créatrice, voilà tout. Sans entrer en discussion au sujet de cette force, sans vouloir encore la spécifier, il reprend l'étude de la nature au commencement, à l'analyse. Sa besogne est celle de nos chimistes et de nos physiciens. Il ne fait que ramasser et que classer des documents, sans jamais les rapporter à une commune mesure, sans conclure avec l'idéal. Si l'on veut, c'est une enquête sur l'idéal, sur Dieu lui-même, une recherche de ce qui est, au lieu d'être, comme dans l'école classique et l'école romantique, une dissertation sur un dogme, une amplification de rhétorique sur des axiomes extra-humains.

Que les classiques et les romantiques, que les déistes nous traînent dans la boue avec le beau fanatisme des passions religieuses, je le comprends parfaitement, car nous nions leur bon Dieu, nous vidons leur ciel, en ne tenant pas compte de l'idéal, en ne rapportant pas tout à cet absolu. Seulement, ce qui m'a toujours surpris, c'est que les athées du parti républicain nous attaquent avec une violence aveugle. Comment! voilà des hommes qui renversent les dogmes, qui parlent de tuer Dieu, et ils ont absolument besoin d'un idéal en littérature ! Il leur faut un ciel de pacotille, avec des peintures célestes et des abstractions surhumaines. Dans la science sociale, ils déclarent ne plus avoir besoin des religions, ils disent même que les religions mènent aux abîmes ; puis, dès qu'il s'agit des lettres, ils se fâchent, si l'on ne professe pas la religion du beau. Mais, en vérité, cette religion ne va pas sans l'autre. Le prétendu beau, la perfection absolue, arrêtée d'après certaines lignes, n'est que l'expression matérielle de la divinité rêvée et adorée par les hommes. Si vous refusez cette divinité, si vous avez la volonté de reprendre le problème philosophique à l'étude même du monde, à la nature et à l'homme, il faut bien que vous acceptiez notre littérature naturaliste, qui est précisément l'outil littéraire de la nouvelle solution scientifique cherchée par le siècle. Quiconque est avec la science, doit être avec nous.

III

J'arrive à la partie pratique. Je n'ai soulevé ces grandes questions qu'incidemment, pour établir nettement l'évolution littéraire actuelle. En somme, il ne s'agit ici que de l'attitude de la République devant la littérature.

Un des derniers ministres de l'instruction publique, homme fort aimable, paraissait animé des intentions les plus actives et les plus hardies, lors de son entrée au pouvoir. Il avait surtout un zèle extraordinaire pour questionner tous ceux qui l'approchaient, répétant : « Je vous en prie, dites-moi ce que je dois faire, éclairez-moi, indiquez-moi ce que les écrivains et les artistes attendent du gouvernement. » Cela annonçait une volonté bien arrêtée de connaître nos besoins réels et de les satisfaire. Un jour, j'étais présent, comme le ministre prononçait sa phrase, devant plusieurs de mes confrères. Il allait de l'un à l'autre, il voulait avoir l'avis de chacun. Le premier lui demanda la croix pour des hommes de talent, dont la personnalité avait jusque-là effrayé le pouvoir ; le second réclama des fonds, afin de créer une sorte de vaste encyclopédie résumant l'histoire et la science ; le troisième parla d'envoyer une mission dans certains couvents de la basse Russie, où il soupçonnait que des trésors littéraires se trouvaient cachés. Certes, tout cela était excellent. J'avoue toutefois que cela ne me satisfaisait pas. Aussi, lorsque le ministre me questionna à mon tour, lui répondis-je simplement : « Faites-nous libres, et vous serez un grand ministre. »

La liberté, voilà tout ce qu'un gouvernement peut nous donner. Je ne nie pas le rôle qu'un ministre intelligent est appelé à remplir. Il a sous lui des écoles, provoque des concours, distribue des commandes et des récompenses, accorde des pensions. Selon l'homme qui est au pouvoir, les médiocres profitent de tout cela plus ou moins, bien que ce soit toujours eux qui aient quand même la plus grosse part. Mais quelle véritable utilité l'art et la littérature tirent-ils de cette intervention, de cette protection du gouvernement? Ce ne sont là que des détails de cuisine administrative qui n'influent ni sur l'évolution des esprits, ni sur la naissance des grands talents. On donne une pension à celui-ci qui est pauvre, on décore celui-là qui est agréable, les lettres ne s'en portent ni mieux ni pis; ou bien on élève à la becquée des peintres et des compositeurs, cela ne décide en aucune façon de la venue du maître qui transformera la peinture ou la musique, à l'heure dite. Les maîtres poussent tous seuls dans le sol de la nation, sans que le gouvernement y soit pour rien; il arrive même presque toujours que le gouvernement les renie, tant qu'ils ne se sont pas imposés par leurs propres forces. Donc un ministre ne saurait avoir aucune influence directe. En mettant les choses au mieux, s'il était assez fort pour se dégager des questions de routine et des questions politiques, s'il balayait les médiocres et distribuait ses commandes, ses pensions, ses croix, aux talents vraiment originaux, il ne serait encore qu'un Mécène éclairé, qu'un ami des lettres, qui donnerait aux écrivains le plus d'agrément possible.

Qu'on nous entende! Nous tous travailleurs, qui n'avons pas grandi à l'école, qui n'avons pas besoin de commandes, qui n'ambitionnons pas de croix, qui comptons sur le public pour payer nos travaux et pour nous récompenser, nous ne réclamons qu'une chose des hommes politiques, la liberté. Ils parlent de rendre la nation à elle-même, eh bien! qu'ils rendent d'abord la littérature à elle-même, qu'ils l'affranchissent des liens dont les anciens régimes l'avaient garrottée. Que dire de ces républicains, qui veulent toutes les libertés, et qui ne commencent pas par proclamer la liberté de la pensée écrite ? Ils peuvent garder leurs fleurs, leurs pensions et leurs rubans ; nous refusons leurs concours, nous haussons les épaules devant leurs serres-chaudes, nous ne voulons pas nous soumettre à leur police, nous leur défendons de nous encourager. Ce que nous réclamons, c'est la liberté ; nous y avons droit, nous l'exigeons, il nous la faut. Les hommes politiques détiennent la liberté, qu'ils nous la rendent !

Je citerai trois faits, entre beaucoup d'autres. N'est-il pas honteux que la presse ne soit pas entièrement libre, qu'il existe encore une commission de colportage, que la censure théâtrale reste toujours debout? Et ici se présente un fait incroyable, on vient de reconstituer cette censure, en lui donnant publiquement des ordres sévères de police morale.

Je ne puis entrer dans l'examen des lois actuelles sur la presse. On sait combien elles sont restrictives. Notre République française est aussi dure pour les journaux que les royaumes les plus autoritaires. Tant que les républicains n'ont pas été au pouvoir, ils se sont prononcés pour la liberté absolue ; nous verrons s'ils s'en souviennent. Quant à la commission de colportage, elle n'est pas seulement attentatoire à la liberté, elle est bête. Pourrait-on, par exemple, me citer une distinction plus puérile que celle établie entre les librairies qui se trouvent dans une gare et les librairies qui existent dans les rues voisines. Tout le monde se promène sur un trottoir, j'ai le droit d'y étaler mes livres ; un public spécial de voyageurs traverse une gare en courant, je ne puis y vendre mes livres que si une commission les a déclarés inoffensifs. Sous l'Empire, on comprenait encore cette police, fouillant les œuvres, mettant des ordures où il n'y en avait pas ; mais, en République, une pareille commission joue un rôle odieux et inexplicable. Petite question, dira-t-on ; la question n'est pas petite pour les écrivains qui n'obtiennent pas l'estampille. On les empêche violemment d'arriver au public, on leur coupe une vente certaine, et il y a là un soufflet donné à l'égalité et au droit. D'ailleurs, il suffit que cette commission du colportage soit une atteinte à la liberté de penser et d'écrire, pour que la République la supprime. Et la censure théâtrale, sera-t-elle donc éternelle ? Les gouvernements tombent, mais la censure demeure. Ici, la question s'élargit. Je sais bien que la censure passe pour être bonne femme. Les auteurs à succès prétendent qu'on finit toujours par s'entendre avec les censeurs ; on leur accorde quelques coupures, on se venge ensuite en racontant sur eux une bonne sottise. Un homme conciliant me disait : « Citez-moi les œuvres de talent que la censure a empêché de jouer. » Je lui répondis : « Je ne puis vous dire les titres des chefs-d'œuvre dont la censure nous a privés, parce que, justement, ces chefs-d'œuvre n'ont pas été écrits. » Toute la question est là. Si la censure n'a pas un rôle actif très considérable, elle nuit surtout comme épouvantail, elle paralyse l'évolution de l'art dramatique. On sait les pièces qu'on ne doit pas écrire, celles qui ne pourraient être jouées, et on ne les écrit pas. Ainsi toute une veine féconde, la comédie politique, est interdite, à moins de se tenir dans les limites aimables d'un simple badinage. Cela est d'autant plus grave que, selon moi, toute la comédie moderne est dans la politique. On reproche à nos auteurs de ne rien trouver de nouveau, de répéter les types connus, de n'avoir pas su dégager le rire moderne, et on leur défend justement d'aborder le monde politique, ce monde de plus en plus bruyant, qui emplit le siècle. La comédie doit vivre de la vie du jour. Chez nous, où est la vie du jour, si ce n'est dans la politique. C'est là uniquement que nos auteurs trouveraient la caractéristique de l'époque, la forme nouvelle des appétits, des intérêts et des ridicules, dans notre société française. En leur interdisant ce vaste champ, inconnu au siècle dernier, et qui va en s'élargissant chaque jour, vous les réduisez à l'impuissance. C'est comme si vous autorisiez un sculpteur à tailler une statue, en lui refusant le bloc de marbre dont il a besoin.

En vérité, je le répète, que les hommes politiques donnent aux écrivains toutes les libertés. Ils ne peuvent faire davantage, et ils ne peuvent faire moins. Le reste n'est que de la farce aimable, ne tirant pas à conséquence. D'ailleurs, je dois confesser une chose : si la République nous refusait ces libertés, nous saurions bien les prendre. Seulement, je trouve qu'il serait logique de voir fonder les libertés littéraires par la République. Elle, dont la formule est scientifique et que les faits imposent aujourd'hui, devrait comprendre quelle attitude il lui faut tenir devant la littérature actuelle, l'attitude d'un pouvoir qui repousse toute littérature d'État, qui ne se prononce pour aucune école, qui veille simplement à ce que le libre développement de ses idées soit assuré à chaque citoyen. Qu'elle n'ait la prétention ni de diriger, ni d'encourager, ni de récompenser, qu'elle laisse simplement les forces géniales et créatrices du siècle faire leur besogne. Ce rôle semble tout simple à jouer. Eh bien ! aucun gouvernement n'a eu jusqu'ici assez d'intelligence pour s'y résigner de bonne grâce. La République se montrera-t-elle supérieure ? Nous le saurons demain.

Il faudrait d'abord au pouvoir des hommes vraiment forts. Je ne comprends pas une République gouvernée par des médiocrités. Cela me paraît illogique. Dans le gouvernement du pays par le pays, les hommes qui reçoivent de leurs concitoyens la délégation du pouvoir, doivent être forcément les plus honnêtes et les plus intelligents de la nation. Autrement, pourquoi les choisirait-on ? S'ils sont médiocres, d'une honnêteté douteuse et d'un esprit nul, s'ils n'ont rien en un mot, je demande qu'on me ramène à l'ancien régime ; au moins, les ministres, sous la monarchie, étaient des hommes titrés, appartenant à une aristocratie de race, existant à part et au-dessus de la foule. Le malheur est que les choses de ce monde ne vont pas pour le plus grand honneur et le plus grand profit de l'humanité. Je retrouve là ce terrible élément humain qui détraque les plus belles théories, basées sur la logique et le droit. Les hommes se battent pour eux plus encore que pour la vérité. C'est ainsi qu'un chef de parti monte au pouvoir avec toutes ses créatures. Lui, est supérieur ; mais les créatures ne sont le plus souvent que des nullités complaisantes, des sots dont il faut tenir compte, des pantins qui ont eu l'étrange fortune de se faire prendre au sérieux et qui deviennent les comparses les plus insupportables et les plus dangereux du pouvoir. Même il arrive presque toujours que ce sont les comparses qui tuent le chef de parti. La politique, aux heures troublées, est ainsi le refuge de tous les ambitieux déçus, le terrain sur lequel les inutiles, les impuissants, les vaincus, se donnent rendez-vous pour monter à l'assaut du succès. Cela explique l'encombrement des candidatures. Presque tous ont dans leurs poches des manuscrits de drames et de romans refusés vingt fois par les directeurs et les éditeurs; ou bien il y a en eux un journaliste aigri, un historien manqué, un poète incompris; je veux dire qu'ils ont tenu aux lettres, et même, lorsque la politique a satisfait leur ambition, lorsqu'ils gouvernent, ils conservent pour les lettres une tendresse tournée au dépit. Ce sont des élèves devenus pions. Les lettres restent à leurs yeux une orgie de jeunesse qu'il faut surveiller; ils en parlent avec de sourds désirs inassouvis, ils ne sont pas loin d'avoir les croyances de ces bourgeois qui accusent les écrivains de passer leurs journées sur des divans, servis par des sultanes, au milieu des débauches les plus galantes. De là leurs coups de férule, leurs discours sur la moralité, leur besoin de réglementer ces lettres comme on réglemente la prostitution, avec une police et des arrêtés. Ce sont donc ces terribles hommes médiocres, ces fruits secs montés sur les échasses de l'autorité, qui font tout le mal. Ils sont malheureusement les parasites de la République. On les trouve toujours les premiers, dans les périodes révolutionnaires, à se mettre en avant et à encombrer les petites et les grandes situations. Mais il faut espérer que le tassement se fera.

La République ne peut vivre qu'à la condition d'être le gouvernement des supériorités intellectuelles, la formule scientifique de la société moderne, appliquée par des esprits libres et logiques.

Il me reste à exprimer un vœu qui est celui de toute ma génération. On nous obsède, on nous écrase de politique, et décidément nous en avons assez. Je me souviens que, sous l'Empire, des gens regrettaient avec mélancolie les époques de batailles parlementaires; la tribune était muette, disaient-ils, la presse muselée, la discussion des affaires publiques défendue. Eh bien! aujourd'hui, on nous a tellement bousculés, tellement assourdis, que nous en venons à regretter le grand silence de l'Empire, lorsque la politique n'aboyait pas sous les fenêtres du matin au soir, et qu'au moins on s'entendait penser. Certes, nous avons eu de la patience. Pendant huit ans, nous nous sommes résignés. Nous comprenions qu'on ne sort pas tranquillement d'une crise pareille à celle de 1870; nous nous disions qu'une République n'était pas commode à fonder, au milieu de la colère des partis, et qu'il fallait savoir endurer le vacarme de la lutte. Seulement, à cette heure, la République est fondée, qu'on nous donne la paix!

Oui, nous tous, hommes de science, écrivains et artistes, nous tendons les mains vers les hommes politiques, en leur demandant de ne pas nous casser les oreilles davantage. Les républicains ont vaincu, n'est-ce pas? Ils sont aujourd'hui maîtres de toutes les situations. Eh bien! par grâce, qu'ils tâchent de s'entendre et qu'ils fassent danser les dames, au lieu de se quereller encore. Nous leur en serons bien reconnaissants.

Personne ne songe à nous, vraiment. On ne paraît pas s'apercevoir que notre génération, les hommes qui ont de trente à quarante ans, se trouve étranglée entre les dernières convulsions de l'Empire et l'enfantement si laborieux de la République. Est-ce qu'un écrivain existe, quand les hommes politiques prennent toute la place au soleil? Est-ce qu'on s'occupe des livres, quand les journaux sont bourrés des débats parlementaires, des discussions les plus longues et les plus creuses? De la politique, toujours de la politique, et à une dose si énorme, que les femmes elles-mêmes, dans les salons, ne parlent plus que de politique? Voilà où nous en sommes, on nous vole notre part du siècle, on nous gaspille nos belles années; demain, lorsqu'on nous dira enfin que notre heure est venue et que nous avons la parole, il arrivera que nous serons très vieux et que nos cadets nous réclameront la place. Il y a ainsi des générations que les événements suppriment. Naturellement, nous ne pouvons montrer une grande tendresse pour la politique, de même que l'homme écrasé ne salue pas la roue qui lui passe sur le corps.

Sans doute nous acceptons les nécessités historiques. Ce qui nous met hors de nous, c'est la place débordante qu'ont prise, dans ces dernières années, les médiocrités dont je parlais tout à l'heure. Jamais Corneille, jamais Molière, jamais Balzac, n'ont fait dans les journaux le tapage honteux que des imbéciles y font en ce moment. Le premier sot venu qui monte à la tribune, prend une importance plus grande qu'un écrivain livrant au public un chef-d'œuvre. Je sais que le bruit importe peu, qu'un sot reste un sot, surtout lorsqu'on le connaît d'un bout de la France à l'autre; mais que de temps perdu à lire des discours mal écrits, quel déplacement de la vérité et de la justice, quelles erreurs mises en circulation! C'est justement à cause de ces triomphes faciles de la politique, que tant de déclassés et de ratés se précipitent pour s'y tailler une notoriété; et c'est justement à cause de ces victoires des médiocres, de ce gonflement de certaines personnalités grotesques, de ces grands hommes d'une heure paradant devant la France étonnée, que nous prenons la politique en mépris, nous autres travailleurs qui croyons uniquement au génie et à l'étude.

Donc, assez de bruit. Jouissons de notre République. Que les besogneux et les ambitieux qui vivent d'elle, aillent en Amérique chercher un trône ou gagner une fortune. Faisons de la musique, dansons, cultivons nos fleurs, écrivons de beaux livres. Il faut bien avouer qu'il y a, parmi les écrivains et les artistes, une défiance contre la République. Jusqu'ici, ils ne se sont pas sentis aimés par les républicains, qui ont toujours eu des raideurs de gendarmes devant les arts et les lettres. On répète volontiers que la République est le pire gouvernement pour nous autres, avec ses allures puritaines, son besoin d'enseigner et de prêcher, sa thèse de l'égalité et de l'utilité. Mais on doit ajouter qu'on n'a réellement jamais vu le gouvernement républicain à l'œuvre, car jusqu'à présent il n'a pas eu en France la stabilité nécessaire.

Ma conclusion sera simple. Tout gouvernement définitif et durable a une littérature. Les Républiq de 89 et de 48 n'en ont pas eu, parce qu'elles ont passé sur la nation comme des crises. Aujourd'hui, notre République paraît fondée, et dès lors elle va avoir son expression littéraire. Cette expression, selon moi, sera forcément le naturalisme, j'entends la méthode analytique, et expérimentale, l'enquête moderne basée sur les faits et les documents humains. Il doit y avoir accord entre le mouvement social, qui est la cause, et l'expression littéraire, qui est l'effet. Si la République, aveuglée sur elle-même, ne comprenant pas qu'elle existe enfin par la force d'une formule scientifique, en venait à persécuter cette formule scientifique dans les lettres, ce serait un signe que la République n'est pas mûre pour les faits, et qu'elle doit disparaître une fois encore devant un fait, la dictature.

FIN.

TABLE

Du roman expérimental...	1
Lettre a la jeunesse...	55
Le naturalisme au théâtre...	107
L'argent dans la littérature...	157
Du roman...	203
Le sens du réel...	205
L'expression personnelle...	213
La formule critique appliquée au roman...	220
De la description...	227
Trois débuts : I. Léon Hennique...	234
— II. J. K. Huysman...	240
— III. Paul Alexis...	247
Les documents humains...	255
Les frères Zemganno : I. La préface...	263
— II. Le livre...	272
De la critique...	287
I. A M. Charles Bigot...	289
II. A M. Armand Sylvestre...	296
Le réalisme...	304

Les chroniques de Sainte-Beuve.................... 312
I. Hector Berlioz.................................. 320
II. Chaudes-Aigues et Balzac....................... 328
III. Jules Janin et Balzac......................... 340
Un prix de Rome littéraire......................... 348
La haine de la littérature......................... 355
La littérature obscène............................. 362
LA RÉPUBLIQUE ET LA LITTÉRATURE.................... 371

FIN DE LA TABLE.

www.ingramcontent.com/pod-product-compliance
Lightning Source LLC
Chambersburg PA
CBHW070929230426
43666CB00011B/2373